国家档案局组织编写

档案保护技术

张美芳 著

中国文史出版社

图书在版编目（CIP）数据

档案保护技术 / 国家档案局组织编写；张美芳著．
—北京 ：中国文史出版社，2017. 8(2021. 7 重印)
ISBN 978-7-5034-9551-9

Ⅰ. ①档… Ⅱ. ①国… ②张… Ⅲ. ①档案保护-技术培训-教材 Ⅳ. ①G273. 3

中国版本图书馆 CIP 数据核字(2021)第 119428 号

责任编辑： 詹红旗　戴小璇

出版发行：**中国文史出版社**
社　　址：北京市海淀区西八里庄路 69 号　　邮编：100412
电　　话：010-81136630
传　　真：010-81136666
印　　装：廊坊市海涛印刷有限公司
经　　销：全国新华书店
开　　本：710 毫米×1000 毫米　1/16
印　　张：13. 5
字　　数：130 千字
版　　次：2017 年 10 月北京第 1 版
印　　次：2023 年 3 月第 4 次印刷
定　　价：38. 00 元

出版说明

加强档案人员培训是提高档案工作水平的基础。为进一步规范档案人员培训工作，提高档案人员培训质量，国家档案局组织编写制作了档案人员培训多媒体教材（以下简称《教材》）。

《教材》以党和国家有关档案工作的政策、法律法规、规定以及档案工作的有关标准、规范为依据，将档案管理工作中的基本原则和技术要求有机结合，充分体现科学严谨、指导规范、立足实际、面向一线。教材按照有关档案工作任务的步骤和流程，详细介绍并演示每个工作环节的规范与要求等，指导学习者准确掌握该项工作的基本技能。

《教材》采用多媒体教学演示光盘和纸质载体教材相结合的形式，二者各自独立又互为补充。多媒体教学演示光盘重点对实际操作内容进行形象、生动、规范、准确的演示，逐项演示需完成工作任务的具体操作方法、操作要领、操作程序及注意事项等，使学习者直观了解“做什么”、“怎么做”、“做到什么程度”的问题。纸质载体教材作为演示光盘的辅助形式，进一步说明“为什么这么做”等问题。

《教材》是由国家档案局组织编写的。每个科目采用主编负责制，由制作单位完成编写拍摄，国家档案局多媒体教材编审委员会对各科教材进行终审。

本教材的使用对象主要是有关档案人员，在编写工作中注重规范性、操作性、实用性，坚持以实际工作需求为导向，以规范和提高岗位技能为重点，使教材易教易学，既规范准确，又通俗易懂。

由于多媒体教材的制作还是一项比较新的工作，教材中难免会有疏漏和不完善之处，请各使用单位或个人将使用中发现的问题或建议及时反馈给我们（电话：010—66182626），以便我们修订完善。

国家档案局《教材》编审委员会办公室

2017 年 5 月

目　录

第一章　纸质档案及实物档案的保护 …… 1
第一节　档案纸张的主要种类及选择 …… 1
第二节　纸张性能及老化 …… 9
第三节　档案字迹耐久性的综合评价 …… 15
第四节　常见档案字迹的成分及其耐久性 …… 18
第五节　影响字迹耐久性的环境因素 …… 28
第六节　实物档案的老化及其保护 …… 30

第二章　声像档案的保护 …… 36
第一节　胶片及照片档案的保护 …… 36
第二节　磁性载体档案的保护 …… 50
第三节　光学记录档案及其保护 …… 61

第三章　环境条件对档案的影响 …… 71
第一节　温度湿度对档案的影响 …… 71
第二节　光对档案的影响及防光措施 …… 81
第三节　空气污染对档案的影响及净化措施 …… 86

第四章　档案有害微生物病害及其防治 …… 96
第一节　常见的档案霉菌 …… 96
第二节　环境条件对有害微生物生长的影响 …… 98
第三节　有害微生物对档案的主要危害 …… 100
第四节　档案有害微生物的预防 …… 104
第五节　霉变档案的灭菌措施 …… 108

第五章　档案害虫防治 ………………………………………… 115
第一节　档案害虫的种类………………………………………… 115
第二节　环境条件对档案害虫生长发育的影响………………… 118
第三节　档案害虫的危害………………………………………… 121
第四节　档案害虫的预防………………………………………… 122
第五节　档案害虫的杀灭………………………………………… 129

第六章　档案馆建筑与档案保护……………………………… 136
第一节　档案馆建筑的规划与设计……………………………… 136
第二节　档案库房的设计………………………………………… 142
第三节　档案安全保护设施……………………………………… 147
第四节　档案装具………………………………………………… 156

第七章　档案修复技术………………………………………… 162
第一节　档案修复原则及修复准备……………………………… 162
第二节　纸质档案去污清洁技术………………………………… 164
第三节　纸质档案去酸技术……………………………………… 168
第四节　纸质档案加固技术……………………………………… 171
第五节　纸质档案修补和托裱技术……………………………… 173

第八章　档案灾害的预防及灾害档案的抢救………………… 191
第一节　档案灾害的预防………………………………………… 191
第二节　灾害档案的抢救………………………………………… 198

主要参考文献…………………………………………………… 205

第一章　纸质档案及实物档案的保护

纸质档案制成材料主要是纸张材料和字迹材料。纸张的发明是人类文明史上的重大进步，在纸张出现以前，人类文化的记录和传播都十分困难，纸张作为文字的主要载体材料，具有很大的优越性，其数量巨大，应用广泛。字迹材料作为文字信息的书写材料，有悠久的历史，种类繁多，形成了不同类型的档案。

第一节　档案纸张的主要种类及选择

纸张是承载纸质档案信息内容的载体材料，其性能和耐久性情况对档案的长久保存具有决定性作用。由于受纸张内部结构和外部不利环境因素的影响，在长期保存过程中，档案纸张会发生老化。但不同的档案纸张材料，其老化的快慢程度有着很大的差别，有的纸张几年内就开始发黄变脆，也有的纸张几十年后才出现老化的迹象，还有的纸张则历经几百年甚至上千年仍完好如初。档案纸张的寿命之所以有如此大的差别，关键在于不同的档案纸张具有不同的耐久性。造纸植物纤维原料的质量、植物纤维的化学成分和生产加工工艺是影响纸张耐久性的三大主要因素。

一、档案纸张的主要类型

依据不同分类标准，可以将纸张分为不同类型。按生产方式分可分为手工纸和机制纸。手工纸是以手工操作为主，利用木制或竹制网帘等工具，人工逐张捞制而成，纸张质地柔软，吸水性好，耐久性强，适于水墨书写和绘画，其产量在现代纸张中所占比例很小，不到1%，比如明清之前的历史档案大部分由手工纸形成。机制纸是指以机械化生产方式生产的纸张，适于打印、复印、印刷和包装等，在现代纸张中占据相当比例。构成档案的纸张种类繁多，其中包括多种手工纸、书写纸、印刷纸、打字纸、有光纸、干法静电复印纸、制图纸、描图纸、晒图原纸等。

（一）手工纸

手工纸在我国已有2000余年的历史，种类很多，因原料、产地、加工途径和加工者的差异而有不同的分类方法。手工纸在档案中的主要用途是部分历史档案、书画作品等是由手工纸形成的，纸质档案修复过程中使用手工纸，高仿真复制品需要手工纸等等。

从中国传统手工造纸的历史发展过程来看，古代中国主要造纸原料的选用先后主要经过了麻→皮→藤→竹等几个发展阶段。

麻类是中国最早的造纸原料，在中国各地都有生产，特别是中国的北部和西部。麻纸的特点是柔韧、细腻和不透水。据记载，蔡伦发明造纸时，曾用过麻头、破布、鱼网作为造纸原料，品种主要是苎麻和大麻。魏晋南北朝造纸直接继承两汉麻纸技术，但魏晋时期的麻纸与汉时麻纸比较，白度增加，纸表面平滑许多，结构也比较紧密，纤维束比汉纸少，有明显可见的帘纹，纸质较汉纸薄。而到了唐朝时，虽然造纸原料大大拓展，但麻料仍是主要的造纸原料，只是非麻类原料用量比前代显然增加，传统麻纸受到皮纸的有力挑战。唐代以后，由于麻类供不应求，大麻很少用来造纸。宋元时期，自汉代以来长期占垄断地位的麻纸开始衰落，只有少数地区生产。

以树皮造纸的记载，最早见于《后汉书·蔡伦传》，但书中并没有提及蔡伦是用何种树皮。有学者认为所用的树皮为楮皮。虽然文献说记载东汉已造出楮皮纸，但出土实物少见，皮纸从魏晋南北朝起才见有实物。

魏晋南北朝时期用于造纸的皮料有了拓展，人们在实践中发现桑树枝条嫩皮剥下来经沤制，蒸煮，舂捣工序处理后，也可以制成皮纸，说明当时的人们开始有意识地利用桑皮造纸。

隋唐五代时期皮纸有了新的较大的发展，将原料扩大到桑科，瑞香科，樟科，锦葵科，防已科，豆科等至少六大科木本植物，远远超过了魏晋南北朝时期。而从魏晋时期发展起来的楮皮纸，更是在诸纸中已处于很高的尊位，很多人喜欢这种表面平滑、洁白、绵软的纸，在当时楮纸称得上是中国的“国纸”。

宋元时期皮纸产量之大、质量之高大大超过了隋唐五代，高级文化用纸仍然是皮纸，宋元时期的书画、刻本和公私文书、契约中许多都是用皮纸。凡隋唐所有皮纸在宋元有所发展，而且又开发出新的造纸原料。

明清造纸仍以皮纸和竹纸为主，制皮纸原料也比前代增添许多，造皮纸技术也有所发展。

藤纸的特点光滑、细密、耐用。藤纸是从晋代开始，其起源推溯至3世纪的剡溪，据说当时沿剡溪两岸山上，绵延数百里都是攀藤，而剡溪水清又适于造纸，历史上名噪一时的“剡藤纸”便发源于此。藤纸在南北朝时期似乎没有多大发展，而到了唐代，藤纸盛为流行，产地由剡溪广及江南其他地区，藤纸也开始用于公文、图籍、书画和其他用途。常见藤纸有青藤纸（太清宫道观荐告词文）、白藤纸（用于赐予、征召、宣索和处分）、黄藤纸（用于敕旨、论事敕和敕牒）等。藤纸在宋代还有少量生产，到元以后几乎消失。

竹纸具有“滑，发墨，宣笔峰，舒之虽久，墨终不渝”的特点，托墨吸水性能好，是一种质地优良的纸张。钱存训先生说：“以竹造纸的最早记载，见9世纪初李肇的《唐国史补》卷三：‘韶之竹笺’，他认为竹纸出现不晚于中唐。

宋代时期竹纸发展很快，后期的市场上十之七八是竹纸，用量之大可以想见，就产区而言，有四川、浙江、江西、福建、湖南、湖北等，最盛之地当推浙江、四川。

元时期竹纸的兴盛创造了历史新篇章，尤以福建发展最为突出。使用了“熟料”生产及天然漂白，使竹纸质量在有改进。

明清时期竹纸产量占第一位。据宋应星《天工开物》记载“当笋生之后，看视山窝深浅，其竹以将生枝叶者为上料，节届芒种，则登山砍伐……”可见当时对选择何种竹材造出更优质的纸张积累了相当的经验。

草纸的制造，比其他种类的纸张都来得简单。由于稻草茎杆的纤维体柔软，提炼时的舂捣过程可以缩短。苏易简《文房四谱》中《纸谱》有记载：“浙人以麦茎、稻秆为之者脆薄焉。”指出江浙一带以麦秆造纸，而混以油藤的品质最佳。可见至到10世纪时中国已开始用麦秆、稻草造纸，又打开了另一个造纸原料的来源。稻麦草纸最大的优点在于成本低，多与其他原料混合使用。

清代由于造纸业的大发展，草浆也有发展，河南、山东、山西等地有人用麦草、蒲草。陕西、甘肃、宁夏有人用马莲草，西北用芨芨草，东北用乌拉草。这结野生草类植物，在清代末期当地居民已用以制造粗草纸。

表 1-1　我国古代手工造纸原料发展一览表

朝代种类	麻	皮	藤	竹	草
汉朝	蔡伦造纸	楮皮纸，开拓木本科纤维突破	/	/	/
魏晋	垄断地位，非常普及和盛行	开拓了桑皮纸、楮皮纸	兴起	/	/
隋唐五代	主要地位，除用破布外，还用野生麻的生纤维造纸。	楮皮纸为国公纸、皮纸原料范围扩大到瑞香皮、木芙蓉皮等	全盛时期	逐渐兴起	/
宋元	衰落	至高无上的宝座	少量生产	真正发展	开始出现
明清	产量较少	又一高峰，造皮纸技术高度发展。	产量较少	第一位	有所发展

在众多手工纸中，在档案馆中出现和常用的手工纸如下：

1. 宣纸

宣纸原产于安徽泾县，以青檀树皮和沙田稻草为混合浆料，纸质柔韧，洁白平滑，细腻匀整，色泽经久不变，且不易蛀蚀，便于长久保存。宣纸品种繁多，按加工程度可以分为生宣、熟宣和加工宣；按原料配比可以分为特净、净皮和棉料；按厚度可以分为单宣、夹宣、二层、三层等；按尺寸可以分为三尺、四尺、五尺、六尺等。文献修复中常用品种如下。

单宣，又称料半，颜色洁白，常用于托画心、绫绢及作覆背纸，是书画装裱中最常用到的纸。

棉连纸，纸质较薄，纤维细密，性柔易舒，在书画装裱中常用于加托画心和作手卷覆背纸，古籍修复中可作补纸、护页纸和衬纸，尤宜用作金镶玉装的镶纸。

重单宣，又称十刀头，较单宣略厚，耐拉力强，常用于托绫绢、衬托册页和作镶料纸。

罗纹宣，纸面纹络深而清晰，有一定的装饰作用，常用作引首、尾纸、诗堂等，用于古籍修复，无论补、镶、衬、托、裱或做护页均适宜，还可染色托裱做珍贵善本的书皮。

此外，还有磁青纸、蜡笺纸、虎皮宣等加工宣，常用作珍贵文献的封面。

2. 连史纸、毛边纸、毛太纸、玉扣纸

均属竹纸，以毛竹、慈竹等为主要原料。

连史纸，也称连四纸，产于福建连城、江西铅山等地，纸质精细柔软，薄而均匀，色白如玉，主要作为高档文化纸，用于印刷、书画、碑帖、装裱和扇面等。连史纸是修补古书的必备纸张，对一般古书无论镶、衬或做护页、扉页都很适宜。另有机制连史纸，纸薄而脆，不利于保存，不用于文献修复。

毛边纸，明代即有，明汲古阁毛晋选此纸印刷书籍，并于纸边盖“毛”字印。毛边纸主要产于福建、江西，纸质细腻，薄而松软，呈淡黄色，售价低廉，且宜笔锋、不凝滞、发墨重，主要用于练字和印书，在文献修复中一般用来裱书皮、做衬纸或护页，也可染做磁青、古色书皮[1]。此外，市场上还有一种机制毛边纸，其正面光滑，背面粗涩，质地稍脆，一般不用于文献修复。

与毛边纸相似的还有毛太纸和玉扣纸。毛太纸较毛边纸薄，清代中期以后多用于印书，是修补竹纸古书必备的纸张，用于补、镶、裱、托、衬都很相宜，还可做纸捻用于订书。玉扣纸则较毛边纸厚硬，在修复中多染色作封面。

3. 河南棉纸、贵州棉纸、温州棉纸

均属皮纸，因地得名，又因撕裂处呈丝绵状，故称棉纸或绵纸。

河南棉纸，以楮皮为原料，色泽白中带黄，厚薄不匀，纸面粗糙，但纤维细长，富有韧性，宜作溜口纸，用于托裱糟、朽、焦脆书叶或作纸捻、书皮都很适宜。

贵州棉纸，原料多为楮皮，纸色灰白，较河南棉纸厚，但厚薄均匀，用途大体与河南棉纸相同。

温州皮纸，原料多为檀皮，纤维细腻，薄而均匀，可用于修补书叶，用作衬纸最好。

4. 高丽纸、呈文纸、水油纸、水浆纸

高丽纸，产于河北省迁安县，以桑皮为主要原料，因类似古代朝鲜印书用纸，故名。高丽纸色泽灰白，纸质粗厚，有明显的直纹，不宜用作补纸和托裱用纸，但其坚韧耐拉，可用于糊壁子、托裱大幅地图、拓片或染色作为书皮，又因其松软富吸水性，更常用以撤水吸潮。另有留传清代早期高丽纸，纸质极佳，可用于珍贵文献的修复。

呈文纸，又称隔水纸，山西、山东、河北、内蒙等地均有生产，因过去多

1　潘美娣. 古籍修复与装帧［M］. 上海：上海人民出版社，1995：50.

用于诉讼呈文而得名。颜色灰白，纸质粗松，厚而无力，不能作为文献修复的直接用纸。但由于它吸水性强，可在修复中用其垫书叶以吸水撤潮。此外，元书纸、东昌纸等也可用作吸水纸等。

浆油纸和水油纸都是通过在纸上刷桐油制成，有隔水、隔潮的效果。浆油纸通常采用由两层或多层高丽纸或皮纸，主要用于镶接时刷糊，也称为隔糊。水油纸则由单层元书纸刷桐油制成，在揭破损严重的书画之前，用稀浆将水油纸刷贴于书画正面，固定画心用。

（二）机制纸

近现代的许多档案是有机制纸形成的，形成档案的机制纸主要如下：

1. 书写纸

书写纸是供书写文字信息内容之用的纸张。书写纸有优等品、一等品和合格品三个等级，依据《书写纸》（GB/T 12654—2008）标准，在纸张定量、紧度、白度、施胶度、平滑度、耐折度等方面均有相应技术指标要求。如施胶要进行重施胶，施胶度不小于 0. 75mm，以保证书写时墨水不扩散。日记本、账单、表格、稿纸等由书写纸形成。

书写纸依不同等级需要，所用的纸张原料有漂白木浆、漂白破布浆以及漂白草浆等。

2. 印刷纸

印刷纸是供各种印刷物使用的纸的统称。依据印刷方法不同，分为凸版印刷纸、凹版印刷纸和胶版印刷纸。

（1）凸版印刷纸

凸版印刷纸是印刷书籍、杂志等较常用的一种印刷纸，有 B 级、C 级和 D 级三种，其技术指标见《凸版印刷纸》（QB/T 3524—1999）。

凸版印刷纸要求纸张具有良好的印刷性能，纸面松软平整，有弹性，吸墨快，不掉毛，不透印。施胶要求轻施胶，定量在 $52g/m^2 \sim 60\ g/m^2$；施胶度不小于 0. 25mm；紧度不小于 $0.85g/cm^3$；白度要求适中，B 级、C 级和 D 级要求分别不小于 65%、60%和 55%。

凸版印刷纸采用竹浆或苇浆，加以少量的化学木浆。

（2）凹版印刷纸

凹版印刷纸多用来印刷高级画报、美术图片、有价证券和重要文件等。轻工行业标准《凹版印刷纸》（QB/T2249—1996）对凹版印刷纸的技术指标有具体要求和规定：要求紧度不小于 $0.85g/cm^3$；白度不小于 82%；施胶度不小于0. 25mm。凹版印刷纸纸质洁白，收缩性小，有优良的平滑度和耐水性，并有一定的吸墨性，不掉毛，不透印。

凹版印刷纸采用漂白针木浆或棉浆以及部分漂白麻浆为主要原料。

（3）胶版印刷纸

胶版印刷纸是用来印刷图片、插图、彩色画报、商标和宣传画等的双面光纸。其技术指标可见《胶版印刷纸》（QB/T 1012—2010）和《胶版书刊纸》（QB/T 1211—2010）。

胶版印刷纸一般以漂白化学木浆为主，掺用部分棉浆或竹浆，草浆加入量不超过50%。

3. 有光纸

有光纸又称单面书写纸，是一种正面比较光滑，反面较为粗糙，较薄的纸张。主要用于一般性的书写、办公等，也用于印制信笺、稿纸、公文笺、单据、收货票和日历等。分B、C、D三个等级。其技术指标见《单面书写纸》（QB/T 2352—1997），定量在$18g/m^2 \sim 30g/m^2$。有光纸一般用100%的化学草浆制成，耐久性较差。

4. 静电复印纸

静电复印纸主要用于静电复印，也用于计算机打印和传真记录等。分为A级和B级两个等级，1中性制纸，组织均匀、不透明、适于双面复印、挺度好、不易卡纸、不易弯曲变形，复印文本清晰，影像良好。要求不透明度分别不小于82. 0%和80. 0%，定量在$70g/m^2 \sim 80\ g/m^2$，白度不小于85. 0%和80. 0%，紧度为$0. 72g/cm^3 \sim 0. 85g/cm^3$，施胶度不小于0. 75mm。详细技术指标可见《干法静电复印纸》（QB/T 2342—1997）。干法静电复印纸的特点是纸面平滑，色泽洁白，挺度适宜。

静电复印纸采用100%漂白木浆生产。

5. 制图纸

制图纸是供绘制工程图、机械图、测绘地形图等用的纸张。分为优等品、一等品和合格品三个等级，其紧度分别不小于$0. 8g/cm^3$、$0. 75g/cm^3$、$0. 6g/cm^3$；亮度（白度）分别不小于80%、75%和72%，施胶度分别不小于2. 0mm、1. 5mm和1. 2mm。详细标准见《制图纸》（GB/T 1525—2006）。制图纸的特点是耐擦性好，伸缩性小。

制图纸一般采用60%～70%的漂白硫酸盐针叶木浆和30%～40%的漂白棉浆或草浆制成。

6. 描图纸

描图纸是是用墨汁描绘各种印刷用图的专用纸张。分为 A 级、B 级和 C 级三种，其技术指标见《描图纸》（GB/T 1468—1999）。

描图纸的特点是高透明度，A 级、B 级和 C 级描图纸要求透明度分别不小于 70.0%~72.0%、62.0%~66.0%和 58.0%~62.0%。应具有耐刮性，耐刮在三次以上，刮后画上墨线应匀整、不扩散。还应具有高抗水性，施胶度不小于 1.5mm。

描图纸的造纸原料使用 100%的漂白亚硫酸盐木浆，并对纸浆进行高粘状打浆，以满足高透明度要求。同时，为了改善描图纸的使用质量，施胶使在胶料中加入硬脂酸胶、葡萄糖、淀粉、硫酸铝等多种成分。上述工艺会给纸张的耐久性造成不利影响。

7. 晒图原纸

晒图原纸是供涂刷感光剂后作为晒图纸用的专用纸。技术指标见《晒图原纸》（QB/T 2429—2006）。

晒图原纸的特点是高强度，有一定抗水性，低吸水性，匀度好，白度不低于 93%，施胶度不小于 35s；吸水性为 15.0g/m^2~20.0g/m^2，pH 值为 4.0~5.5，紧度为 0.75g/cm^3。

晒图原纸常用 100%的漂白化学木浆为原料，采用粘状打浆，重施胶。生产时不许掺用矿物碱性矿物填料，纸张必须呈酸性，因此，此种纸使用和保存时很容易发脆。

二、档案用纸的选择

档案纸张在保存和使用过程中需要一定的耐久性和耐用性，具有一定抵抗外界理化因素的影响和维持原来理化性质的能力。纸的耐久性可以随着保存时间的延长，通过观察纸张性能的改变，加以判断耐久性的好坏。同时也可以借助加速老化试验或高温老化试验进行验证。

档案纸张的耐久性性能，可以利用人工老化试验方法，如干热老化、光老化、湿热老化及全气候老化等，测定纸张老化前后理化性能的变化，判断纸张耐久性的好坏，并可推算出纸张的预期寿命。

档案用纸有严格的要求和规定，我国的国家标准《信息与文献 文献用纸耐久性要求 》（GB/T 24423—2009）对需要长期保存的文献、记录及出版物用纸的要求作出了明确规定，是选择档案纸张的基本依据。

国家档案局行业标准也规定了《文件用纸耐久性测试法》（DA/T 11—94），将公文、科技文件材料归档用纸及类似归档材料用纸分为一般最耐久纸和耐久纸两类，并规定了纸在 100℃±2℃下的干热加速老化方法。

最耐久纸：可保存 500 年以上。经 100℃±2℃、576h（24 天）干热加速老化后，其耐折度保留率纵、横向均不低于 50%，撕裂度保留率纵、横向均不低于 80%，水抽提液 pH 值为 7.5~9.5。其纤维原料建议采用 100%漂白针叶木浆或新的棉花和亚麻浆，或这些纤维的混合浆。

一般耐久纸：可保存 200 年以上。经 100℃±2℃、576h（24 天）干热加速老化后，其耐折度保留率纵、横向均不低于 5%（最小不得低于 2 双折次），撕裂度保留率纵、横向均不低于 60%，水抽提液 pH 值为 7.5~9.5。建议其纤维原料中至少含有 20%漂白针叶木浆或新的棉花和亚麻浆，或这些纤维的混合浆，其余的为其他纤维原料。

第二节　纸张性能及老化

一、档案纸张的性能

纸张具有多种性能，一般分为：①物理性能。包括定量、厚度、紧度、平滑度、透气度、施胶度、吸收性、伸缩性和柔软性等。②机械性能。包括抗张强度、耐折度撕裂度和耐破度等。③光学性能。包括白度（亮度）、色泽、色泽度、透明度和不透明度。④化学性能。包括纸张的化学组成、灰分含量、各种化学添加物的含量、pH 值、粘度等。⑤外观质量。包括尘埃、针眼、孔洞、透明点、皱纹、斑点、浆疙、裂口、卷边、网印和色泽不一致等肉眼可以看到的缺陷。⑥印刷性能。指纸张适应印刷的各种性能。主要取决于纸张的平滑度、施胶度、可压缩性、吸油度、不透明度和表面强度等。在上述各种性能中，与档案用纸选择和档案长期保管有关的性能主要是：物理性能、机械性能、光学性能和化学性能。

（一）物理性能

1. 定量、厚度与紧度

定量是构成纸张规格的基本度量，是指纸张单位面积的质量，以 g/m^2 表示。定量会影响纸张的物理性能、机械性能以及光学性能。如抗张强度、耐破度、撕裂度、紧度、厚度、不透明度等都与定量有关。

厚度表示纸张的厚薄程度，是指在一定的面积和压力下，测得纸样两面之间的垂直距离。厚度影响印刷纸的不透明性和可压缩性。

紧度是指每立方厘米纸张的质量，亦称表观密度，以 g/cm^3 表示。紧度是衡量纸张结构松紧程度的指标，取决于所用纤维的种类、打浆程度、抄纸时网部脱水情况、湿压程度以及压光程度等。紧度影响纸张的光学性能、物理性能和机械性能，一般说纸张的紧度与耐破度和抗张强度成正比，与撕裂度、透气度成反比。

2. 施胶度

施胶度表示纸张抗水能力的大小。以鸭嘴笔蘸特制的墨水，在纸上划线，以不扩散和不渗透的线条的最大宽度（mm）表示。

3. 平滑度

平滑度是在特定的条件下，让一定量的空气透过一定面积的小眼。其方法可以让空气从光洁平滑的玻璃板与纸张表面流过，测定空气通过所经历的时间。通过慢者表示平滑度高，快者表示平滑度低，单位以秒计。平滑度表征纸张的表面结构特性，取决于纸张表面的形貌。纸张的印刷性能与平滑度有密切关系。

4. 吸收性

(1) 吸湿性

纸张具有吸收水分、矿物油和有机溶剂等液体以及空气中水蒸气的能力。对水分而言，纸张具有高度的吸水性和脱水性能。纸张的吸湿性使得纸张具有良好的书写、印刷性能，同时也给造纸不利影响：①破坏纸张的内部结合力。纤维吸湿润胀，解湿收缩，纤维间的交结力遭到破坏。②引起纸张形变。③易使纸张发生水解和氧化性破坏作用。④导致纸张机械强度下降。

(2) 吸附性

纸张具有吸收周围某些物质分子的能力。气体分子不仅能吸附在纸张表面，还能渗透到纸张内部，称为吸留。纸张的吸附性与纸质、空气流动量及温湿度等因素有关。

有害气体被纸张吸附后，会对纸张产生一系列的危害，为此，既要净化空气，也要尽量减少纸张与有害气体的接触。

5. 纵横向

在抄纸过程中，沿造纸机运行的方向为纸张的纵向，垂直于纵向的为横向。纸张纵向的机械强度比横向要好。

6. 透气度

透气度是指一分钟内通过纸面的空气量或者透过 100 毫升空气所需要的时间。单位是 ml/m 或 s/100ml。它是检查纸张透气性能的指标。纸张是一种多孔性的物质，其密度大约是 0. 5g/m～0. 6g/m^3，纸中 70%左右是空隙。纸张中纤维结构越紧密，透气度越小；反之，透气度越大。

7. 伸缩率

伸缩率是指在浸水和干燥后，纸张尺寸的相对变化。一般要求印刷用纸伸缩率要小。

（二）机械性能

机械性能又称机械强度，是指纸张在一定机械外力条件下，抵抗外力作用的能力。是衡量纸张耐久性的重要指标。取决于纸张纤维的原始强度以及纤维与纤维之间的结合强度。

1. 抗张强度

抗张强度是指纸张能够承受的最大张力。通常以一定宽度试样的抗张力表示，单位为 kN/15mm 或 kg/15mm。造纸工业中，通常用断裂长表示抗张强度，断裂长是指一定宽度的试样，由其自身重量使纸断裂的长度，以米为单位。

影响抗张强度的因素主要有：纤维结合力的大小、纤维平均长度以及纤维本身的强度等。其中，纤维之间的结合力大小是最重要的因素。

2. 耐折度

耐折度表示纸张抵抗往复折叠的能力，指纸张在一定张力下，试样来回做一定角度折叠，直至其断裂时的折叠次数。以往复“次”数表示。按纵向裁样测试的为纵向耐折度，按横向裁样测试的为横向耐折度。一般纵向耐折度比横向耐折度高，这是由于纤维的排列及纵向纤维结合力大的缘故。

影响纸张耐折度的因素主要有：纤维长度、纤维的柔软性、纤维的结合力、纤维本身的强度以及纸张的含水量等。

3. 撕裂度

撕裂度是指撕裂一定距离纸页所需要的力。有内撕裂度与边撕裂度之分，一般指内撕裂度。内撕裂度指先将纸张切出一定长度的裂口，然后再从裂口将纸样撕裂到一定距离时所需的力。单位是 mN。

纸张撕裂度的大小主要取决于纤维长度、纤维本身的强度以及纤维的交织状况等因素。

4. 耐破度

耐破度是指纸张在一定面积下，以匀速加压直至破裂时所能承受的最大压力，以液压力或气压力表示。单位是 Pa 或 kPa。

耐破度表示的是纸张在不破裂时所能承受外加压力的程度，它是抗张强度和伸长率的复合函数。纸张破裂时一般成为一条与纸张的纵向垂直的裂纹，这是由于纸张纵向伸长小，受压力后成为纵向张力。

（三）光学性能

1. 白度

纸张的白度是指纸张受光照射后全面反射的能力。纸张的白度取决于纤维的白度以及多种无机填料、施胶度和染色剂的含量。从技术角度来看，纸张白色程度包括了各种复杂的因素，它是纸张总光谱反射率、照明能量分布、观察条件和观察者特性的函数。

人的视觉白度不仅取决于纸张对白光总反射率，而且取决于纸张在整个可见光波长上反射率的均匀性，其中反射率的均匀性较总反射率起着更为重要的作用。在造纸过程中加入与纸浆颜色互补的染料，虽然会减少总反射率，但提高了反射率的均匀性，因而视觉上觉得白度更高。

目前，常用的测量白度的仪器，都是测量纸张对主波长为 457nm 光的反射能力，以相对于标准氧化镁（MgO）板反射率的百分率表示。准确地讲，测量所得数值应是亮度值，但在我国亮度与白度两个术语长期混用，白度已成亮度的代名。

白度下降是纸张老化的主要表现，通过白度的变化可以了解纸张的老化情况。

2. 不透明度

不透明度是指纸张不透光的程度，表示纸张对光线透射的抵制能力。它取决于纸张的光散射能力、纸张内部光散射界面的多少（即内部独立粒子的数量）和散射界面折射率差异的大小。光散射界面越多，散射界面间折射率差异越大，则纸张的光散射能力越大，不透明度越高。

从概念上讲，不透明度可用透射光线与照射光线的比率来测量和表示，但在实际中，通常是用反差率来描述纸张的不透明度。反差率是指单张纸背衬黑体时的扩散反射率与背衬白体时扩散反射率的比率。

（四）化学性能

1. 水分

指纸张在 100℃～150℃下，烘干至恒重时所减少的质量与原质量之比，以百分率（%）表示。水分是检测纸张性能的重要指标，一般纸张产品的水分指标规定在 7%±2%。

2. pH 值

每种纸张都有一定的酸碱性，是影响纸张耐久性的重要因素。酸是纤维素水解反应的催化剂，酸度越大，纸张老化越快。

3. α-纤维素

α-纤维素：是用浓氢氧化钠（17.5%NaOH）的水溶液处理纸样时，保持抗碱不溶的那一部分物质。纸中含有的 α-纤维素数量越高，说明纤维素大分子受损伤程度越小，该纸的稳定性和耐久性也越好。

二、档案纸张的老化

（一）纸张老化的概念

纸张老化是指纸张在使用和保存过程中，由于受到时间因素和外界各种不利环境的综合作用，纸张化学组成和分子结构发生变化，从而使纸张性能下降的过程。老化分为物理老化、化学老化和光化学老化。

纸张老化的实质是纸张的主要化学成分纤维素、半纤维素、木素在外界酸、光、氧、水分、温度、霉菌及空气中有害物质等因素的作用下，发生化学变化。纸张老化后，在微观上，表现为纤维素、半纤维素、木素的化学结构发生改变；在宏观上，表现为纸张发黄，强度下降，甚至变成易碎的粉末状物质，如图 1.1、图 1.2 所示。

图 1.1

（二）纸张老化的原因

图 1.2　档案纸张老化

自然原因是档案纸张本身受各种自然条件的影响而发生损坏，其中时间的影响是不可抗拒的。保存时间越长久，纸张老化现象越明显，只是因纸张本身质量的不同，变质的速度不同而已。任何档案纸张都有一定的有效使用寿命，随着时间的推移，原有的物理化学性能会发生不可逆的变化，逐渐失去原来的特性，即纸张不可能超越自身的有效使用寿命而长期的保存下去。纸张老化表现出来的主要特征是发黄发脆。纸张老化的原因错综复杂，除了时间这一因素外，大致可以归纳为内因外因两个方面。

1. 内部原因

（1）纸张中主要成分的化学结构与性质发生变化

纸张的主要成分是纤维素、半纤维素和木素。纤维素可发生水解、氧化降解以及光解等化学反应。纤维素与环境中的物质如氧化剂、酸、水等物质发生了氧化和水解反应。纤维素在光、高温、高湿和氧化剂存在的情况下，结构发生改变，产生与原来不同的氧化纤维素，氧化纤维素发黄、发脆。纤维素的水解是在酸的催化作用下，与水反应，聚合度降低，生成短链纤维素，导致纸张脆化；半纤维素是由不均一单糖脱水聚合而成的聚合物，且存在支链结构，同样会发生水解、氧化和光解等化学变化；木素结构中含量大量活泼基团，容易发生氧化和光解反应生成了发黄的氧化木素，纸张所含的木素越多，纸张发黄的速度越快，发黄的程度越严重。

（2）纸张内残留不利于纸张耐久性的物质

纸张生产过程会使纸张内部形成一定的有害物质，主要是酸、氧化剂及金属离子等。如制浆、施胶、日后保管中空气中的酸性气体均会带来酸，酸是纤维素水解的催化剂，是纸张寿命下降的主要原因；漂白过程会残留氧化剂，整个制浆过程会带来金属离子等。此外，纤维素、半纤维素，尤其木素在氧化或水解时，也会产生酸性物质。

在内部原因中，木质素、纤维素和半纤维素的光氧化反应是诱发纸张泛黄的主要原因。纤维素、木质素氧化对纸张的泛黄起着重要作用，一般情况是木素含量高的纸张易于发黄，比如新闻纸。纤维素在酸的催化下发生水解反应是纸张发脆的主要原因。

2. 外部原因

纸张老化的外部原因即外界的环境因素，主要包括温湿度、光线、酸、氧化剂、有害气体以及有害微生物等。这些因素会引起或加速纸张主要成分发生水解、氧化和光解等反应。因此，在纸张档案的保存过程中，为延长档案寿命，需要防高温、高湿、防光、防有害气体、防霉。

档案保护是保持纸张耐久性和应对档案纸张老化的重要措施与手段，应紧紧围绕以下两个方面开展工作：一是立足于档案造纸原料的优选和造纸工艺的优化。简单而言，在原料上，选择那些纤维素含量高、木素含量少的材料作为造纸的原料；在造纸工艺上，优化造纸工艺过程，尽量减少造纸过程给纸张带来的不利影响；二是为档案纸张的保存创造良好的环境。既能够提供适宜的温湿度，又能有效地防止光和空气污染物对纸张的损坏，还能避免有害生物的危害。

第三节 档案字迹耐久性的综合评价

人们通常把纸质档案中记录信息的材料称为档案字迹材料。字迹的耐久性是指字迹形成之后，在周围环境因素的影响下，保持原有色泽及清晰度的能力。保持“原有色泽”是指字迹不褪色，不变色；保持“清晰度”是指字迹不扩散，耐磨损。字迹的耐久性主要决定于色素成分的耐久性，同时与字迹色素同纸张纤维结合方式有密切的关系，纸张的种类、书写方法等对其也有一定的影响。

一、字迹色素成分的耐久性

字迹能呈现各种不同的色彩是由每种字迹的显色成分决定的，使字迹具有颜色的成分就称为字迹色素成分。色素成分由于种类不同，结构与性质也不同，因而其耐久性也有差别。大多数档案字迹的色素成分，可将其归纳为炭黑、颜料和染料三种类型。

（一）炭黑

炭黑的物理化学性质很稳定，耐光、耐热、耐酸碱、耐氧化，不易和其它物质起反应，也不溶于水、油和一般溶剂。因此，炭黑是字迹色素成分中最耐久的一种。以炭黑为色素成分的字迹有：墨和墨汁，黑色油墨、碳素墨水、静电复印件等。

（二）颜料

颜料是一种细小颗粒的有色粉状物质。它的特点是不易溶于水、油和其它溶剂，耐光坚牢度一般为 5 级或 6 级，最高可达 8 级。并且具有一定的耐酸、耐碱能力，因此颜料属于较耐久的色素成分。

按照颜料的来源，可分成天然颜料和人造颜料两大类。天然颜料包括植物性颜料（如藤黄）和矿物性颜料（如朱砂、红土等）两种。人造颜料是人工加工合成的物质，可分为无机颜料和有机颜料。

无机颜料是用天然矿物质加工精制而得到的，如铁蓝、金属氧化物、硫化物、铅盐、汞化合物及铝粉、铜粉等。无机颜料一般都有很好的耐光、耐化学等性能，其遮盖力比有机颜料强得多，但色调没有有机颜料鲜艳。档案字迹中用得比较多的无机颜料是铁蓝。有机颜料的颜色鲜艳、性能较好，弥补了无机颜料品种少、色谱不多的欠缺。有机颜料大多是合成苯型的，如鞣酸铁、立索尔红、金光红 G、酞菁蓝等，其品种繁多、色泽鲜艳、着色力强，但其耐久性不如无机颜料，一是因为有机颜料耐光性较差，二是有水渗或油渗现象。用颜料作为色素成分的字迹材料有彩色油墨、蓝黑墨水、红蓝铅笔、印泥和科技图纸中的铁盐线条等。

（三）染料

染料是一种有色的有机化合物。其颜色鲜亮，易溶于水，油或其它溶剂；其耐光坚牢度差，有些染料的耐光坚牢度仅为 1 级至 2 级；且其不耐酸，不耐碱，因此染料属于不耐久的色素成分。

由上可见，字迹色素成分耐久性一般为：炭黑 >颜料 > 染料。

二、字迹与纸张结合方式的耐久性

字迹与纸张的结合方式即指字迹材料以何种方式转移固定到纸上。转移固定的方式不同，字迹与纸张结合的牢固度也有很大的差别，因此结合方式也直接决定着字迹的耐久性。色素与纸张的结合方式可归纳为三种方式：

1. 结膜方式

指有些字迹写在纸张上之后，不仅会渗透到纸张的孔隙内，而且还能在纸张表面形成一层膜，从而把字迹材料固定在纸张上。这类字迹与纸张结合的特点是色素和纤维之间除了以范德华力相互吸附外，其它助剂还以化学力与纤维素结合，有些助剂还会干燥成膜或氧化聚合成膜。这种干性膜有较强的固着牢度，既耐磨擦，也不会扩散，所以这种固着方式是最耐久的。如墨、墨汁、油墨、印泥等皆为此类结合方式。

2. 吸收方式

指有些字迹材料书写在纸张上之后，能被纸张纤维吸收而固定在纸张上。这类字迹与纸张结合的特点是色素除了以范德华力与纸张纤维相互吸附外，色素分子中的某些基团还可能与纤维素分子基团以氢键力和其它化学力相互作用，因而形成的字迹较为牢固。由于字迹材料被吸收而没有结膜，故还容易受溶剂、湿度、热等外因的影响而导致扩散、褪色，所以这种方式属于比较耐久的结合方式。如墨水、圆珠笔、复写纸、印台油、铁盐和重氮盐蓝图线条等皆为此类结合方式。

3. 填充或粘附方式

指有些字迹书写在纸张上之后，既不能为纸张纤维吸收，也不能在纤维表面形成结膜，仅仅是填充或粘附在纸张表面的孔隙内。这类字迹与纸张结合的特点是色素成分与纸张纤维仅以分子间的范德华力相互作用，或者说只是色料与载体间的物理吸附，因此，牢固度差，特别不耐磨擦，这种固定方式属于不耐久的结合方式，如铅笔类字迹。

三、字迹耐久性的综合评价

评价一种字迹的耐久性，既不能仅从色素成分来分析，也不能单从结合方式来评价，必须将这两个因素综合起来分析，才能全面地评价其耐久性。

把字迹的色素成分和色素成分与纸张的结合方式两者综合起来进行分析，可将字迹的耐久性分为三种类型：

（一）最耐久的字迹

凡色素成分是炭黑，与纸张的结合方式是结膜方式的字迹最耐久。属于这类字迹有墨、墨汁、黑色油墨等。

（二）比较耐久的字迹

凡色素成分是颜料，与纸张的结合方式是结膜或吸收的字迹比较耐久，属于这类字迹有彩色油墨、蓝黑墨水、印泥、铁盐蓝图线条等。

（三）不耐久的字迹

不耐久字迹分两种情况：

第一，凡色素成分是染料，无论以何种方式与纸张结合，都属于不耐久的字迹。属于这种字迹有纯蓝墨水、红墨水、复写纸、圆珠笔、印台油、蓝图重氮盐线条、部分传真件字迹等。

第二，凡字迹仅以填充或粘附方式固定在纸上，无论其为何种色素成分，都属不耐久的字迹。这种字迹如铅笔。

为了进一步熟悉和把握各类字迹的特性，以利最大限度地延长其寿命，必须进一步研究各种字迹材料的成分及其耐久性。

第四节　常见档案字迹的成分及其耐久性

传统的档案字迹材料有墨和墨汁、墨水、油墨、复写纸、圆珠笔、铅笔、印泥、印台油、科技图纸中的各种线条等；随着科学技术的发展，档案字迹材料又出现许多新的种类，如静电复印件、传真件、计算机打印件等字迹材料。这些字迹材料的耐久性直接关系到档案寿命的长短，因为失去字迹或线条的档案只是“一纸空文”，就没有什么利用价值了。有些档案字迹因发生褪色扩散而变得模糊不清，也严重影响档案的利用。因此，在研究纸质档案的耐久性时，必须了解和研究这些字迹的组成、性质及影响其耐久性的因素，以便在档案形成之前，就合理选用耐久性较好的字迹材料，在档案形成之后采用科学的方法保护这些档案字迹，以利延长档案的寿命。

一、墨和墨汁字迹

墨是我国传统的书写材料。约公元前两千七百年左右，我国就出现了墨。到了唐代，块墨不仅闻名于国内，而且当时的徽墨已驰名于世界。古代制墨工艺之精巧、技术之高超，堪称一绝。南唐易水李廷珪的墨“丰肌腻理、光泽如玉”，有“黄金易得，李氏墨难寻”之说。据资料介绍，李廷珪制墨，用料十分讲究：采用松烟一斤，加珍珠三两，玉屑龙脑各一两，同时和以生漆，捣十万杵。当时称之为“供御香墨”。在我国古代档案文献中有西晋武帝初年写的《平复贴》迄今已一千六百多年仍然灿烂耀目，充分说明了当时制墨与抄纸的高超技术。

墨的主要成分是炭黑、动物胶和防腐剂。现代墨汁是以炭黑为色素成分，用虫胶作粘合剂，以硼砂作防腐剂，再加入适量的水配制而成。墨和墨汁的色素成分均为化学性质十分稳定的碳黑，是最耐久的色素成分。墨和墨汁的粘合剂为动物胶和虫胶，它们干燥后都能通过结膜而固定字迹；同时，又借助溶剂水被纸张纤维吸收而进一步固定字迹，因此，墨和墨汁是最耐久的字迹材料。

二、墨水字迹

墨水是用钢笔书写字迹的液体的总称。墨水有一般书写墨水和特定用途墨水之分。一般书写墨水有蓝黑墨水、纯蓝墨水、红墨水和碳素墨水，特定用途墨水有绘图墨水、打印墨水等。

（一）碳素墨水字迹

碳素墨水的色素成分为碳黑。这种碳黑是经过强氧化剂（如浓硫酸、浓硝酸等）的氧化而制成的氧化碳黑，一般要用树脂来悬浮氧化碳黑。此外，还要加入分散剂、表面活性剂，助剂等原料进行混合组成水溶液。

碳素墨水的黑度、着色力、遮盖力都很高。对酸、碱、氧化剂等具有很强的抵抗力，且耐光、耐热，因此看来，碳素墨水是墨水中耐久性最好的一种书写材料。

（二）蓝黑墨水

1. 色素成分

从总体上来说，蓝黑墨水的色素成分是由变黑成分和着色剂两部分组成。变黑成分是由鞣酸（$C_{76}H_{52}O_{46}$）没食子酸（$C_7H_6O_5 \cdot H_2O$）和硫酸亚铁（$FeSO_4$）三种化学物质组成的。由于蓝黑墨水的色素成分为颜料，色素成分与纸张的结合方式为吸收，因此以前的档案保护技术类著作和论文中，都一致认为蓝黑墨水属于比较耐久的字迹材料。然而，在对档案字迹材料耐久性能的调查中却发现，蓝黑墨水字迹褪色严重，有些甚至呈灰白色；其它有关档案字迹耐久性的文章与报道也有类似的看法。传统理论与现实的矛盾，促使档案工作者必须进一步认真研究蓝黑墨水的耐久性问题。

从现实看，其一，现存档案纸张多为机制纸，机制纸张本身呈微酸性；其二，蓝黑墨水本身呈酸性，且酸性较大（ pH 值为 1.5~2.0）；其三，保存档案的环境中常含有硫化氢和二氧化硫等还原性气体物质。正是因为这些因素，造成蓝黑墨水字迹总是处于酸性介质和含有还原性物质的环境中，这样日长年久，必将导致蓝黑墨水或褪色或泛黄，有的档案纸张在墨水书写笔划之处，会出现腐蚀道或洞的现象。

三、油墨字迹

印刷文件必须使用油墨。印刷字迹的耐久性决定于油墨的质量。油墨是由色素、粘结剂、填充料和辅助剂等成分组成的具有一定流动度的浆状胶粘体。良好的油墨应具有鲜艳的颜色，优良的印刷性能，适合的干燥速度和较好的耐酸、耐碱、耐光与耐热性能。档案中常用的油墨一般以黑、蓝、红三种颜色为多。

黑色油墨的色素成分是炭黑，蓝色和红色油墨的色素成分是颜料，在连接剂和填充料的作用下色素与纸张的结合方式是结膜和吸收。因此 ，黑色油墨是最耐久的字迹材料，蓝色和红色油墨是比较耐久的字迹材料。

四、复写纸字迹

复写纸是一种在薄韧纸张上涂一层有色浆料供复制抄写用的一种纸张。

根据用途可分为打字复写纸和手写复写纸两种。打字复写纸由于在打字时需承受较大的机械摩擦和压力，所以要求复写纸的色层浆料的强度大些，熔点高些，强度大些，以免打字时因机械摩擦而落色，进而沾污纸张。打字复写纸均为单面复写纸。一般有黑、蓝两种颜色，其浆料中的色素常用的颜料有碳黑、铁蓝、酞菁蓝、立索尔红等。手写复写纸的色层浆料比较软，熔点也稍低，色泽比较鲜艳。手写复写纸有单面和双面复写两种，一般为蓝色，也有黑色、红色等。但不管哪一种复写纸，其字迹的耐久性主要决定于色层浆料质量。

打印复写纸形成字迹的耐久性比手写复写纸好一些，这是由于打印复写纸的色素以颜料为主，而手写复写纸染料为主。浆料中的染料属于碱性染料类，其特点是鲜艳、着色力强。但它们却是染料类中耐久性较差的一类，耐水牢度和耐晒牢度都比较差。用颜料的复写纸的字迹耐晒度一般可达 5~6 级，而染料复写纸的字迹耐晒度只有 2 或 3 级。

复写纸字迹容易发生扩散的原因其色素成分大都是油溶性染料，而作为溶剂的油、蜡熔点一般都不高，这样此类字迹若长期保存在较高的温度下，就会逐渐出现油渗，严重时会使字迹模糊不清，无法阅读。手写复写纸字迹的色素属于油溶性染料，因此，扩散程度更厉害。我国50年代形成的复写纸字迹档案，有很大一部分早已发生褪色、扩散现象，严重影响了档案的保管和利用。因此，书写文件时要避免使用复写纸。

近年来，又出现一种新型无碳复写纸，又称压敏记录纸，因其具有直接书写方便、不污染手指、衣物、工作效率高等特点，所以已广泛用作各种多联表格、票据以及业务帐票用纸。无碳复写纸可分为它显色和自显色两类型。目前国内生产的主要是它显色型，属于化学反应型的涂布加工纸，分为上纸、中纸、下纸三层，上纸背面涂发色剂，中纸正面涂显色剂、背面涂发色剂，下纸正面涂显色剂。配联后的上纸、中纸、受外界压力作用，使上纸、中纸背面的微胶囊破裂，内含的无色染料流出与中纸、下纸正面的显色剂接触反应而显色，得到黑、蓝或其它颜色字迹的复写文件。无碳复写纸字迹色素成分为染料，所以这种复写纸字迹也是不耐久。

五、铅笔字迹

档案中常见的铅笔字迹是领导的签字、批语等。字虽不多，却很重要。这些字迹多为黑色或红色，也有些是蓝色的。铅笔从色素上可分为黑色和彩色铅笔，它们都是由色素、粘结剂、蜡或油脂等组成。

（一）黑色铅笔

黑色铅笔的色素成分是石墨和粘土。粘土的含量决定铅笔的硬度。软铅笔笔芯含石墨多，硬铅笔笔芯含粘土多。铅笔的软硬通常以“H”、“B”来表示，“H”表示硬，“B”表示软。软硬程度由“H”、“B”前面的数字表示，数字越大，其软、硬的程度越高。

在石墨笔芯成型过程中，还要加入阿拉伯树胶等辅料以提高铅芯的强度，加入油脂和蜡以堵塞燃烧后铅芯产生的微小孔隙，从而提高铅芯的物理指标和书写性能。

（二）彩色铅笔

彩色铅笔的主要成分是：色素、粘合剂、脂肪和蜡。将原料按一定的配比混合在一起，经加工制成彩色铅笔的笔芯。

彩色铅笔随铅笔颜色的不同，色素成分各不相同。红色铅笔的色素主要是大红粉，并适当配入某些染料。蓝色铅笔的色素主要是铁蓝，另加少量的墨水蓝以使蓝色更鲜艳。

彩色铅笔的粘合剂一般是水溶性胶类，如阿拉伯胶、羧甲基纤维素，水溶性糊精粉等。填料常用粘土和滑石粉。常用的有牛油，石蜡、硬脂酸等，它们可使笔芯具有着色力，书写滑润，并使笔芯具有一定的强度和硬度，提高笔芯的抗水性。

黑色铅笔的色素成分比彩色铅笔的色素耐久，而粘附力比彩色铅笔差。但不管哪一种铅笔，它们的字迹在纸张上既没有结膜，又不被吸收，只是填充或粘附在纸上，容易被磨擦掉，因此都属于不耐久字迹。

6. 印泥字迹

印章在我国有悠久的历史。春秋战国及秦汉时代，文书传递时，为防止简札散失和外人拆开偷看，便将文书装在斗槽里用绳捆上，在打结的地方填进一块胶泥，再在胶泥的上面戳印盖章，以此作为凭证。这种填泥打印的办法叫泥封，干后硬化带有印迹的胶泥称作封泥，印泥因此得名。

印章在我国各朝代都起着十分重要的作用，它体现了一级组织的正式署名和法定地位，是组织对外行使职权的凭证。由于对印章的重视，所以对印泥质量要求很高。不仅要求其颜色鲜艳，而且还要求其不溶于水、油，印迹耐久，能长期保存不退变。古时印泥的主要原料成分为朱砂（硫化汞）、艾绒、脱水蓖麻油和冰片。朱砂是朱砂印泥的色素成分，是一种红色无机颜料，化学性质稳定，耐水、耐光、耐热、耐酸碱，属于无机颜料，其性能稳定，印迹不会褪变，可长期保存。除此之外，印泥中还加进蓖麻油、艾绒和冰片（起防腐作用），称之为朱砂印泥。朱砂印泥的耐久性好，印迹耐久不褪色。

现代使用的印泥，多为仿朱砂印泥，其主要成分如下：

印泥的色素成分一般由红粉和黄粉组成。红粉为甲苯胺红，属偶氮颜料，是组成印泥的主要色素成分，它的色泽好，着色力强，耐光、耐晒、也耐酸，但微溶于碱，稍有水渗、油渗现象。黄粉也是一种颜料，能使红粉的颜色泛黄，形成接近朱砂颜色，因此黄粉主要起调色作用。

由于印泥的色素成分是颜料，与纸张的结合方式既有蓖麻油氧化结膜方式，又有牛油被纸张纤维吸收方式，因此印泥是比较耐久的字迹材料。

传统使用的印泥保管或使用不当，常常会使盖出的印文图案不清晰，难以辨认，影响其凭证作用；其次是传统使用的印泥印章与印泥分体，缺一不能使用；盖一次章加一次印泥，使用繁琐；印泥也易沾手，不卫生等，这对于工作节奏愈来愈快的现代人来说，也不方便。

80 年代中期，美、日等国相继研制出了新型印章印油，即原子印章与原子印油。原子印章有一塑料外壳，里面是一个刻有文字图案的橡胶或塑料泡沫材料，泡沫材料可吸收原子印油。印章每加一次印油能连续盖一万次左右，两三年之内不需再加油。国外把原子印章称为预先上印油的印章或储存有印油的印章，它改变了老式印章与印泥分体及盖一次印加一次印泥的不便，提高了工作效率，同时具有携带方便、印油不沾手、印迹清晰等优点，因此原子印章一出现就受到人们的重视与喜爱。1987 年我国轻工部与公安部联合发文：《关于在国内生产、使用原子印章的通知》，原子印章和印油正在逐步替代老式印章和印泥。

原子印油的色素成分是大红粉、金光红、立素尔红、耐晒红、永固红等，它们属于颜料。油主要用的是蓖麻油、蓖麻油醇酸脂、棉子油、豆油、菜油等，它们使印迹与纸张的结合方式为吸收和结膜。所以，原子印章的印迹属于较耐久的字迹材料。与印泥相比，原子印油的优点是对纸张的渗透性更好，结膜性能更好，印迹的清晰度更好。

还有一种蓝印泥，主要是供盖签名章使用。蓝印泥的色素成分为颜料，其它辅助用料，如蓖麻油等与仿朱砂印泥基本相同。蓝印泥的耐热、耐光、耐酸、耐碱等性能不如朱砂印泥，但其耐水、耐乙醇性能较好，在蓝色印迹材料中，蓝印泥的耐久性最好。

七、复印图线条

复印图是用晒图纸从底图上复制的一种图纸。晒图纸上涂有感光层，其感光材料有银盐、铬酸盐、重氮盐和铁盐等。

（一）重氮盐复印图

重氮盐复印图是目前科技图纸中使用最广泛的一种图纸，这是由于重氮盐具有感光速度快、显影迅速、色调鲜艳等优点，所以逐渐取代了铁盐。目前我国科技部门主要采用重氮盐晒图。

由于重氮盐线条的色素成分属于偶氮染料，与纸张结合方式属于吸收，因此，它属于不耐久字迹材料。由于其耐光性能差，因此应避免在强光下长期使用重氮盐蓝图。

（二）铁盐复印图

铁盐复印图是科技图纸中早期广泛使用的一种图纸。它是利用铁盐具有感光性能，通过物理化学处理而形成各种线条。

由于原料配方不同，形成线条的颜色也不同。如有白底蓝线条、蓝底白线条和白底黑线条等。

铁盐复印图是以滕氏蓝，普鲁士蓝和鞣酸铁（或没食子酸铁）为色素成分的，它们均属颜料，与纸张的结合方式均为吸收，因此铁盐线条属于比较耐久的字迹材料。

八、静电复印件字迹

静电复印是利用光敏半导体作为感光材料，经过充电、曝光，在感光材料表面形成电荷潜像，然后靠潜像电荷吸收墨粉而形成墨粉图像，再经转印、定影而形成复印件，这是一个光电物理变化的过程。其字迹的耐久性，主要取决于墨粉的色素及其与纸张的结合方式。

静电复印显影剂主要由色素成分、树脂和助剂三部分组成，其中色素成分约占 10%，热熔树脂占 80%，其它材料占 10%。

静电复印过程中，纸张和墨粉先以静电力相互吸附，部分墨粉熔融进入纸张的纤维内部，部分以填充方式分布在纸张纤维的浅表层。定影时，墨粉中的树脂在高温作用下熔化，部份墨粉随之渗透进入纸张纤维间隙或纤维表面而固化，部分则在纸张表面干燥结膜。如果定影温度达不到要求，则渗透吸收会较少，大部份墨粉只是机械地附着在纸张表面，若反复多次折叠和磨擦，墨粉易脱落，出现复印字迹变淡的现象。但就总体而言，由于静电复印件字迹的色素成分是碳黑，色素成分与纸张的结合方式是部分渗透吸收，所以复印件字迹属于比较耐久的字迹。

但静电复印件在保存过程中，常会发生纸页粘连的现象，造成部分字迹转印到相邻的纸页上；另一方面，倘若用力使纸页分离，会使字迹从纸页上剥落，因而导致字迹难于分辨。造成这种现象的原因是墨粉中的成分含有热熔性树脂，其熔点不高，所以复印件若长期保存在高温下，就容易发生粘连的情况。

为使复印件字迹能长久保存，在复印、保存及使用的过程中，应注意以下几点：

(1) 复印件字迹是通过在机器内用加热的方法使墨粉融化，经热压粘结在纸张上形成复印图像的，如果定影温度或电压控制不好，就会出现以下情况：温度低了，影像定影不牢，容易脱落；温度高了，纸张容易受损害，进而影响复印件保存的寿命。因此，在实际工作中，可以根据所使用墨粉的熔点确定适当的定影温度，这样才能保证复印件字迹的耐久性。

(2) 复印时墨粉浓度不宜过大，颜色不宜太深，以适中为宜。

(3) 复印件摆放要求松散些，最好立放，以免复印件受压；或用盒装，以尽量减少外部压力。

(4) 复印件要定期翻动，进行检查，以减少复印件在静态下时间久了发生粘连。而且一旦发现问题，也可及时采取措施进行补救。

(5) 复印件还要避免与塑料类物品接触，因为墨粉中的聚苯乙烯容易与塑料中的聚氯乙烯发生反应，而且墨粉又是带负电，塑料带正电，正负相吸也容易导致两者发生粘连；还要防止接触有机溶剂，特别是丙酮、苯等，以免树脂溶解，破坏结膜。

(6) 要防止多次的折叠和磨擦，以避免破坏结膜，墨粉脱落。

(7) 保存复印件时要注意控制环境的温湿度，可以控制在我国《档案馆建筑设计规范》中规定的一般档案库房温湿度标准为14℃~24℃、45%~60%，尤其要注意防止高温，以免树脂、石蜡软化，影响字迹与纸张的结合。

(8) 大量复印之后，纸张温度有些高，不要立即将大量文件叠放在一起，否则容易粘连。

九、传真件字迹

传真通讯在我国始于20世纪60年代，尤其自90年代引进先进的传真三类机后，传真通讯在我国现代化建设中起着越来越大的作用。如今传真机已被广泛地应用于社会的各个领域，它已成为提高机关办公效率必不可少的通讯设备。

喷墨记录法是利用静电喷雾原理将图像信号记录在普通纸上，它是单路真迹传真机常采用的记录方法。喷墨记录件的字迹耐久性较差，保存时间不长，尤其在阳光的照射下会较快褪色。

静电记录法是近年来发展较快的一种记录方法，它为实现平面扫描、连续输纸创造了良好的条件，故在平面扫描的单路、十二路真迹传真机上被广泛采用。由于静电记录传真件字迹的色素成分是碳黑，与纸张结合方式是部分干燥结膜，所以是比较耐久的字迹材料。

感热记录法是当前三类传真机采用的主要记录方式。如常见的UF915、日立790、理光3300等的传真机均采用这一记录方式。

感热记录纸是由底纸和涂布在底纸上的感热层组成的。感热层中含有无色染料（隐色体）、特殊生色剂、粘合剂及白色颜料等。传真记录时，接受方的记录器就是依不同的电信号，控制感热头放热或不放热，使放热处感色层生色，不放热处则感色层不变化，结果在感热记录纸上形成黑白分明的图像。

感热记录传真件的耐久性，决定于显示出字迹材料的耐久性和记录纸的稳定性。由于传真字迹属于染料，其性质不稳定，不耐光、不耐酸碱、耐热性也差。同时，感热纸通过感热记录形成传真后无图像处感热生色层中的各种化学成分并未发生变化，所以其热敏性质依然存在（即传真件底色材料热敏性能依然存在）。因此，在外界光和热的作用下仍会逐渐生色变黑。由此可见，传真件显示出的字迹和记录纸的稳定性都是相当差的。所以采用感热记录的传真件不能作为档案长久保存。对于此类传真件材料，属于需要归档的，应尽快复印，然后用复印件立卷归档。

十、计算机打印件字迹

打印机是计算机系统的重要输出设备。打印机可分为击打式打印机和非击打式打印机两类。击打式打印机是根据机械原理形成文字和图形的，最常用的是针式打印机；非击打式打印机是通过化学方法或物理方法（如激光扫描，静电感应）来形成文字和图像，这类打印机目前使用较多的是喷墨打印机、激光打印机等。

（一）针式打印件字迹（色带字迹）

针式打印机是发展较早的计算机输出设备。其工作原理是由一组固定数目的钢针组成矩形打印头。打印时，利用计算机输出的汉字信息控制打印头中相应的一部分钢针向前运动，撞击色带和纸，击打出点阵色点，然后由这些色点构成组成不连续的文字或图形。

针式打印件字迹材料的耐久性决定于打印色带。打印色带是用颜料或染料与凡士林、甘油调成浆状物，然后将细长条丝带在其中加以浸染制得的。不同颜色的打印色带使用的色素成分不同，不同厂家生产的同一颜色的色带所使用的色素成分也不尽相同。

色带字迹的耐久性与色带的色素成分密切相关。黑色色带的色素成分一般是油溶黑、苯胺黑等颜料，转移固定成分是油、蜡等。彩色色带的成分主要是铁蓝或酞菁蓝，金光红或立素尔红等。铁蓝、酞菁蓝属于无机颜料，其热稳定性和光稳定性较好；金光红、立索尔红属于有机偶氮颜料，其耐光性差，在光的作用下容易褪色，也有水渗或油渗现象，耐久性不如无机颜料。

针式打印字迹的转移固定方式属吸收和粘附相结合的方式。打印时，由于机械力的作用而使色带中的油墨粘附在打印纸上，其中溶解有色素的液态烃和甘油被纸张吸收，而不被吸收的石蜡附在纸张表面。由于油墨中的石蜡和润滑油均为不干油，且熔点都不高，所以针式打印字迹容易发生油渗现象，并使油溶性颜料随之迁移，造成字迹扩散。

由于针式打印字迹的色素成分是颜料或染料，字迹的转移固定方式属于吸收和粘附相结合的方式，而且其字迹还容易扩散，所以不耐久。

（二）喷墨打印件字迹

喷墨打印机是一种低噪音印刷机械。它是由一组固定数目的小喷墨嘴组成矩形喷墨头，由计算机输出的信息控制喷墨头上的墨嘴喷出微小的墨滴，小墨滴落到纸上后，迅速地被纸吸收，形成线条连续的喷墨打印字迹或图形。与喷墨头相连的墨盒中装有特制的喷墨墨水。不同牌号、不同型号的打印机使用的墨水质量有较大差别。

液态墨包括水基墨和油基墨。水基墨分染料墨水和颜料墨水。与染料相比，颜料型喷墨记录档案字迹材料具有良好的耐水性、耐光性、化学稳定性和耐磨性。

油性墨水是将疏水性的染料或颜料溶解在有机溶剂中配制而成的，字迹耐水、耐光、耐磨性好。

（三）激光打印件字迹

激光打印机是激光技术与电子照相技术相结合的产物，具有打印速度快，高分辨率和高清晰度等优点。其成像原理与静电复印机相类似，不同的是激光打印采用的是经计算机输入信息调制后的激光束曝光，而静电复印则采用可见光曝光。

激光打印字迹的耐久性与静电复印字迹相似，主要取决于墨粉。墨粉的组成主要包括：色素成分、树脂、电荷促进剂。

黑色激光打印字迹材料的色素成分多为碳黑，其耐久性较好，墨粉的转移方式为粘附，固定方式为结膜。墨粉转移到纸张上先是粘附在纸张的表面，然后通过热塑性树脂在纸张表面结成一层薄膜而固定。所以，使用激光打印时只要能够控制好激光打印机的定影温度，使墨粉中的热塑性树脂融化好，再经冷却凝固就可以在字迹表面形成墨膜，并较牢固地粘在纸张上。但因没有渗透吸收，色素与纸张的结合还不很牢固，所以，以碳黑为色素的打印字迹属于较耐久字迹。而彩色激光打印字迹的耐久性取决于其色素成分，色素为颜料成分的字迹较耐久，色素为染料成分的字迹则不耐久。

总之，对于计算机打印件字迹材料要作具体分析，作为档案保存的计算机打印件，最好选择激光打印字迹材料；而喷墨打印字迹材料和针式打印件字迹材料的质量参差不齐，它们的耐久性也都低于激光打印字迹材料，不宜选作档案字迹材料，尤其是喷墨类中的水基墨，其耐久性差，不能用作档案材料保存。

对于那些打印件字迹耐久性差而又须归档的文件，应当进行静电复印，并用静电复印件立卷归档，以利长久保存。

第五节 影响档案字迹耐久性的环境因素

档案字迹的耐久性除了取决于字迹色素成分和与纸张的结合方式外，还受外界一些因素的影响。概括起来，主要有以下几方面：

一、光

光是引起字迹发生不同程度褪色的主要因素，特别是以有机染料为色素成分的字迹，光对其影响更大。由于光具有能量，日光中的紫外线又是高能量的辐射线，具有较强的破坏作用，因此在日光的作用下，字迹材料易发生化学变化，使某些色素成分中的发色团遭破坏，从而引起褪色。另一方面，空气中的某些有害气体，在光的照射下，也会发生变化，生成氧化性气体，从而使某些字迹被氧化而褪色。如二氧化氮，在光的作用下会分解生成初生态氧，初生氧又会和空气中的氧发生作用而生成臭氧。初生态氧和臭氧都是氧化剂，会使一些字迹材料中的色素被氧化而发生褪色。

二、温度

字迹褪色的动力学研究表明，字迹色素的褪变速度与温度呈正相关。即在其它因素一定时，温度越高，字迹的褪变速度越快。例如，温度过高会使热性差的字迹材料发生油渗扩散，严重时使字迹模糊不清。这是因为这些字迹材料中含有油、蜡、树脂等较低熔点的成分。如复写纸、圆珠笔等字迹，复写纸的色素成分是油溶性染料，其溶剂是油和蜡，由于油和蜡的熔点低，因此这种字迹若长期保存在高温条件下，油和蜡会熔化渗出，色素成分也会随之扩散，使字迹模糊；圆珠笔等字迹材料中都含有熔点不高的油性物质，因此这些字迹也容易发生扩散。

高温会加速光、氧化剂、酸、碱等因素对字迹的影响，促进某些有害物质与字迹色素成分发生化学反应，使字迹褪色或变色。高温会加快热敏性传真件底色变灰，使反差减少，造成字迹不清。

三、湿度

环境湿度大，一方面会使耐水性差的字迹发生扩散，如纯蓝墨水、红墨水字迹，它们的色素成分是亲水性的有机染料，所以当环境湿度较大，纸张含水量升高时，水溶性染料分子便随水分子在纤维间移动，造成字迹扩散。另一方面，潮湿还会加速光、热、氧化剂、酸、碱等因素对字迹耐久性的影响。因为某些有害气体就是通过水而对字迹起破坏作用的。如二氧化硫气体，溶于水后变成亚硫酸，从而使耐酸性较差的字迹发生褪变。同时，在潮湿情况下，某些来自空气中的氧化性气体（如氯气）能够与水作用生成原子态氧。这种原子态氧具有漂白作用，能够促进字迹的漂白褪色。

四、酸、碱

字迹的色素成分十分复杂，在酸、碱介质的作用下，会使某些字迹变色或褪色。例如蓝黑墨水、纯蓝墨水和红墨水在酸性条件下稳定，遇碱则容易变色或褪色。如纯蓝墨水，它的主要色素成分是酸性墨水蓝，为酸性染料，当遇到碱时，则呈红棕色。红墨水色素成分中的酸性大红 G，为酸性染料，在酸性溶液中呈桃红色，在碱性溶液中则为黄色。蓝复写纸的色素成分是盐基性染料，在碱性条件下稳定，遇酸易褪色。

五、氧化剂

破坏档案字迹的氧化剂，主要是指空气中存在的一些氧化性气体，如 NO_2、O_3、$C1_2$等，它们具有氧化性，能与字迹色素中的某些发色团发生作用，从而使色素中的发色团遭破坏而褪色。例如二氧化氮受到光的照射，会分解为一氧化氮和初生态的氧原子（活泼氧），由于氧原子具有氧化性而破坏有机色素的发色团。同样的道理，氯气与水作用后，也会生成原子氧而破坏字迹色素。

六、有害气体

空气中有害气体的成分十分复杂，有的是酸性的有害气体，有的是氧化性的有害气体，它们可通过各种途径对字迹产生影响。而字迹褪色的原因也是相当复杂的，有的是由于色素成分被氧化造成的，有的则是因为发生了还原而导致字迹褪色。例如蓝黑墨水字迹中的 Fe^{3+} 在酸性介质中就易被空气中的 H_2S 与 SO_2 还原，生成 Fe^{2+} 而致使字迹发生褪色。

七、灰尘

灰尘也是影响字迹的因素之一。灰尘是固体杂质，表面多带有棱角，沉降在档案纸张上，在档案整理、保存、利用过程中，随着移动和翻阅，会引起灰尘对档案纸张的磨擦，使纸张表面起毛，影响字迹的清晰度。无论是落尘还是飘尘，多是一些带有颜色的细小微粒，落在档案上，就会使档案纸张变为灰褐色，严重的还会使字迹模糊不清，影响阅读。一些灰尘颗粒本身具有酸碱性，并且由于灰尘的粒径小、表面积大、吸附能力强，可将空气中的酸、碱有害物质吸附在其表面，使其酸度或碱性增大。当这些具有酸、碱性的灰尘落在档案纸张表面，必然增加档案材料的酸、碱性，从而对档案字迹起破坏作用。

根据影响字迹耐久性的各种因素，为了保护好档案字迹，延长其寿命，首先在文件形成时，就要注意选择耐久性好的书写材料和印刷材料，其次在档案保管过程中必须注意防光、防热、防潮、防水、防尘、防有害气体、防酸碱物质接触等。

第六节　实物档案的保护

在各级各类档案馆中，除了收藏纸质档案、胶片照片档案、光盘档案外，还有部分实物档案，其中包括金属类、木质、皮革类、陶瓷类、石质等。各类实物档案在保存过程中会表现出不同的老化情况，影响实物档案保存寿命的因素很多，其中包括自身的成分，同时还受到保存环境因素的影响。

（1）铁器。铁器最易被腐蚀，铁的化学性质活泼，易氧化生锈，严重者如出土铁器常呈酥粉、断裂、鳞片脱落状。在铁器的腐蚀产物中质地疏松的是水合式氧化铁，形成充满毛细管的多孔性表层，能吸附大量的水份、污物和无机盐，加速铁器腐蚀。氯化物是铁器腐蚀的活跃因素，氯化物与铁器作用生成三氯化铁，在潮湿环境中，水份与三氯化铁作用，又形成氢氧化铁和盐酸，而盐酸又继续与铁作用，如此反应继续下去，导致铁器完全毁损。故保存铁器要干燥环境。

（2）青铜器。青铜器的有害腐蚀物是淡绿色的粉状锈碱式氯化铜，即为青铜器与氯化物和水作用的结果。青铜器与氯化物接触形成氯化亚铜，氯化亚铜与水作用生成氧化亚铜的盐酸，氧化亚铜与盐酸、氧和水作用生成碱式氯化铜，而盐酸又与铜、碱式碳酸铜作用亦生成碱式氯化铜。反应如此长期继续进行，终会导致青铜器全部转化为碱式氯化铜而彻底毁损。

氯化亚铜在潮湿环境中可生成碱式氯化铜的试验表明：氯化亚铜在 RH 为 95%的环境中，经 2 小时即形成碱式氯化铜；在 RH 为 78%的环境中，需 4 小时形成碱式氯化铜；在 RH 为 58%的环境中，需 24 小时形成碱式氯化铜；在 RH 为 35%以下的环境中，则未形成碱式氯化铜。说明环境干燥对青铜器的保存是有利的，即使存在有害锈，也呈稳定状态而不扩散蔓延。

（3）金器。黄金质地稳定耐腐蚀，在常态下金是最不易受腐蚀的金属，在大气和水中极稳定，在任何温度下均不与氧直接结合。但鎏金、贴金等饰金器物的金质薄层出现裂隙、微孔时，使空气中的水份和电解质进入饰金器的基体，使铜、银等材料腐蚀，导致饰金器被锈蚀物所覆盖，或使金膜与胎体脱离。黄金的合金制品会使其耐腐蚀性降低，低于 14K 的黄金合金，其含金量为 58. 5%，易腐蚀而失去光泽，当含金量超过 75%，即 18K 金时，则可保持稳定而不失光泽。

（4）银器。银的化学性质也较稳定，但在贵金属中最活泼，在潮湿且有硫、氯、氧等污染物的环境中，也易发生腐蚀劣化。银器在大气中极易受二氧化硫或硫化氢等含硫物质的侵蚀，而生成色彩晦暗的黑色硫化银。

银器受土壤中氯化物的侵蚀，而在器表形成氯化银，此腐蚀物为微带褐色或紫色的灰色物质，软如泥土，用刀可切。氯化银腐蚀层与其它腐蚀产物接触，可呈现悦目的古斑色调，如被氧化亚铜染成红色，被碱式碳酸铜染成绿色等。腐蚀严重时，器物体积逐渐扩大，使器物膨胀变形，胎体酥松脆裂。当环境湿度过高时，银器表面易凝结成水膜，腐蚀介质易在表面滞留并参与反应，而加速银的变质。

银的腐蚀还来自强光辐射，因紫外线可分解氧分子，产生活化态的氧，银吸收紫外线而形成氧化银，故银器要避免光线照射。若银器材质为银铜合金，在地下埋藏环境中，由于腐蚀介质的作用，易发生电化学腐蚀，其中银受阴极保护，而铜受到阳极氧化，结果在银器表面形成铜锈覆盖层。

（5）锡器。锡在常温下暴露于空气中数分钟就能生成二氧化锡氧化膜，当氧化膜超过 3mm 时，氧化速度会减慢，当相对湿度超过 85%时，其氧化膜会增厚，而产生干涉色。锡的劣化变质现象主要是锡疫。在环境温度低于 13.2℃时，锡有变态的趋势，从具白色金属光泽的 β 锡，转变为性质脆弱的灰色 α 锡，温度越低，变态趋势越大，至环境温度在-33℃则转化速率加快，完全变为灰锡，使器物体积增大约 20%，造成锡制品崩碎乃至呈粉状，此现象为锡疫。故保存锡器的环境温度应保持在 18℃以上。

（6）铅器。铅器在空气中很易被氧化，形成灰色的氧化铅薄膜，由于氧化铅致密，体积改变不大。但在潮湿且二氧化碳充分的环境中，铅会被腐蚀生成碱式碳酸铅。铅与盐酸、硫酸作用，形成氯化铅和硫酸铅。上述腐蚀产物可阻止铅器继续腐蚀。但当空气中存在醋酸、鞣酸等有机酸时，则加速金属转化，铅器腐蚀层常变为粉状的碳酸盐。故收藏铅器的箱柜不能使用易挥发鞣酸的橡木为材料。

（7）陶瓷器。陶器包括实用器、明器、陶范、陶俑、唐三彩和紫砂器等陶质制品。由于陶制品胎质粗？多孔，具吸水性，在地下潮湿环境中，地下水中的可性盐类及其他杂质均可渗入到器物内部，其表面也会沾染污垢或覆盖凝结物。出土后收藏环境的变化，渗入器物内的盐类物质，会反复出现重结晶和溶解现象，使器物强度降低，易酥粉破碎。而瓷器的胎体致密、坚硬、无吸收性或吸水率极低，盐份不易渗入瓷胎内部，故瓷器的劣化主要为机械性损毁。

（8）玻璃器。玻璃器是硅酸盐材料制品，一般具有良好的化学稳定性，其稳定程度是二氧化硅起决定作用。硅酸盐玻璃中的碱金属氧化物如氧化钠、氧化钾成份，使玻璃的化学稳定性降低。玻璃在水、酸、碱等物质参与下，在其表面出现劣化变质现象。通常的概念玻璃是耐水的，但研究证实，水对玻璃表面具化学侵蚀作用。导致玻璃风化的环境因素是空气污染物中的酸性物质，水和潮湿气体中的水分子附在玻璃表面，并吸附二氧化碳、二氧化硫等酸性气体，随着水向玻璃内部扩散，使硅钠钙玻璃中的可溶性组份硅酸钠、硅酸钾，被水溶解和破坏。在硅钠钙玻璃中形成氢氧化钠并分离出二氧化硅，氢氧化钠与空气中的二氧化碳作用，生成碳酸钠聚集在玻璃表面。由于它具较强的吸湿性，吸收水份而潮解，形成碱液微滴。浓缩的碱液长期与玻璃接触，在玻璃表面形成局部侵蚀的斑点。当玻璃表面含碱量过高时，在潮湿环境下，玻璃表面能凝结水珠，俗称流泪玻璃。玻璃被侵蚀的现象，表现在轻者玻璃表面形成雾状薄膜或点线状模糊物，失去光泽和透明度；严重者玻璃表面出现白霜、粉化脱落、裂成碎片，有时出现闪光膜或彩虹。玻璃劣化还能出现变色现象，如红色玻璃中的显色剂为氧化亚铜，风化后则转化为碳酸铜，因而变成绿色玻璃。因此玻璃器亦应保存在低温干燥并空气纯净无污染的环境中。

(9) 砖瓦。砖瓦有质地疏松、多孔隙、吸水性强等内因缺陷，加之受环境因素影响易出现酥粉、剥离、断裂等劣化现象。环境温度的波动使砖瓦材料随之出现膨胀与收缩的交替变化，挤压与拉伸的作用，使之材质疏松粉化。在潮湿环境中，水份在砖体毛细管中分散存在，当环境温度降至零下，砖内水份结冰造成积体增大，其应力使砖体产生裂隙，如此反复进行而造成酥粉。砖瓦基体内的可溶性盐类和从土壤、地下水和大气污染物中吸收的可溶性盐类，在砖瓦基体内会反复出现溶解与结晶现象，也导致砖瓦材质的断裂、酥粉。生物的生存和活动也造成砖瓦基体的劣化变质。

(10) 石材。石质文物的劣化也与收藏环境有关，环境温度的交替波动使石材中的各种矿物组份，由于胀缩系数不同，引起不均匀的收缩和膨胀，因而使强度小的矿物开裂破碎。在寒冷环境中，石材中的水份冻结使之体积膨胀，在石材中产生压力，造成岩石颗粒空间加大，石材强度降低而开裂。石材表层聚集的含结晶水的盐类，在干燥环境中失去或减少结晶水，体积收缩，形成粉末；当处于高湿环境时，又吸水膨胀产生压力，加速岩石颗粒间裂隙的扩大。

石材化学风化与其材质组份不同而异，以碳酸钙为主的大理石，在酸雾、酸雨等酸性污染物空气环境中，则发生化学变化。二氧化硫对大理石的侵蚀结果，使碳酸钙变为硫酸钙，导致石材体积膨胀，粉状脱落。二氧化碳对大理石的作用，使碳酸钙转化为碳酸氢钙，致使石材受损。以硅酸盐为主的花岗岩石材，其风化速度小于大理石，但长期受二氧化碳的侵蚀，也会形成碳酸盐，造成石材的腐蚀。

石材的生物劣化是指各种生物体对石材的破坏作用，造成石材受损，而以潮湿环境中生物劣化现象尤重。植物生长在石质文物裂隙中，根系的根劈作用，使裂隙扩大加宽。藻类、苔藓等低等植物和细菌类微生物，其新陈代谢作用，分泌的酸性物质，均可侵蚀石材，造成对石质文物的损坏。空气污染物对石质文物损害，特别是室外露天保存的石质文物，其破坏作用更为严重。

(11) 竹木漆器。竹、木、漆器的原料为木质纤维，它们同属吸湿性物质。对干燥是敏感的，木材正常的含水量为本身重量的12%~15%，当干燥到与周围环境处平衡状态时，仍应含此比例的水份，若含水量低于此比例，木材则翘曲变形。RH 在 55%~65%之间波动，一般对木质文物无显著影响，RH 降至 45%，则面临干裂危险。

考古发掘出土的竹、木、漆器，在地下长期受地下水、电解质和霉菌的浸蚀，多已饱吸水份，其含水量高达 600%，造成木质纤维腐朽糟烂，出土后必须做脱水处理。

漆器以木质胎体为主，亦具干缩湿胀的特点，RH 升高，使木质纤维和漆皮溶胀，致漆皮破裂。RH 下降，水份蒸发，木胎收缩，则引起漆皮皱折、翘曲、脱落。

(12) 纺织品。纺织品包括丝、毛、麻、棉纺织制品，均来源于自然界的天然生物高分子材料。在植物纤维中有茎纤维的大麻，种子纤维的棉花。在动物纤维中为蛋白纤维的蚕丝和羊毛。

丝织品的原料蚕丝是蚕的分泌物，辅助材料是天然植物染料和矿物染料。丝织品的老化，使其结构和性能发生改变，表现在强度降低、酥脆断裂、色泽变黄等。当环境相对湿度大于 50%时，其机械性能随 RH 升高而迅速下降，伴随湿度和温度的升高，而加速变黄。高温高湿引起的生物劣化，使丝织品发生霉变和虫蛀。丝纤维是耐光性最差的纤维材料，光线幅射使其泛黄、酥脆，毛纤维也易遭虫蛀和霉变。

环境温度过高，易使纤维材料中原有的水分蒸发，造成干脆断裂。温度的剧裂变化，使纤维的热胀冷缩产生相互磨擦而降低强度。故以在低温避光的环境中保存为宜。

(13) 皮革。皮革制品的材料由蛋白质纤维的网状组织构成，其主要成份除蛋白质外，还有大量的水分和油脂，以维持其弹性。皮革制品的劣化与光线辐射、温湿变化、生物劣化有关。高温使皮革纤维变为胶糊状，脱除一定量的油脂和水分，致使皮革板结、硬化、脆裂。潮湿环境易霉变腐烂。光线辐射和温湿度过高，对皮革制品均有影响。

(14) 骨角器。骨角质文物是以动物的骨、角、甲、牙为材料制成的雕刻艺术品或器物。温湿度的剧烈变化，使这些材料翘曲开裂，加之光线辐射和空气污染因素的影响，更促使其质地疏松、表面脱层酥粉、色泽深黄，均是骨蛋白等物质老化分解的结果。

(15) 书画。中国书法绘画是在纸或绢上书写作画，所用材料是纸张、丝绸。其劣化变质因素与纸张、纺织品同。辅助材料是颜料和装裱时用的淀粉糊、明胶、明矾、蜡、木材等。淀粉和动物胶更是霉菌良好的培养基，极易霉变。

环境湿度过高，使纸绢吸水纤维强度下降，还是微生物和害虫的养料。当环境RH升至68%时，即霉菌即可生长发育；RH达75%以上，则加快繁殖；RH为80%~90%时，繁殖率上升；RH为95%时，生长最旺生长，害虫一般在22℃~30℃；RH为70%~90%时易生长，书画的保存防霉防虫非常重要。

第二章　声像档案的保护

声像档案主要包括胶片照片、磁性载体材料和光学记录材料三大类。有关声像档案保管的研究，自20世纪80年代，在我国乃至全球的档案界就开始关注了。声像档案不仅能够满足记录声音，还能记录画面，又能实现信息海量存储，使档案信息的记录、传输和管理方式发生了根本性的变化。

声像档案又被称为机读档案。这些档案的形成和读取都离不开配套的设备。如感光材料形成照片档案、缩微胶片、电影胶片等需要配套的照相机、缩微机、摄影机等；磁性材料形成的磁性载体档案需要录音机、录像机、计算机等；光盘载体档案形成时需要计算机和刻录机等。那么读取这些信息同样也需要配套的各种设备，缺了配套的读取设备这些五花八门的载体档案将变得毫无价值。

声像档案从制成成分来看都是高分子复合材料。这些高分子复合材料的制成物质不同，性能也多种多样，其耐久性和寿命普遍低于纸质载体档案。频繁的利用和长时间的存放都会加速其寿命的缩短。

第一节　胶片及照片档案的保护

胶片、照片档案是利用感光材料在光的作用下能够发生化学、光学反应，把文字、图像、声像等通过光波形式记录在胶片或照片上而形成的档案。例如：电影胶片上的影像，缩微胶片上的字迹，照片底片上的图像，都是原始图像或文字上的光线通过摄影机上凸透镜聚焦在胶片感光乳剂层上发生光化学反应的结果。胶片用于档案存储的优点有：存贮密度大，便于存贮和传递；规格统一；查找方便迅速；记录准确；复制速度快；保存寿命长；成本低等。

一、胶片的类型

根据胶片的感光性能、规格和种类，胶片档案可分成不同类型和品种。例如从色彩上可分为黑白胶片档案和彩色胶片档案；从胶片档案记录的内容上分有录音胶片档案和录像影片档案；从摄影方法上分，胶片档案又分为普通胶片和缩微胶片档案；从胶片的感光性能上分，胶片档案又分为银盐胶片档案和非银盐胶片档案。除此之外，随需要的不同，胶片档案还有其它多种分类方法。

（一）黑白胶片档案和彩色胶片档案

1. 黑白胶片

黑白胶片使用卤化银作为感光材料。胶片乳剂层中的卤化银有见光分解的性质，拍照后卤化银分解生成银离子，经过多种加工工序后，银离子最终被还原为黑色的金属银，形成可见的稳定影像。

2. 彩色胶片

彩色胶片是利用减色法原理形成彩色影像，胶片的结构由三个感色层构成。通常感蓝乳剂层在最上边，含黄成色剂，显影后形成黄染料；中间为感绿乳剂层，含品红成色剂，显影后形成品红染料；下层为感红乳剂层，含青成色剂，显影后形成青染料。感蓝乳剂层由高感和低感两层组成，感红、感绿乳剂层由高感、中感、低感三层组成。由于拍摄时照相条件不同，彩色胶片分为日光型和灯光型两大类，我们平常使用的彩色胶卷都为日光型，适用于白天在太阳光下拍摄，也适用于闪光灯下拍摄。

（二）普通胶片档案和缩微胶片档案

1. 普通胶片

普通照相用感光材料分黑白和彩色两大类，黑白和彩色感光材料又分胶卷和相纸两类。按感光度不同可分为低速、中速和高速片；按加工方式可分为黑白、彩色、反转、直接正性、一步成像材料。目前市场上常见的规格是 35mm 宽的 135 胶卷，还有 120、110、圆盘、APS 等不同规格产品。

2. 缩微胶片

缩微技术是通过摄影的方法将原始文件上的图文信息拍照在缩微胶片上，并以胶片为载体进行信息存储、交换、阅读和管理的一种技术。档案文献上的影像（文字、线条、图像等），人眼通常是可以直接辨认的。但是通过缩微摄影过程，将原件上的影像缩小记录在缩微胶片上的影像，一般人眼不能直接阅读，需借助于放大镜、缩微阅读器将影像放大后才能阅读。这种小到人眼难以直接阅读的影像，叫做缩微影像，记录有缩微影像的缩微胶片称缩微品。

缩微影像的载体有胶片、玻璃、塑料、纸质、金属等，目前常用的为缩微胶片，缩微胶片按照外形可以分为卷式缩微胶片和片式缩微胶片两大类。卷式缩微品按胶片宽度可分为16mm、35 mm、70 mm 和 105 mm 四种；按装片方式不同，又可分为片盘式、单轴盒式、双轴盒式和片夹式等几种。片式缩微品有缩微条片、缩微平片、封套式缩微片、开窗式缩微片等几种。

按胶片片基类型可以分成：硝酸纤维素、醋酸纤维素和聚酯片基。这些材料同时可以用来支持底片、幻灯片、电影画面、缩微胶片和其他产品。硝酸纤维素胶片易分解、易燃易爆，属于不安全片基，他对库房建筑、室内温度湿度、管理等都有特殊要求。醋酸纤维素胶片不太稳定，它们老化速度较快，老化时产生的衍生物会严重破坏胶片的质量，尤其是在保管中宜产生醋酸综合症，到目前为止，还没有有效的方法治理醋酸综合症。聚酯片基相对于上述两种片基而言稳定性要好，因此，醋酸纤维素和聚酯片基被称为安全片基。并且要求安全片基与不安全片基单独保存。

二、胶片、照片档案的老化

自从 1830 年摄影技术发明以来，胶片或照片因为自然、保管环境或保护方法等原因出现了程度不同的老化现象。不同品种的胶片自然老化速度是不同的，自身的寿命相差较大。同时胶片的寿命受环境的影响较大，如温度，相对湿度、空气污染物、从建筑物原料中、墙壁油漆、木制家具、纸版等中散发的有害气体等。

胶片由乳剂层和片基构成，乳剂层又由明胶和影像层组成。胶片老化主要表现于结构和性质的改变，其改变有物理变化，化学反应和生物侵害造成的。

表 2-1　胶片的破损类型、现象、主要成因

<table>
<tr><th>损伤类型</th><th>现　象</th><th>成　因</th><th>位　置</th></tr>
<tr><td>生物</td><td>霉斑</td><td>高温高湿</td><td>乳剂层</td></tr>
<tr><td rowspan="4">物理</td><td>污点</td><td>高温、化学物质残留</td><td>乳剂层</td></tr>
<tr><td>收缩</td><td>温湿度变化</td><td>片基</td></tr>
<tr><td>划痕、断裂</td><td>机械损伤</td><td rowspan="2">乳剂层或片基</td></tr>
<tr><td>裂纹 表面脱落</td><td>温湿度变化
机械损伤</td></tr>
</table>

损伤类型	现　象	成　因	位　置
化学	变质	温度和湿度	片基
	褪色	化学反应	乳剂层
	污点增多	氧化消灭	乳剂层
	密度不均		乳剂层

（一）影像变色

黑白影像随着保存时间的延长逐渐出现发黄的现象，有的还会出现白色斑点。彩色影像容易出现褪色或变色的现象，尤其是在光照条件下，光强度越大、光照时间越长，褪色速度越快。彩色胶片的变褪色速度要比黑白胶片快，

在 24℃（75 华氏度）室温条件下，20 世纪 80 年代生产的彩色照片每经过八年，色彩将会褪去 10%。这是指冲印过程做质量好的照片，如果冲印过程不足够好的彩色照片，色彩会褪去的更快。彩色照片保存于温度为 7℃（45 华氏度）条件下，色彩褪去 10%要经过 75 年；彩色照片保存于温度为 2℃（35 华氏度）条件下，色彩褪去 10%要经过 160 年；彩色照片保存于温度为-18℃（0 华氏度）条件下，色彩褪去 10%要经过 2700 年。

（二）明胶变性

含明胶较多的胶片档案长期处于潮湿环境中就容易受微生物破坏。当胶片上生长有微生物时，胶片明胶蛋白质的分解，胶片的明胶层逐渐产生液化现象，使影像感光物质发生位移，导致影像模糊，霉菌生长产生霉斑会遮盖影像，污染影像，霉菌生长过程中分泌有机物侵蚀银影颗粒和染料影像。最终使胶片影像脱落、变色或褪色。

明胶具有吸水膨胀、失水收缩的特性，当其含水量发生变化时，明胶随之发生变形。当环境温湿度过高时，明胶易吸湿膨胀而引起画面尺寸的改变和粘连；温湿度过低，同样会因明胶失水收缩而引起画面尺寸的改变和增大胶片的脆性。明胶胶体容易变形、发软，温度过低容易脆化，相对湿度长期处于非常低的水平（25%以下）时，胶片会失水收缩。相反地，当相对湿度较高时（70%以上），胶片会吸水膨胀，导致胶片机械尺寸发生改变，严重者还会生霉。膨胀是因为湿气过大，收缩是因为太干燥导致胶片各层之间发生不同程度的收缩，这样会导致永久的变形和各层之间的分离。

明胶易发生老化现象是划伤，如断续的或连续性的横断面、纵断面刮花，

细且短的划痕（俗称雨点），不规则的手印等等。产生的原因可能是机械划伤、也有可能冲洗过程的划伤或者是保管过程中，手直接触摸到了胶片或空气中灰尘颗粒因摩擦而划伤胶片。

硝酸纤维素酯片基的耐久性较差，一般保存年限为40年~60年，最多也只有100年。

由于硝酸纤维素酯不稳定，易分解，易燃性。在49℃时即可燃烧，甚至可能在夏季100F（38℃）的天气期间在发生分解，产生热量，引起自燃，而且硝酸片基一旦着火就无法扑灭，它可以在隔绝空气的条件下自燃，具有强烈的爆炸性，因此，保存这种胶片属于重点保管对象，严禁烟火，否则非常危险。为了防止硝酸片基的分解和自然，低温保存是目前最好的方法。

为安全保管，用其为片基制成的胶片，应注意与用三醋酸纤维素酯和聚酯为片基制成的安全胶片分开保管，并尽量将硝酸纤维素酯片基形成的影像转移到安全片基上。

三醋酸纤维素酯在上个世纪60年代初开始使用，20世纪80年代中期在世界各地相继有报道发现醋酸综合症。醋酸综合症主要症状为当打开片盒时，胶片散发出醋酸味，浓度逐渐增加；片基增塑剂析出，片基变软；pH值降低；彩色影像开始褪色，黑白银影像失去光泽；进而片基上形成结晶物，片基开始变形，乳剂发粘，片卷中渗出粘稠的黑色胶液，最后胶片变成碎片或粉末[2]。人们把以上这些现象统称为“醋酸综合症”（Vinegar syndrome）。这种病症无论在中国，还是在美国、英国、法国、德国等，无论是电影片、缩微片、彩色片或是黑白片，也无论是在热带，还是在温带，都有所见。

1988年某电影机构送交国家档案馆数千本影片素材（母片）和拷贝片，无一例外的都染上了醋酸综合症。1986年在科隆摄影电影展览会上，有人提供的4个国家的44个胶片样品也都出现了醋酸综合症。醋酸综合症就像传染病魔一样侵蚀着三醋酸片基，轻则使片基变形，重则使之碎成粉末，严重影响醋酸片基的耐久性，大大缩短了胶片的寿命。为此，研究醋酸综合症产生的原因，寻求预防和解决的方法，已成为国内外档案界和影像保存部门迫切需要解决的问题。

---

2 赵鹏，叶正梗．三醋酸纤维素酯片基缩微胶片"醋酸综合症"的监测及其保护对策［J］．影像技术，2005，（2）

三、胶片、照片档案的保管

胶片、照片档案的保管就是要采取各种有效的措施，科学的方法，克服与限制可能损坏胶片、照片档案的各种不利因素，从而达到安全保管胶片、照片档案的目的。

（一）档案装具

1. 装具材料

用于制作装具的材料主要有纸张、塑料和金属三类。

用纸张制作而成的胶片装具有纸卡、纸袋、簿册和纸盒等。制作胶片装具用的纸张应为表面光滑的中性纸张，含酸量较高的纸张或含有硫或二硫化碳的玻璃纸不宜用于制作胶片装具。用塑料制成的胶片装具有片轴、片盘、片盒和封套等。胶片装具应使用化学性能稳定、不易老化、耐腐蚀、不释放有害气体的塑料。

金属可用于制作片盘、片盒及柜架等。所用金属材料一般为经过氧化处理的铝或不锈钢，也可使用经过喷漆、镀锡或其他防腐蚀处理的金属材料。

2. 装具类型

根据密封程度，胶片装具有开放式、密闭式和密封式三类。

（1）开放式装具。这是一种能防止胶片遭受机械性损伤，但不防光、可以接触到周围空气的装具。这类装具有开窗卡片、片盘、片夹等，短期保存的胶片档案可使用这类装具保管。

（2）密闭式装具。这是一种能限制胶片与周围空气的接触，并可以防光、防尘、防机械损伤的装具。这类装具有封套、片盒、平片箱等，短期保存或长期保存的胶片档案均可以使用这类装具保管。

（3）密封式装具。这是一种能完全切断胶片与周围空气接触，并可以防光、防空气污染物、防潮的装具。这类装具有密封式平片盒、密封式卷片盒、密封袋等，主要用于胶片的长期保管或耐火保管。

（二）库房管理

保管胶片、照片档案的环境和条件直接影响着胶片、照片档案的使用寿命，而做好库房管理工作则能为胶片档案提供良好的保护环境和条件。胶片档案由于制成材料的特殊性，因而在库房管理方面有如下具体要求：

1. 控制温湿度

胶片档案对环境温湿度要求较为严格，控制好库房的温湿度在胶片档案的保护工作中占有重要的地位。根据国家档案局1987年正式颁发的《档案库房技术管理暂行规定》，保存一般胶片的适宜温度是14℃～24℃，相对湿度为45%～60%；保存母片的适宜温度是13℃～15℃，相对湿度为35%～45%。在保管胶片档案的过程中，有条件时应在库房内安装空气调节机和除湿设备，以控制库内的温湿度，最大限度地延长胶片档案的寿命。

2003年5月1日实施的修订后的国家标准《照片档案管理规范》（GB/T 11821-2002）

关于照片档案保管的温湿度标准如表2-2所示：

表2-2　推荐的存贮最高温度和相对湿度

类型	中期贮存		长期贮存	
	最高温度/℃	相对湿度/%	最高温度/℃	相对湿度/%
黑白底片	25	20～50	21	20～30
			15	20～40
			10	20～50
彩色底片	25	20～50	2	20～30
			-3	20～40
			-10	20～50
黑白照片	25	20～50	18	30～50
彩色照片	25	20～50	2	30～40

注1：中期贮存是指胶片、照片在表中规定的温、湿度条件下至少能保存10年。
　　长期贮存是指胶片、照片在表中规定的温、温度条件下至少能保存100年。
注2：推荐值内较低温度、湿度环境，更能延长胶片、照片的寿命。

底片、照片应尽可能恒温、恒湿保存。长期贮存环境，24小时内温度的周期变化不应大于±2℃，相对湿度变化不应大于±5%。中期贮存环境，24小时内温度的周期变化不应大于±5℃，相对湿度变化不应大于±10%。

中华人民共和国档案行业标准《档案缩微品保管规范》（DA/21—1999）规定了档案缩微品的贮存环境中的温度和相对湿度的要求：

表 2-3　贮存环境温度和相对湿度的要求

感光层	中期(10 年以上)保存		永久保存	
	最高温度(℃)	相对湿度(%)	最高温度(℃)	相对湿度(%)
银—明胶、干银	25	20~25	21	20~30
微泡			15	15~40
重氮			10	10~50
彩色	25	20~50	2	20~30
			−3	20~40
			−10	20~50

当库内外温湿度相差较大时，胶片、照片进出库房前应在缓冲室或调节柜中放置一段时间，以防胶片、照片表面结露。

2. 防止阳光照射

阳光直接照射在胶片和照片上，会使胶片变色、褪色、脆裂，尤其是彩色照片见光后褪色速度很快，尽可能避光保存。保存胶片档案的库房最好选用无窗库房。库房有窗时，可加设外遮阳和内遮阳设施，也可以把窗户密封起来，以防止阳光直接照进库内。

3. 保持库内清洁

搞好库房清洁卫生工作，是防尘的措施之一。因为灰尘能随风飘扬而散布到库房的每一个角落，对胶片造成危害。要防止灰尘对胶片造成危害，首先要杜绝灰尘的来源，而要杜绝灰尘的来源，除库房围护结构内表面采取必要的防尘措施外，在库房日常管理中，定期进行库房清洁卫生工作是必不可少的。

4. 库内空气净化

进入贮存室或贮存柜的空气应首先经过机械过滤器过滤，以免空气中的固体颗粒擦伤胶片或与胶片上的物质起反应。过滤器宜采用干介质型，应不可燃，其捕捉率不应低于 85%。应使用洗涤或吸收等空气净化装置，去除空气中的二氧化硫、硫化氢、过氧化物、臭氧、酸性雾气、氨和氧化氮等气体杂质。油漆的挥发气体是一种氧化污染源，应控制使用。若贮存环境新刷油漆，应在三个月后投入使用。对其他存有污染源的新贮存环境，亦应搁置一段时期后再投入使用。缩微胶片库不能远离有害气体源时，胶片要采用密封保存。硝酸片基胶片会释放出有害气体，易燃烧甚至爆炸，因此，不应与其他胶片同处存放，也不应与其他胶片使用同一通风系统。胶片也不能与纸质档案、磁性载体档案同室存放。

5. 注意预防火灾

胶片制成材料多为易燃性物质，一旦发生火灾，将会造成无法挽回的损失。在胶片保管过程中，胶片库房要远离火源；要禁止将火种，如火柴、打火机等携带进库；严禁在库内吸烟；库内禁止使用明火；定期检查电气设备和线路，发现问题及时处理；库内应设置气体灭火设备和自动报警装置。档案缩微品如有副本，应另行安排存放地点。缩微胶片包装物应达到经受 150℃ 干热达 4 小时不燃烧，即使发生变形，也不会损坏其中的胶片或妨碍胶片从包装物中取出的要求。制作片盘、片轴、片盒等的材料不得比胶片更容易燃烧和分解。为了防止在发生火灾时引起胶片着火或对胶片造成危害，应采用密封式包装，并将密封式包装的胶片存放在防火库中或隔热的胶片柜内。

6. 加强检查

胶片档案入库前应进行检查。对受污染的胶片、照片应进行必要的技术处理，防止受污染的胶片、照片入库。接触底片的人员应戴洁净的棉薄手套，轻拿底片的边缘。珍贵的、重要的、使用频率高的胶片应进行拷贝，异地保存。拷贝片提供利用，以便更好地保存母片。每隔两年应对胶片、照片进行一次抽样检查，不超过五年进行一次全面检查。若温、湿度出现严重波动，应缩短检查的间隔期。检查中应密切注意胶片、照片的变化情况（卷曲、变形、变脆、粘连、破损、霉斑、褪色等），亦应注意包装材料的变质问题，并做好检查记录。若发现问题，应查明原因，及时采取补救措施。

四、胶片照片档案修复技术

在保管、利用过程中，胶片档案受到不同程度的损坏。最常见的有：胶片硬化、变形、韧性降低、画面变黄、褪色、指纹、油斑等。应根据不同情况，采取相应的方法进行修复。

（一）去尘方法

第一，用羊毫笔或其他软笔扫下胶片上的尘土。

第二，用棉花球蘸酒精轻擦。但要注意不能用棉花干擦，否则尘土会划伤胶片上的乳剂膜。

第三，用流动清水将胶片冲洗干净后再晾干。

（二）去污方法

1. 去指纹及其他油脂斑

对于胶片上刚印上指纹或其他油脂邓污斑，1995之前年前，胶片清洁工作的标准溶剂为甲基氯仿（1，1，1-三氯乙烷）。然而到1995年12月31日，这种溶剂没有再生产。代替此溶剂去除胶片上的手印、油斑等污点的溶剂可混合配制。例如去污时可用20%~25%的汽油和75%~80%的甲苯的混合有机溶剂，用棉球蘸上配置好的上述溶剂在有手印或油斑处轻轻擦拭。若油污较重，按上述方法处理后仍有残迹，可继续用清水漂洗15分钟，再用5%的醋酸漂洗一遍，最后在清水中冲洗、晾干。

2. 去红、蓝墨水斑

胶片上沾上了红、蓝墨水斑时，会使照片上影像不清晰。消除的方法是：将胶片放在清水内漂洗5min~15min，再放入D—72配方显影液内浸泡5分钟（温度不高于20℃）。同时应不断地翻动胶片，使它能均匀接触药液。然后将胶片放在清水中冲洗。为了更好地除去污斑，可用手轻轻抚摸胶片正、反面。随后放在5%冰醋酸液内浸一下，再在流动水中清洗15分钟，最后取出晾干。

3. 去霉斑

由于胶片上的明胶是霉菌良好的营养物，因而在高温高湿条件下容易长霉。

（1）擦除法

将胶片放在垫有橡皮的台面上，用脱脂棉蘸上除霉液（将1%五氯酚钠溶解于85%乙醚和15%酒精的混合液）轻轻擦除霉斑。此方法能去除一般霉斑，且对胶片的性能影响较小。

（2）冲洗法

如果胶片上的霉斑较严重，可用药液在冲洗机等设备中进行冲洗。冲洗药液配方：五氯酚钠5g、硼砂0.5g，加水1000mL。该溶液的pH值为9±0.2。冲洗时将胶片先放在清水中冲洗，然后放在冲洗药中处理，冲洗温度为18℃~24℃，冲洗时间5 min~8 min。最后再用清水冲洗8min~12min在冲洗过程中，冲洗液的pH值会下降。这是由于胶片上的霉菌分泌出酸性物质的结果。如果pH值下降至7以下，冲洗液中的五氯酚钠会形成沉淀物，这样降低了冲洗液的杀菌能力。为此，在冲洗过程中应不断检查冲洗液的pH值，并及时加入适量的硼砂使冲洗液的pH值保持在9左右。如冲洗的胶片数量较大时，应及时更换药液。

用冲洗法去除霉斑时应注意以下问题：

①受潮严重或染上醋酸综合症较重、乳剂层受损的胶片，不能用此方法，否则易使乳剂层脱落，造成无法挽回的损失。

②如果待去霉斑的胶片上有灰尘、手印等，可在每升冲洗液中加 5mL 洗涤剂。

③对彩色影片除霉时，为防止因去除霉菌而加快彩色影像的褪色，应根据不同片基，采用相应的稳定液加工处理。

4. 去黑斑点

采用比例减薄的方法，可将胶片上的黑色斑点减到与周围影像密度一致，随后使黑色斑点消失。比例减薄液的配方：温水（50℃）200mL，铁氰化钾（赤血盐）10g，加水至 500mL 。

（三）消除划伤、折痕的方法

胶片划伤分片基划伤和乳剂层划伤。两者的修复方法与可修复的程度是有区别的。片基是胶片的支持体，无论是印片、放映还是其他操作，片基与机械齿轮直接接触，因而片基划伤的机会更多，这些划痕一般以直线形式纵向存在于胶片表面，连续存在于多个画幅之上。片基划伤比乳剂层划伤较易修复，可修复程度也比乳剂层高。一般划伤深度只要不超过片基厚度的三分之一，都有物理化学修复的可能。

1. 片基划伤的修复

关于片基划伤的修复有两种：一是溶解修复法；二是涂膜修复法。底片划伤可通过液体印片手段，可防止印到正片上。

（1）溶解修复法

溶解修复法常采用磨道修复法修复片基划伤。首先要选择能微溶片基不对乳剂层产生破坏影响且易挥发的溶剂，其次磨片机要使用具有很高光洁度的玻璃转盘，具备以上两点后，一般的片基划伤可修复。微溶的片基通过光洁的玻璃转盘挤压将片基伤口合瘉。注意片基与盘面要接触严密，不能有一丝缝隙，否则会造成片基不平整。玻璃盘从溶液槽中携带的药液适量，若溶剂量过大，会造成片基因溶解过度变软或片基面不能在规定时间内干燥，易产生粘连，片基毛、花斑、片基缺乏亮度等问题，造成修复工作的失败。溶剂量少亦会出现修复失败。

磨道修复法常采用的溶剂为：硝酸、二醋酸片基以丙酮作为溶剂效果最佳，三醋酸片基以三氯甲烷作为溶剂效果最佳。在使用丙酮溶剂时，若出现不匀斑点，需逐渐添加醋酸乙酯，直到不匀斑点消失。若片基上出现不透明白雾，则应添加少量醋酸异戊酯，但用量不要超过丙酮用量的20%。在使用二氯甲烷作为溶剂时，若片基上出现半透明白雾，则应添加少量丁醇，用量在10%左右。

磨道前必须彻底清理胶片，否则会由于片基上的油渍污点而产生不可消除的痕迹。用于磨道的丙酮、三氯甲烷等溶剂必须纯净不含杂质，特别是不含有水分，否则会产生白色条纹。

（2）涂膜修复法

使用折射率与片基接近的溶剂，把它均匀地涂布在被划伤的片基上，形成一层薄膜，填补划痕。修复后的影片片基用肉眼还是能够看到划痕，但放映或再印片时由于划伤处的透光折射指数与片基的折射指数接近，放出的画面及拷贝将不会显现划伤迹象。

（3）保护膜法

美国3M公司、国产的护膜液均是以聚合硅烯为主体的。涂在胶片的两面具，有修复划道、耐磨损、防静电、抗化学腐蚀、易清洁等优点。其耐磨程度近似于玻璃，却又十分柔软，因此可用在中间片和发行拷贝上。中国电影资料馆与西安电影制作厂合作研制的高分子涂膜液，不仅具有修复划道的作用，还有抗化学腐蚀、防彩色影片褪色的作用，但此保护膜的存储还需进一步试验。

2. 乳剂层划伤修复

乳剂层的划伤的原因很多，其中主要有：空气中的灰尘吸附于胶片的表面，与胶片之间产生摩擦，划伤乳剂层，这些划痕没有一定的规律性，且痕迹较浅；另一种情况是放映机或检查机器在使用过程中划伤乳剂层，划伤比较有规律，划伤深浅不一；手触摸胶片表面时，留下手印或划痕，这种划伤一般很浅。不论划伤是深还是浅，如不进行修复，都会影响影像的质量。只要乳剂层没有划透，就有可能修复，若乳剂层划透，就很难进行物理修复，只能借助摄影或计算机进行修复。常用的修复方法如下：

（1）清水浸泡：乳剂层在水溶液中会膨胀。若乳剂面划伤较浅，乳剂在水溶液中膨胀并亲和再干燥，划伤缝隙能自然吻合，蹭伤或划痕的纹路即可减轻或消除。在一般情况下，轻微细道通过水洗就能清除，但影像层已划破，则无法应用此种方法进行修复，需使用数字影像处理的方法进行修复。

（2）溶液浸泡：将胶片放入清水中浸湿，再放入干酪素液（其配方：蒸溜水200mL、硼砂25g 、干酪素25g 、甲醛7. 5mL ，加蒸溜水至500ml）中一分钟后，取出晾干即可。这种方法不仅可以消除胶片磨痕，而且还可使胶片增加一层无色透明的保护膜。

（3）显影液浸泡：将胶片放入流动清水中 5 分钟，使乳剂膜松软后，再放入显影液内浸泡 5 分钟，在浸泡过程中，可用手轻揩胶纸片折伤部位，将灰尘等杂质洗掉。胶片从显影液中取出后放入 5%的冰醋酸溶液中浸一下，以中和显影液中带的碱性物质，再放入流水中漂洗 15 分钟，如有必要可将胶片按折痕反方向轻折几下，水洗后晾干即可。

（4）乳剂层修复方法：将一个光洁的玻璃轮浸入修复液（三醋酸片基用修复液或硝酸片基用修复液）中，在胶片的带动下，将修复液涂布在乳剂层上，然后进入烘干箱。在干燥过程中首先是乳剂层膨胀，使划痕吻合，继之被干燥。但无论是修复片基还是乳剂层的划伤，事先都必须做好清洁工作，不能有手印、油迹、灰尘等。

常用的修复液如下：

①好莱坞修复液

这种修复液分正片用和负片用两种。它们的主要成分二氯甲烷，约占修复液体积的 70%，其余 30% 主要是酯类（乙酸乙酯、醋酸丁酯、甲酸异丙酯等）、醇类（甲醇、丁醇等）、酸类（乙酸等）、酮类（甲乙酮、丙酮等）、片基增塑剂等组成。

这种修复液对 Kodak 公司和富士公司的三醋酸片基的修复效果很理想。即使使用中号砂纸用力划出的道子也能被很好地修复。但对乐凯公司、Agfa 公司的三醋酸片基修复的效果有好有坏，甚至对某些胶片拷贝几乎没有修复作用。

②国产修复液

中国电影资料馆与中科院感光化学所共同研制的修复液，不仅对柯达、富士的三醋酸片基有良好的修复作用，对国产、阿克发的三醋酸片基也有很理想的效果。

近年来，由陕西师范大学研制的划痕修复液，是由水性氟混合液（22.5~28.5）、纳米胶体硅 WV-33（2~8）、乙醇（4~10）、ADM-F209 水性聚氨酯（1~3）按体积份配比的原料混合制成。涂布在有划痕的三醋酸片基上，成膜后能消除划痕，恢复图像原貌，并增强了胶片的耐久性、耐磨性、抗张强度和耐折度等机械强度。

③硝酸片基用修复液

硝酸片基修复液是由二恶烷、丙酮、醋酸异戊酯及邻苯二甲酸二丁酯等成分组成的混合液，对大多数厂家的硝酸片基有良好的效果。

3. 消除折痕

胶片折伤后，在其折伤处往往沾有灰尘，久而会影响胶片片画面，因而对折伤痕迹要加以消除。

操作时先将胶片放在流动的清水中水洗5分钟，使乳剂膜松软。然后放入显影液内浸泡5分钟。浸泡时可用手轻摸胶片折痕处，除去灰尘。随后把胶片放在5%冰醋酸溶液中浸一下，中和从显影液中带来的碱性物质。再把胶片放入流动清水中漂洗15分钟，并可将底片按折痕反方向轻折几下。最后取出晾干。此方法既可以除去灰尘，又可消除或减轻折痕。

（四）恢复褪色黑白影像

黑白影像是由金属银的颗粒组成。在光、氧、水分等因素作用下，银起化学变化，生成浅色的银类化合物而使影像褪色。可采用卤化再显影法、硫脲自射线照相等方法使影像恢复。

1. 卤化再显影法

卤化再显影法是首先将影像中的金属银及化学变化过程中生成的银类化合物氧化漂白成卤化银，然后再还原成金属银，使影像再显。修复步骤如下：

（1）预坚膜。为防止乳剂膜在修复中过度膨胀而被破坏，应首先使用碱性甲醛坚膜液进行坚膜处理。

（2）漂白。把经过坚膜的胶片放在漂白液中处理15min～2min。使影像中的银全部变成乳黄色的卤化银。漂白液配方：重铬酸钾95g、氯化钠140g、硫酸13ml、加水至1 000mL。

（3）清洁。将漂白后的胶片放在清水中冲洗后浸入10%亚硫酸钠或5%亚硫酸氢钠的清洁液中，以除去残存的重铬酸钾。

（4）再显影。经过清洁、水洗后的胶片放入显影液中显影。一般可用正片显影液，如D—72显影液（1：2稀释）或柯达D—15原液。因乳剂膜中无多余的卤化银，不会产生显影过度现象，所以显影时间无需严格控制，也无需定影。

2. 硫脲自射线照相

采用硫脲—S35自射线照相法恢复的基本原理是用含有放射性同位素硫—35的有机化合物硫脲，把已经褪色的胶片上残存的银转化为放射性硫化银。放射性硫化银能释放出β射线（即高能电子），用这种β射线代替普通光源对新胶片进行曝光，可使褪色的影像重新显示出来。由于修复后的胶片是通过原片本身的放射作用得到的，故称为自射线照相。

修复步骤：

（1）预处理。把胶片放入显影罐中，依次用定影液、50%甲醇溶液、蒸馏水漂洗，以除去指纹、灰尘及污斑。

（2）转化处理。胶片预处理后，往显影罐中加入硫脲—S35的碱性溶液（用氨水或氢氧化钠溶液调节），然后摇动30分钟，再用甲醇和水进行漂洗，最后取出干燥。在这一过程中，胶片上的银转化成带有放射性的硫化银。

（3）拍照。将带有放射性硫化银的胶片放入暗箱内，与未曝光的胶片接触，进行β射线曝光数小时。然后进行显影、定影和水洗，褪色的影像便得以恢复。

用自射线照相法恢复褪色胶片影像，其修复效率高，只要褪色胶片上有15%的银的残留量，就可以获得比较满意的修复件。此方法可以恢复在白光、滤色光下无法辨认的照片、黑白正负片的影像。但费用较高，修复一张8英寸×10英寸的照片需花12美元。因此，此方法适用于珍贵而褪色严重的胶片档案。

第二节　磁性载体档案的保护

磁性载体档案系指国家机构、社会组织和个人在社会活动及科学实践中直接形成的有保存价值的磁性载体文件。磁性载体文件系指以磁性材料（如计算机磁带、软磁盘、录像带、录音带）为信息载体的文件。磁性载体档案是随着磁记录技术发展而产生的一种新型档案，它是通过将声音、图像和数据变成电信号使磁性材料发生选择性磁化来保存声音、图像和数据。以录音机、录像机、计算机为主体的磁记录技术已成为人们对声音、图像、数字等信息记录、存贮、传递的重要手段，是人们工作、生活必不可少的工具。磁性载体档案的种类较多，并且仍处在不断的发展之中，现有的磁性载体档案主要有磁带、磁盘、软盘等。磁性载体档案的载体材料和记录材料的耐久性决定了磁性载体档案的寿命。

一、磁性载体档案的主要种类

磁性载体档案按其外形和材质分为磁带、磁盘、磁鼓、磁泡、磁卡等。其中最常见的是磁带、磁盘和磁卡。

（一）磁带的种类

磁带按使用需要不同，可细分为录音磁带、录像磁带、数字磁带和仪器磁带等四类。录音磁带可用于记录音频信号，数字磁带主要用于电子计算机及数字计算和传输，仪用磁带多被工业部门作为记录和重放物体的温度、电磁场等的工具。

1. 录音磁带

录音磁带的应用，已从20世纪30年代的单磁迹录音发展到了今天的立体声录音和数字录音时代。它分为开盘式、盒式和循环式三大类，除用于广播、新闻采访和电影录音外，还广泛应用于文化教育以及家庭娱乐等方面。所记录音频信号的频率从几十Hz到20kHz左右。

2. 录像磁带

又称为视频磁带，能在较宽的频率范围记录音频和视频信号，所记录信号从几MHz到几十MHz频率，带速可达每秒10余米。根据录像机不同，录像磁带分为四磁头横向扫描录像磁带和螺旋扫描录像磁带两类。按录像磁带结构分为开盘式和盒式两个系列。

3. 数字磁带

是计算机系统的主要脱机大容量外存设备存储介质。作为计算机用磁带，与音频信号不同，需要在规定位置记录和重放（即写和读数据），为此，需要反复走带、倒带和停止。也就是说，计算机磁带要在高速运动过程中进行数据写入和读出，所以要求它应具有良好的物理机械持性，如高抗变性、高耐磨性和适宜的动摩擦系数、表向电阻小（$<5\times108\Omega/cm^2$）、表面光洁度高等。为了交换作业和兼容性的需要，磁带的几何尺寸要小，物理特性和磁性参量及电磁转换特性，均应保持在尽可能小的公差范围内。

4. 仪器磁带：是遥测技术、科学试验、资源勘探和自动化控制中信息记录的主要磁记录介质。与其他记录介质相比，其优点是：使用寿命长，耐磨性好，信号漏失少，可靠性高等。仪器磁带和数字磁带在磁带构造、组成及带宽等方面有许多相同之处，并且都要求表面光洁、摩擦系数低、耐磨性好、漏失少、表面电阻低，磁带在全长范围内不允许有接头。

（二）磁盘的种类

随着计算机技术的飞速发展，磁盘已成为磁性载体档案的后来居上者，是数字磁记录的主要信息材料。磁盘主要有两类：软盘和硬盘。

1. 软盘（Floppy Disk）

它是早期个人计算机中作为一种可移动贮存设备，主要是用于那些需要被物理移动的小文件。软盘先后有14英寸、8英寸、5.25英寸、3.5英寸和2.5英寸等多种规格。从内部结构上来看，又可按使用的记录密度不同，分为双面双密度、双面高密度等多种。例如5.25英寸、3.5英寸容量有360KB、720 KB和1.44MB等。由于其容量有限，传输速度慢，无法适应人们对移动存储的要求，目前，软磁盘用于档案的存储已逐渐被容量大，传输速度快的其它移动存储设备所取代。

2. 硬盘

硬盘（Hard Disc 简称HD，或温彻斯特式硬盘）：是计算机的主要存储介质之一，由一个或者多个铝制或者玻璃制的盘片组成。这些盘片外覆盖有铁磁性材料。绝大多数硬盘都是固定硬盘，被永久性地密封固定在硬盘驱动器中。

硬盘的类型

硬盘根据不同的用途，可以为以下几种类型。

（1）固定硬盘：它是一个集机、电、磁于一体的高精系统，通常安装在台式计算机的机箱中和笔记本电脑中，硬盘的内部是数据盘片。在硬盘的正面贴有产品标签，主要有厂家信息和产品信息，如商标、型号、序列号、日期、容量、参数、主从设置方法等，这些信息是正确使用硬盘的基本依据。硬盘的背面则是控制电路板，硬盘外部结构可以分成控制电路板和外壳两个部分。在硬盘的一端有电源插座、硬盘主、从状态设置跳线器和数据线联接插座。

（2）活动硬盘。活动硬盘是相对于计算机内部的固定硬盘而言的，二者的存储原理相同，但在制造技术和使用方式上有所不同。虽然也采用传统的“驱动器+盘片”的构成形式，但其盘片可以从驱动器中取出、更换。

（3）移动硬盘。是目前较为流行的移动存储设备，它汲取了固定硬盘的技术特点，具有安装简单、轻巧便携、超大容量、稳定安全、存取快捷等优点。这类硬盘与笔记本计算机硬盘的结构类似，多采用硅氧盘片，并且具有更大的存储量和更好的可靠性，提高了数据的完整性。采用以硅氧为材料的磁盘驱动器，以更加平滑的盘面为特征，有效地降低了盘片中可能影响数据可靠性和完整性的不规则盘面的数量，更高的盘面硬度使硬盘盘片具有很高的可靠性。

表 2-4　常用存储设备基本性能比较

存储设备	容量	读写速度	可靠性	抗震性	体积/重量	是否需要驱动器
软盘	小	慢	差	差	较大/轻	是
光盘	较大	快	好	较好	较大/较重	是
活动硬盘	大	快	较好	较差	大/较重	是
移动硬盘	大	快	较好	较差	较大/较重	否
固定硬盘	大	快	较好	较差	较大/较重	否

（三）磁卡的种类

磁卡（magnetic card）。它是一种卡片状的磁性记录介质，经记录和重放可通过专用终端与计算机或网络交换信息。它由高强度、耐高温的塑料或纸质涂覆塑料制成，能防潮、耐磨且有一定的柔韧性，携带方便、使用较为稳定可靠。通常，磁卡的一面印刷有说明提示性信息，如插卡方向；另一面则有磁层或磁条，具有 2~3 个磁道以记录有关信息数据。根据使用基材的不同，磁卡可分为 PET 卡、PVC 卡和纸卡三种；根据磁层构造的不同，又可分为磁条卡和全涂磁卡两种。磁卡使用方便，造价便宜，用途极为广泛，可用于制作信用卡、银行卡、地铁卡、公交卡、门票卡、电话卡、各种交通收费卡等。

磁卡根据磁层构造的不同主要有以下两种类型。

（1）磁条型：一般抗磁力卡（300oe）和高抗磁力卡（2700oe）（如：地铁卡、电话卡）

（2）直接涂印型：低抗磁力卡（300oe）（如：公园门票）

二、磁性载体档案耐久性

由于磁记录档案所载信息能够毫无痕迹的被修改、增加和删除，另外，磁盘上信息的读取还与相应设备、软件的生命周期息息相关，当前计算机技术发展迅速，现在形成的磁性载体上信息几年之后就可能面临着无法读取的危险。本部分内容所涉及的磁性载体档案耐久性专指磁性载体底基材料和记录材料的耐久性。

（一）磁性载体档案底基材料的耐久性

磁性载体档案底基材料主要有聚酯纤维、醋酸纤维、聚氯乙烯、玻璃和铝合金等。它们承载着记录档案信息的磁记录介质，是磁性载体档案的基础，如果它们的理化性能、机械强度等发生变化，就能影响到磁记录档案信息的完整性。

1. 底基材料老化变质

不论是作为高分子材料的聚酯纤维、醋酸纤维和聚氯乙烯，还是玻璃和铝合金，当它们在光、氧、臭氧、热、水、辐射、有害气体、腐蚀性液体和霉菌等外界环境影响下，材料容易发生老化反应而引起外观、物理化学性能、机械性能、电性能各方面的改变。

聚酯纤维作为底基材料具有许多优点，但其对碱的稳定性较低，碱中又以氨的影响最大。此外，聚酯纤维易带静电，易吸附灰尘。当外界的温湿度发生较剧烈的变动时，醋酸纤维会发生显著的尺寸变化，严重时会使磁性涂层脱落。聚氯乙烯的熔点较低，遇热容易变形。铝合金中的金属铝容易和卤化物、碱溶液发生化学反应而溶解在卤化物和碱溶液中。

2. 底基材料表面污损

磁材料在使用时，都是以一定速度在不停地转动。对于磁带来说，带面之间相互摩擦次数多，会使带基表面温度升高。在这种使用状况下，如磁带表面沾上灰尘或磁带自身脱落的磁粉颗粒，在压力下被卷入磁带中，会使重放信号跌落，噪音增大，甚至由于磁粉或灰尘颗粒掺入磁头缝隙造成磁短路，使信息无法重放出来。

磁带在使用中高速运转也易产生静电，带电的磁表面，能吸附空气中的尘埃、有害气体，对磁带具有腐蚀作用，致使带基变质、磁粉脱落。在保管使用中，手上的油、盐、汗渍也能被带体吸收，同样对磁载体有腐蚀作用，因此不能用手直接接触磁载体，操作时应戴上非棉线手套。

3. 底基材料过度使用造成的磨损

磁记录档案的存取是通过录放设备完成的，磁记录层与机械运转系统间的磨损是其寿命缩短的重要原因之一。

使用时，磁带沿导轮运转要经受强烈的磨擦，即使使用性能良好的磁记录仪在磁头与磁带接触的情况下，运转数次后磁带也要被磨损。特别是四磁头的录像机，磁带被磁头压迫得很紧，它们间的相对速度很大（有时达 5m/s），一般使用 200 次后，重放信号质量就要下降。如果磁记录仪器运带系统低劣更会加重这种磨损，有时甚至使磁带出现凹凸不平的拉长及带体边缘卷曲现象。因而磁记录层的耐磨性是衡量磁记录档案耐久性的重要指标，实际工作中常用脱落磁粉（个/min）来衡量磁记录材料的耐磨性。如电视台对录像带规定是：每分钟走过的磁带脱落点不得超过5个。

为了减少被磨损的程度，磁带运转系统不得有划伤磁带的尖角或砂粒，应保持磁头及运带系统的清洁。每走一盘磁带，最好检查一下运带系统的磁头、导轮，并及时清除污物或更换已损坏的磁头。

对于一些需要长期保存的磁性载体档案应尽量减少使用频率，或用复制带提供使用。带基老化、变形、粘连的磁带修复后才能使用。

（二）磁性载体档案记录材料的耐久性

磁性载体档案记录材料的耐久性主要是指磁记录层在其保存和利用中，保持原有电磁转换性能的完整性，也就是能否完整地将最初存入的档案信息再现出来。磁性载体档案信息电磁转换性能的完整性受到破坏主要有剩磁消失、信号漏失、噪声干扰等方面。

1. 剩磁消失

剩磁的产生使磁记录材料具备了记录和保存信息的功能，但当剩磁受到不良环境等因素影响，也会逐渐消失，使整个磁记录信息丧失甚至完全消失。

致使剩磁消失的原因主要是外界杂散磁场的消磁作用。激烈摔打、震动改变了磁记录介质原有排列秩序。高温或强光辐射使磁分子热运动加剧而消磁。磁层自去磁效应，因磁介质记录信息后，磁层外部会产生一个与磁化方向相反的去磁场；磁层愈厚，信号频率愈高，自去磁场强度愈强，自去磁损失也越大。

2. 信号漏失（失真）

信号漏失表现为重放时信号出现衰减、跌落或消失。漏码率是衡量信号漏失的指标，也是衡量磁记录质量，尤其是衡量计算机磁带与仪器用磁带记录质量的一个重要指标。如数字磁带的任一磁道读出信号幅度小于标准磁带读出信号幅度的50%时，就被认为是信息丢失，即漏码；录像磁带的漏码表现为屏幕上有条带、噪杂或图像不清晰等现象。

造成信号漏失的原因主要是磁带表面粗糙或粘有异物，磁层内磁粉分散不均或磁层内有针孔、划伤、折痕等缺陷；磁带形变导致与磁头接触不良，如录像带上有一个较深的凹槽，几秒钟内就可丢失600个信号；保管或操作环境不洁，磁层发生粘连、脱落和表面有润滑剂析出；磁层表面氧化或被污染等，这些因素都会使读出电压瞬时衰减到规定的最低值，致使信号无法读出。

3. 噪声干扰

噪声或杂波干扰是影响磁性载体档案使用性能的常见现象，产生该现象原因很多，与磁带的保管和使用有关的噪音有三类：调制噪声、串音和复印效应。录音带上的噪音很易识别，录像磁带上的噪音一般表现为图像上有雪花似的主观感觉。

（1）调制噪音

在重放过程中，由于磁带的纵向振动而产生的抖动可使重放信号发生噪音。这种噪音往往同重放信号混在一起，被称为调制噪音。调制噪音同磁带表面光洁度、柔软度、环境湿度、磁头与磁带表面的接触状态以及传动机械中的磁带运动系统有关。例如盘式录音带的放音噪音与放音磁头有关的有：放音磁头工作缝隙有污垢，磁头磨损严重，磁头受外界磁场干扰，磁头、导带杆、导带轮有剩磁等。

（2）串音

磁带串音是指相邻近的磁迹或通过信号泄露而给相邻的磁迹或通道造成的干扰。也就是说，磁带串音主要是磁带上原来记录的信号未消除干净，在新记录的信号中出现串音。有两方面的原因可能造成磁带重放时出现串音：一是播放设备的工作状况，如放音磁头水平位置不正确；二是因磁带感染了噪音，使原来的录音信号受到感染。防止后种串音的最好方法是记录前对磁带进行彻底消磁。

4. 复印效应

复印效应是指已录有信号的磁带卷绕在带盘上面，因磁层间相互作用面使邻层磁介质被磁化，将记录信号复印到邻层带上的现象，这种现象又称回声效应、转印效应或印透。其表现为重放时前后信号出现轻微重复。复印效应的大小用分贝表示。

使磁带产生复印效应的原因主要是由于存放环境温度的影响，环境温度愈高，复印效应愈大；环境温度每升高 1℃，复印效应约增加 1 分贝，0℃时复印效应最小。磁粉颗粒愈细，带基愈薄，复印效应愈大；卷带愈紧，复印效应愈大；复印效应还与存放时间有关。复印效应往往在邻层接触的最初几小时之内迅速形成，经一段时间后逐渐放慢直至稳定。与记录内容也有关，记录静止间歇的语言，复印效应显著；记录连续音乐，复印效应不显著。

此外磁层霉变和粘连，轻者局部破坏磁层表面结构，影响磁介质电磁转换的完整性；重者则酶解磁层，使带基难以粘连，导致磁带完全报废。

三、磁性载体档案的保护

磁性载体档案的再现依赖记录和播放设备，属于机读档案，即读取其内容必须依赖相应的设备。磁性载体档案录放设备和磁性载体档案的日常保管环境共同影响磁性载体档案的耐久性和预期寿命，因此维护录放设备，创造适宜的保管环境是磁性载体档案形成后的必要工作。

（一）磁性载体档案录放设备维护

磁记录录放设备主要有录音机、录像机、计算机，它们构造不同，记录信息功能不同，但工作的基本原理相似，都是通过机械传动和电磁能转换磁头来完成录放功能的。所以这些录放设备的机械传动系统和电磁能转换系统的工作状态直接影响着磁记录载体档案的录放质量和信息使用寿命。

1. 了解每一种录放设备的工作原理和正确使用方法

不正确的使用会带来磁带断裂、磁粉脱落等现象，特别要注意对录音机、录像机等设备上的快进、倒带和起动控制键的正确使用。为了保证这些功能键的良好工作状态，录放前应认真作好检查，检查各个功能键是否能正常工作，反应是否灵敏、准确。机器走带噪声要小，谨防录放中因机器轧带、卷带不齐或带速不均而影响磁带的有效使用寿命。同时要加强对录放设备的保养

（1）设备存放环境

设备应放置在干燥、清洁、通风的场所，这对不经常使用的设备尤其重要，不要放在靠近暖气等热源装置附近；勿使其受潮、雨淋或阳光直射。保存中库内外温差相差较大时，使用前要对其温度进行调节（调节一般不少于6h），以防止机器结露。潮湿季节应经常通电，消除潮气。

（2）定期对传动系统和磁头清洁、润滑

录音机主导轮轴承（每使用300h）、压带轮轴承（每500h）、马达轴承（每120h）应定期加润滑剂；录像机的润滑部分是供带或收带盘袖、各皮带转动轴等处，注1~2滴润滑油，油量要少，不能溢出。操作时严禁使带盘表面、皮带轮沾上油，万一沾上油应立即清洗干净，防止它们遇油伸长或受损变形。

磁头是具有写入、读出和清洗功能的元件，其表面保养状况直接影响到磁记录电磁转换特性和磁带寿命，所以对磁头应定期检测、清洁。磁头表面应平整、光滑、清洁和无磨损痕迹，磁头不洁是导致磁粉脱落，漏失增大，灵敏度下降的重要原因。磁头的清洁可用专用清洗剂擦洗，如录音机可用无水酒精、四氯化碳等擦洗；录像机可用无水酒精、甲醇或二甲苯等擦洗。清洗时应切断

电源，禁止用棉织物或硬物擦洗磁头表面。

（3）定期对磁头消磁

磁头虽为软磁材料，但长期使用也会在一定程度上被磁化，磁头被磁化后继续使用会增大杂波（噪声）干扰和高频损失，因此，应定期消磁。具体方法是：用消磁器距磁头 1m 处接通电源，将其尖端慢慢移近磁头（勿接触），再使其慢慢离开；往复几次后将消磁器电源关闭。清洗磁头时尽量不要用磁头清洗带，因它对磁头磨损较重。有资料指出：每 10 秒钟可磨去 1μm；不得已而为之，使用时间要短，一般不超过 10 秒钟，用后立即取出，且不得在机内速进速倒。

2. 保存前的准备

（1）长期贮存的磁性载体档案的信息要经过调整、清洁的设备录制。

（2）贮存前，检查磁带缠绕是否规整、边缘有无损坏，并应将磁带在存储环境中平衡 1 天~3 天，然后在全长度上使用清洁机慢速、均匀、连续地重新缠绕，缠绕张力为 1.7 N~2.2 N。

（3）应将磁带在干燥的环境中快封到塑料袋中和（或）密封容器中，以防粘合剂、润滑剂挥发。

（二）磁性载体档案保存环境

1. 保存环境

（1）库房温、湿度环境

温、湿度变化范围：温度 14℃~24℃、相对湿度 45%~60%，选定后在 24 小时内温度变化不得超过 2℃、相对湿度变化不得超过±5%。

（2）清洁管理要求

不要用手触摸磁带（软磁盘），应带非棉制手套操作；不要使磁带（软磁盘）接触不清洁表面，如地面、桌面等；装磁带（软磁盘）的装具应洁净无尘；库房地面不应打蜡、铺地毯。吸尘器的排出气应通向专用容器或库房外；库房中禁止使用打印机。

（3）防火要求

库房及装具应使用耐火材料，库房内及附近不得有易燃物品；库房内严禁出现明火；库房中应备有 CO_2 型灭火器；纸张、木材、洗涤液等物品应尽量不要存放在同一库房中，库房中物品应摆放整齐，不能有路障；对重要档案应专柜存放。

（4）防磁要求

磁性载体档案与磁场源（永久磁铁、马达、变压器等）之间的距离不得少于 76mm；可使用软磁物质（软铁、铁淦氧、镍铁合金等）构成容器、箱柜，对磁场进行屏蔽；磁性载体档案如装入有磁屏蔽的容器中，应距容器内壁至少 26mm；使用无屏蔽的容器运输时，磁性载体档案距容器外壁至少 76mm；不得将任何磁性材料及其制品（包括磁化杯、保健磁铁、磁铁图钉等）带入库房；在存有重要档案的库区，应设置测磁设备，以查出隐蔽的磁场。

（5）其它要求

库房宜保持为正压，减少灰尘对环境的污染；库房中应无腐蚀性气体，并保证通风良好。库房内的设备要避免被水淹；磁带（软磁盘）架最低一层搁板应高于地面 30cm 以上。不允许紫外线直接照射磁性载体档案。磁带（软磁盘）应放入磁带（软磁盘）盒中，垂直放置或一盘盘悬挂放置。

2. 保养维护

应定期保养及维护磁性载体档案，并应建立磁性载体档案检测、保养卡，保养维护的具体内容包括：

（1）清洁

要保证磁带机、软盘驱动器、清洗机的清洁，除要定期清洁磁带外，当发现运行磁带（软磁盘）有碎片脱落时，应立即对全系统进行清洗；磁带盘、磁带盒清洗溶剂可选用二氯二氟甲烷、异丙醇、甲醇等，并在通风良好的环境中操作。

（2）倒带

在温度为 18℃±1℃、相对湿度为（50±5）%的环境中贮存的磁带，建议倒带间隔为 4 年。如果不能保持上述温、湿度范围，倒带间隔应视保存环境不同相应缩短。倒带速度要慢，张力要恒定，保持 1. 7 N~2. 2 N，倒带后，磁带要保持在标准的读/写（录/放）状态。

（3）定期检查

定期对磁带（软磁盘）外观、计算机磁带漏码/误差进行检查，对受损磁带（软磁盘）修复，对不能修复的磁性载体档案进行复制。

（4）复制

每年对大型磁性载体档案按 3%的比例随机抽样读检，如发现有永久误差，则应对整套磁性载体档案重新检查，对发生永久误差的磁性载体档案进行复制；极重要磁性载体档案的复制周期由单位自定；正常保存的磁性载体档案，可每 10 年复制一次。

（5）再使用

磁性载体档案在使用场所的温度、相对湿度与库房的温度、相对湿度相差范围应分别为±3℃，±5%。否则，应在在使用前，将计算机磁带在使用环境中平衡3天以上，录音带、录像带需平衡24小时以上。在读带前还应将磁带按正常速度全程进带、倒带各两次。

3. 运输过程中的保管

磁带（软磁盘）应封装在塑料袋中，再放入容器里运输，运输时要轻拿轻放，严禁剧烈震动和翻滚。应防潮、防曝晒、防重压。运输环境的温度为4℃～26℃,、相对湿度范围为20%～60%。应避免使用金属探测器进行探测（X射线除外）。

4. 工作环境的基本要求

工作间应是清洁的，且温、湿度可控；应使用稳压、稳频电源。直接工作区内禁止吸烟、携带食品。卷轴（包括空轴）应放在专门的保护容器内。不应把磁带（软磁盘）放在热的地方，比如接近热源或阳光直射处。定期对工作间的磁带机、软盘驱动器的机械、电气部分进行系统的检查。应保持磁带机、软盘驱动器中全部磁带、软磁盘接触面的清洁。工作间应备有磁带清洗机和检验器，并用来清洁和卷绕磁带。

四、磁性载体档案修复技术

（一）去除磁带上的污斑

磁带上如有污斑，可用无毛的布沾上四氯化碳、氟里昂等有机溶剂去除。注意：不能用棉花或普通纸擦拭，以防落下绒毛沾在磁带上。另外，操作应在通风橱中进行。

（二）磁带的剪接

在长期使用过程中，磁带会受到一定损伤，如：磁带断裂、磁粉脱落等。此时需要剪去损伤部分的磁带，以免在使用中损害磁头及出现轧带现象。可用磁带切割机进行机械剪切。也可用剃须刀或防磁剪刀进行人工剪切。剪切时一般使用45°角法，即顺磁带45°角的方向剪开，随之剪去损坏部分，然后可用胶纸、接带液进行粘接。使用胶纸粘接时，应选用纸薄，粘力强的透明胶水纸或涤纶纸。粘接时磁带之间不能重合，但接口处缝隙要小，带基与胶纸之间无气泡，应平整光滑。胶纸长度约2cm，宽度与磁带相同，用此方法粘接的优点是磁带使用时不会产生接头声，但胶纸容易脱落。

利用接带液粘接时，应将剪成45°角的磁带叠在一起，然后均匀薄薄地涂上一层接带液。接带液能溶解磁层内的粘合剂，使磁带粘合。用此方法粘接磁带的接头牢固，不易脱开。但由于接头处稍有凸起，因而当磁带运行速度过低时，易产生接头声。目前使用的接带液有CTC驳接胶和丙酮。前者使用时只需在磁带剪切处匀薄地涂胶两遍，搭接4mm～5mm后轻压一下，约停4min～5min后即可正常使用。如使用丙酮粘接磁带时，应先将接头处刮净，然后将其重合，长度不超过10cm。

在粘接磁带过程中，无论采用什么方法，都不能将不同磁带粘接在一起。此外，不能将胶带贴在磁层上，为此一定要会识别带基与磁层，以免发生错误。

（三）减弱、消除磁带的复印效应

磁带一旦产生复印效应，可通过以下措施加以减弱和消除：

第一，让磁带在一根磁性很弱的磁棒上通过，可使复印效应减弱。

第二，让磁带在记录器上运转，但要断开抹音头，并在记录器磁头上通以很低的偏磁电流（确切的偏磁电流量需经实验测得）。

第三，将磁带经常倒带，可打断复印效应。

第四，将磁带放在低温处，可减弱复印效应。

第三节　光学记录档案及其保护

随着档案行业信息化的快速发展，电子文件（档案）大量产生，档案工作面临着新的机遇和挑战，电子文件（档案）长期安全保存问题是档案行最为关注的重要问题之一。电子文件（档案）的长期安全保存是未来相当长的历史时期的重要工作之一。脱机备份、光盘备份等是一个行之有效的方法。

电子文件（档案）的脱机备份、异质备份和异地备份工作中，光盘以其存储适量、不可更改、寿命较长、文件便于查找、保存成本低廉、数据可监测和预期寿命可监测等突出特点已经在档案行业电子文件长期保存方面得到普遍认同。

《电子文件归档光盘技术要求和应用规范》（DA/T 38—2008）的公布实施，档案级光盘产品的上市以及光盘备份技术的形成，三个基本要素的成熟与完善，光盘已经具备了成为电子文件（档案）的长期安全保存有效载体的条件。

一、光盘刻录与检测相关标准、规范

1. 国际标准 ISO/IEC10995《信息技术、信息交换和存储用数字记录媒介光学媒介档案寿命的评估实验方法》

2.《电子文件归档与管理规范》（GB/T18894—2002）中的物理备份定义是“指把电子文件集中下载到可脱机保存的载体上”。“推荐采用的载体，按优先顺序依次为：只读光盘、一次写光盘、磁带等”。

3.《电子文件归档光盘技术要求和应用规范》DA/T38—2008

4.《文档管理 电子信息存储真实性可靠性建议》（GB/Z 26822—2011）中建议

“不同的存储介质具有不同的存储特性。大多数的组织机构将信息存储在不同的介质上，如：纸、缩微胶片或者光学介质（一次写入、可重写（可擦除）式)。在一些应用中，某些特定信息可能在其保管期限内的不同时间存储在不同的介质上。

组织机构宜制定一些政策，针对不同的信息存储要求（如存取要求，保存时间，安全要求）使用不同类型的介质。宜在本政策文档中对这些政策加以详细说明”

5.《基于文件的电子信息的长期保存》(GB/Z 23283—2009）中规定“确保长期电子文件信息真实性的组织应制定合适的政策、实践和控制技术。常用的控制技术措施包括：使用 WORM（如不可重写式）磁性或光学介质”；

6. 文件管理 130mm 光盘存储信息的监测和验证（GB/T 30542—2014）中对光盘信息质量方法和保存性能检测方法进行了规定。

二、档案级光盘

档案级光盘是电子文件（档案）的长期安全保存的有效载体之一。目前市场上常见的光盘多是信息记录光盘，信息记录光盘追求的是信号不丢失和可刻录性，光盘寿命不是重点追求指标。光盘的寿命随着光盘质量的不同也存在明显差异。档案级光盘以光盘信息长期保存为目标，在追求信号不丢失和可刻录性基础上强调光盘的保存质量和保存寿命，保证光盘信息长期可读稳定。由于信息记录光盘和档案级归档光盘产品设计目的不同，因此所采用原材料不同，制作工艺不同，检测标准不同，价格不同，产品特征特点和应用领域也不相同。

档案级光盘是专为重要数据长期保存而设计开发的优质光盘。电子文件归档光盘技术要求和应用规范（DA/T 38—2008）中规定了，电子文件采用 CD-R/DVD-R 归档时，应使用档案级光盘，并明确标记了档案级光盘的技术指标，具体如下表 2-5 。

符合 DA/T 38—2008 规范要求的光盘，称为“档案级光盘”。规范要求光盘保存寿命大于 20 年。在符合 DA/T 38—2008 规范要求，ISO/IEC10995 国际标准要求光盘保存寿命大于 30 年。

表 2-5　档案级光盘的技术指标

	CD-R	DVD±R
1	刻录前 TE < 0.45	刻录前 TE < 0.45
2	刻录前 FE < 0.5	刻录前 FE < 0.5
3	刻录后 BLER < 50，E32=0	刻录后 PIE < 80，POF=0
4	刻录后 SYM −0.15~+0.15	刻录后 ASYM −0.05~+0.15
5	刻录后 Jitter < 35ns	刻录后 DC Jitter ≦ 9%
6	温湿度耐候试验 80℃，85%RH，96 小时 BLER < 150，E32=0	温湿度耐候试验 80℃，85%RH，96 小时 PIE < 180，POF=0

档案级光盘的应用需要具备三个条件：一是建立相应的标准规范；二是要有档案级光盘产品；三要具有光盘备份技术保障，光盘制作、检测、管理、应用手段和方法。在当前情况下，CD 和 DVD 光盘完全满足上述三个条件，而蓝光光盘（BD）还没有相应的标准规范，也没有相应产品产生和检测方法和手段。

常见光盘的种类

（一）CD-R 光盘

由于 CD-R 光盘的记录层材料有花菁、酞菁和偶氮三种不同的染料，金属反射层材料有金、银和铝等金属材料。以 CD-R 光盘的外观颜色来分类，目前市场上主要有绿盘、蓝盘、金盘、白金盘和彩色光盘五大类。

（1）绿盘。它是以花菁染料作为记录层，以金或银作为反射层的 CD-R 光盘。花菁染料为青蓝色，由于与金反射层组合而呈现为绿色（这种光盘是早期产品，目前已很难找到)，故称为绿盘；如果是使用银来作为反射层，其组合后的颜色为蓝绿色（市场上目前主要是这一类产品)。绿盘有翡翠绿、蓝绿和深蓝绿等多种颜色。日本的 Taiyo Yuden 公司对花菁染料拥有发明专利。CD-R 光盘的制造标准——橙皮书标准中的记录层是以花菁染料为依据而制定的，花菁染料目前已成为 DVD-R 光盘中唯一的一种染料。

（2）蓝盘。它是以偶氮染料作为记录层，以银作为反射层，两者组合后的颜色呈现为深蓝色，故称蓝盘。它是由 Maxwell 公司和 Mitsubishi Chemical 公司研制出来的，目前市场上只有极少量的蓝盘出售，如 Mitsubishi 蓝盘等。

（3）金盘。它是以酞菁染料作为记录层，一般使用金作为反射层。由于酞菁染料呈现接近透明的淡黄色而金反射层为金黄色，两者组合后的颜色呈现为金黄色，故一般称为金盘。Mitsui Chemical 公司首先发明了酞菁染料并和 Kodak 公司联合研制了酞菁染料 CD-R 光盘。它的优点是耐光性能好，可延长存档数据的寿命，Kodak 公司称其生产的金盘至少可以保存 200 年以上。

（4）白金盘。它是以酞菁染料作为记录层，以银作为反射层，两者组合后的颜色呈现为银灰色，故称为白金盘。由于酞菁染料的耐光性、耐热性和稳定性比花菁染料和偶氮染料好，而银比金的价格要便宜得多，且其对光盘的性能影响不是太大，故白金盘目前已成为市场上的主流品种。

（5）彩色 CD-R 光盘。它们主要是在光盘盘基的 PC 料或在记录层的染料中加入一些色料制作而成，其色彩可以根据要求而定，目前市场上主要有：黑色盘、红色盘、银灰色盘、紫色盘、黄色盘、绿色盘、金黄色盘和桔红色盘等。

三、光盘刻录与检测技术

光盘刻录与检测技术包括：光盘选择技术、光盘刻录技术、光盘检测技术等。

1. 光盘选择

光盘选择包括：光盘记录方式选择、光盘种类选择、光盘容量选择、光盘级别选择、综合经济性选择。

（1）光盘记录方式选择：只读光盘、一次写光盘、可重写（多次写）光盘。备份数据可以划分为两类，一类是可恢复性数据，一类是凭证性数据。用于记录恢复性数据可采用可重写（多次写）光盘，用于凭证性数据归档光盘的记录方式首选为一次写光盘。

（2）光盘介质选择：CD、DVD、BD。用于归档光盘种类很重要，主要依据数据的容量。CD 光盘的容量 700MB；DVD 光盘的容量 4.7GB、7.6GB。在光盘种类选择时，应避免品牌混搭，因为品牌混搭会直接影响光盘匹配性选择，而光盘匹配性选择对于档案级光盘的专业制作尤为重要。

（3）光盘级别选择：普通级、档案级。用于信息传播性记录可采用普通级，经济适用，用于凭证性长期保存性记录应采用档案级光盘。

（4）综合经济性选择：综合盘片、制作、检测、管理、保存和人工等项成本，综合成本与数据总量有直接的关系，这种关系也是有规律可循的，DVD 档案级归档光盘应当成为电子文件（档案）长期安全保存的首选。

2. 光盘制作

光盘制作的实质是数据迁移，将业务系统的数据完整、准确、有效地迁移到光盘上。

光盘制作又可划分数据获取、数据处理、光盘刻录和盘面印刷四个部分。

（1）数据获取包括：获取对象选择、文件检索，背景数据提取、数据导入。

（2）数据处理包括：格式转换、文件封装、文件排序、数据分盘和目录抓取等数据迁移前的处理准备。

（3）光盘刻录包括：匹配性选择、刻录倍速选择、光盘刻录应注意的问题：

① 匹配性选择：刻录光驱与驱动程序的识别匹配、光驱固件程序与光盘写策略的识别匹配。

刻录光驱与驱动程序的识别匹配，直接影响不同类型文件的刻录成功。在光盘确定的情况下正确选择刻录光驱是一个容易被忽略的问题。在人们已有的常识中，光盘和刻录机是兼容的。但是，档案级光盘刻录工作是一个专业性较强的操作，有着明确的质量检测指标、寿命年限和成品率的要求，因此，刻录光驱匹配性是保证刻录质量一个重要因素。有试验数据表明，不同型号的刻录机对于光盘指标有影响，光驱固件的写功率和写策略对于 CD-R 光盘的块错误率 BLER、DVD-R 光盘的内码奇偶校验错误 PIE 参数有直接的影响。

选用刻录光驱应能识别档案级光盘的最佳写功率和写策略。

执行大批量光盘刻录之前应对刻录光驱与光驱驱动程序的识别匹配性、固件程序与光盘写策略的识别匹配性进行评估测试。

② 光盘刻录倍速选择：对 CD/DVD 刻录最佳倍速选择应该是该光盘最高

倍速的0.6倍左右。CD-R的最高倍速是，刻录应在采用24~30倍速，DVD-R的最高倍速是，刻录应采用8~12倍速。倍速太低影响工作效率，倍速太高影响刻录质量。

③ 光盘刻录时应注意的问题：

进行刻录操作的计算机应为专用设备，不得操作与光盘备份无关的任何操作，以保证系统的正常与无病毒污染；

数据刻录应采用全盘一次刻完方式，不能对光盘数据进行增减；

禁止在光盘的信息记录面的数据区书写标识；禁止在光盘的印刷面黏贴任何标识；

档案级光盘的数据刻录工作环境应有良好的通风条件。光盘刻录前，必须在工作环境中放置2小时以上。

（4）盘面印刷：包括图案、文字、编号和条形码的设计和印刷。印刷可划分为两类，印刷盘面和可打印盘面。印刷盘面为胶印、激光雕刻、喷墨和热转印四种，适合光盘长期保存的方法有两种。

胶印 光盘在出厂时已经印刷的盘面，一般为套色胶印。这种印刷方式对于光盘的动平衡会产生影响，因此在图案设计时应考虑到油墨对于光盘动平衡的影响。胶印适合于大批量生产，成本最低。

热转印 在光盘的印刷面设置可热转印的材料涂层，经专用的热转印单元形成图案、文字。色彩丰富艳丽，分辨率高。防水、防划、褪色，制作效率高，适合个性大批量。制作成本相对较高。较适合作为档案级光盘盘面印刷。

（5）光盘制作套数：归档光盘按查阅使用频度，分成普通级和频繁级。

① 普通级归档光盘一式3份，一份供查阅使用，一份封存保管，一份异地保存。

② 频繁级归档光盘一式3份，一份采用防划型档案级光盘供查阅使用，一份封存保管，一份异地保存。

③ 在选择档案级归档光盘时，可采用CD-R光盘、DVD-R光盘和CD-R与DVD-R格式混搭的方式。

3. 光盘检测

光盘检测包括对光盘数据检测、光盘物理检测和抽样方法。光盘检测也进行可读性检测、规范性检测、可靠性检测和可靠性趋势评估。

（1）光盘数据检测

光盘数据检测主要是通过专用的检测软件对光盘刻录的数据进行检测，以保证刻录在光盘中的电子文件（档案）数据的完整、有效、长期可读等。其中包括：目录检测、文件精度检测、挂接正确性检测和病毒检测。

（2）光盘物理检测

光盘物理检测，主要是通过光盘检测仪和专业软件对光盘刻录质量进行检测，以验证光盘的寿命和安全。CD 和 DVD 光盘应分别进行检测。

① CD 光盘的物理检测：寻轨错误 TE、聚焦错误 FE、块错误率 BLER、不可校正错误 E32、信号不对称度 SYM、抖晃 Jitter；

② DVD 光盘的物理检测：寻轨错误 TE、聚焦错误 FE、内码奇偶校验错误 PIE；奇偶校验外码失败 POF、信号不对称度 ASYM；抖晃 DC jitter。

（3）检测抽样方法

抽样方法对于检测结论的正确性有着直接的影响，规范的抽样方法是得出科学结论的基础。抽样方案应按照《计数抽样检验程序》GB/T 2828. 1—2003 计数抽样检验程序执行。

对于特别重要的文件在制作阶段和移交阶段要求全部逐一进行检查，对于重要文件且数量较大的可按照随机抽样标准提高抽样频次。

四、光盘载体档案的保护

（一）空白 CD-R 光盘的选取

现在的 CD-R 光盘种类繁多，品质良莠不齐，在购买时应注意以下事项：

1. 首先查看光盘上的生产批号。光盘出厂时厂家对每张光盘都有一个唯一的编号，包括印模的编号，刻录速度规定，生产的年、月、日以及本张光盘的序号等信息，这些信息可以从光盘的内圈的喷码中得知（这些信息厂家都是用代码来表示的）。同时，可以查看整批光盘的编号是否连续，如果连续则表示这批光盘是 A 级光盘，如果号码不连续则表示这批光盘可能是 CF（Check Fails）光盘（CF 光盘是在生产线上在线检测的不合格产品）。

2. 仔细查看读写面有无水波纹。有水波纹代表制造过程不佳，在刻录时一般不会有影响，但是对品质较差或机型过旧的刻录机会造成挑盘现象，对长久保存不利。

3. 利用反光查看读写面的外环边缘有没有毛边的现象。有毛边的不能购买，另外内圈染料有溢出至内环也是不良品。因为出现这种现象，在今后的长期保存中会使光盘中的反射层和染料层容易被氧化，导致光盘损坏。

4. 印刷面有不明的黑点。若有黑点可能是印刷油墨或空气质量不良导致，这会影响光盘的读写面的质量。同时，可能会使光盘产生较大的偏心，从而导致光盘读写时的块错误率增大。

5. 注意反射层的厚度。有些光盘生产厂家为了节省镀金或镀银的原料而把反射层制作得很薄，在刻录机及刻录软件的配合下，刻坏的可能性不大，但是经过一段时间的存放，加上保养不当，会造成对光盘数据读取困难，严重时会导致所保存的数据丢失。检测的方法是在室内正常灯光下，透视光盘下方的物体，若是光盘下方的物体很容易被识别，那就是反射层很薄。

6. 避免买到重复印刷的光盘。在选购时应注意整张光盘的印刷面，检查底色下的印刷痕迹，最明显的是内环编号被覆盖，因为编号可以追踪出光盘生产厂家，这样的光盘可能是厂家在多年前生产的库存光盘，只要有这些情况最好不要购买。

7. 查看光盘上是否有染料结晶现象，如果有染料结晶现象一定不能购买。可将光盘侧着光仔细查看，特别是花菁染料光盘容易发生染料结晶现象（在光盘上的形状象一条慧尾），它对光盘的刻录和读取都有很大影响。

（二）光盘档案的保护

光盘档案的保护措施主要包括防光、防治空气污染物、调控空气温湿度、保持信息读取面的清洁和防止标记面的机械损伤等。

1. 禁止在光盘盘面上粘贴任何标记，如果在盘面印刷面上书写时应采用专业笔；禁止光盘长期平放叠压，在刻制完成时应盒装竖立码放。

2. 防光及空气污染物

光尤其是紫外线对光盘记录信息有一定影响，光照时间越长，光照强度越大，信息丢失或出现错误的几率增加，因此，在保存光盘时要避光保存，在利用光盘时要减少光照强度和光照时间。禁止将光盘裸露在阳光或长时间在强光下照射。

工业区的空气中常有氟化氢（HF）、氯化氢（HCl）气体等有害物质，在靠近海洋的地方，空气中含有较多的海盐（NaCl）微粒，这些卤化物对光盘档案的有一定影响，光盘保存环境要注意远离以上使用和产生卤化物的场所，必要时须采取空气过滤措施。

氨气对光盘档案的寿命有较大的影响。常温下，氨极易挥发成气体，使用氨气的工业区、晒图室等场所的空气中常含有氨，因此，保存光盘的环境同样应注意远离这些场所。有机溶剂会使光盘档案表面产生龟裂；避免光盘接触灰尘，非使用状态应置于光盘盒中。

3. 调控环境温湿度

恒温恒湿的环境，最适宜光盘档案的长期保存。由于光盘档案的构成物质较为复杂，各种组成物质因其性能各个有别，其适宜的湿温度条件不尽相同。综合考虑各组成物质的特点时，光盘档案保存比较适宜的温度范围是 14℃～24℃，较适宜的相对湿度范围是 45%～60%，且每天温度的变动不应超过±2℃，湿度每天的变化范围不要超过±5%。保存光盘档案的环境最好是自动恒温恒湿。

4. 保持信息读取面的清洁

虽然采用编码技术能够检测和纠正光盘档案上长达 2. 5mm 长的轨迹误码，但这一误码的纠正还必须依靠对其同一轨道前后位置数倍于 2. 5mm 长的轨道信息的正确拾取。这就要求必须保证光盘档案读取面的清洁，不能有过大的脏污和划痕。在每次拿取光盘档案时，只能接触光盘档案的内外沿，不能触摸光盘档案的数据区，以免油渍、汗渍和指纹落在读取面的数据读取区。使用完毕后，应将光盘档案立即放回到盘盒中，避免灰尘、异物的污染。

5. 防止标记面的机械损伤。由于标记面的保护涂层非常薄，距离信息记录的坑点只有约 30μm，因此，即使轻微的划伤都有可能大面积地破坏信息记录的坑点，导致原始记录信息的不可纠正性的损坏。因此绝对禁止在标记面上进行任何形式的书写、划伤，以免造成信息记录不可挽救的损坏。

（三）光盘的保管措施

1. 光盘因受天气、温度的影响，表面有时会出现水气凝结，使用前应取干净柔软的棉布将光盘表面轻轻擦拭。

2. 光盘表面如发现污渍，可用干净棉布蘸上专用清洁剂由光盘的中心向外边缘轻轻擦拭，切勿使用汽油、酒精等含化学成份的溶剂，以免腐蚀光盘。

3. 光盘在闲置时严禁用利器接触光盘，以免划伤。若光盘被划伤会造成激光束与光盘信息输出不协调及信息失落现象，如果有轻微划痕，可用专用工具打磨恢复原样。

4. 光盘存放时因厚度较薄、强度较低，在叠放时以 10 张之内为宜，超之则容易使光盘变形影响播放质量。光盘若出现变形，可将其放在纸袋内，上下各夹玻璃板，在玻璃板上方压 5 公斤的重物，36 小时后可恢复光盘的平整度。

从光盘选择、光盘制作、光盘检测、光盘转运、光盘管理、光盘保存、光盘应用、光盘重制到光盘销毁整个生命周期物流和信息流全过程的有效控制和监测。建立光盘备份操作全过程可追溯性记录是光盘管理过程的重要工作。在产生合格的归档光盘产生之后，对于光盘规范的保存是安全性保证的重要环节。按照规范归档光盘长期保存必须盒装、竖立码放、避免挤压，放置在防尘，避光的专用保存设备中。

光盘应用可划分为传播性应用和凭证性应用。传播性应用要采用一些新技术和新手段，结合光盘制作系统效果更好。凭证性应用可以通过光盘管理系统提供应用平台。通过光盘阅读机读取光盘，由终端机提供信息服务。光盘利用是通过应用系统将多张光盘的文件按照需要编辑整理后再制作成为光盘提供的介质服务。在具有保密要求时可以对光盘进行加密处理。

第三章　环境条件对档案的影响

档案保护环境条件是指保存、利用档案的温度、湿度、空气污染物、光线等。档案一旦形成，其耐久性主要取决于其保存的环境条件，即外因。因此，需要系统了解外界环境条件影响档案的机理和特点，并提出科学合理的调控措施，从而为保存和使用档案创造一个良好的环境，最大限度延长档案寿命。

第一节　温度湿度对档案的影响

在档案保管过程中，环境中温度湿度是影响档案耐久性的最主要因素之一。如果不加以合理控制，势必影响档案寿命。

一、温度湿度对档案耐久性的影响

1. 温度对档案耐久性的影响

温度是影响档案制成材料发生破坏性化学反应的重要因素。一般来说，温度越高，化学反应越快，对档案的影响则越大；反之，温度越低，化学反应速度越慢，对档案的影响越小。

（1）高温

高温是指环境温度高于保管档案的规定温度，一般指 30℃以上的温度。在一定温度范围内，温度每升高 10℃，有害化学反应速度增加 1～3 倍。高温加速各种有害化学物质对档案载体材料的水解和氧化等各种反应，纸张、胶片片基、磁带带基、金属唱片光盘保护膜、感光材料银发生硫化反应而变色。

①高温加速纸张的热老化作用。纸质文献在高温环境下，纸张会产生热老化，老化程度随着温度升高而加剧。一方面，纸张的纤维素、半纤维素等更容

易发生水解和氧化反应，使其分子键断裂，强度下降。另一方面纸张脱水，强度下降。纸张性能随温度变化的研究实验结果见表 3-1。

表 3-1　纸张存放温度从 15℃升至 25℃时强度变化百分率（%）

项目 纸种	撕裂度		耐折度		抗张力		耐破度
	纵	横	纵	横	纵	横	
图表纸	5.1	2.9	23.5	29.4	8.6	3.9	3.4
字典纸	1.5	1.8	11.0	0	4.2	5.0	0
石板印刷纸	3.7	4.2	0	12.5	4.8	3.5	6.8
机器印刷纸	2.0	4.4	14.2	14.2	8.7	5.6	1.1

②高温使耐热性差的字迹材料发生油渗、扩散现象，严重时字迹模糊不清。例如以油和蜡作为色素溶剂的字迹，如复写纸、圆珠笔字迹，其色素成分是油溶性染料，而油和蜡的熔点都不高，这些字迹长期保存在高温下，油和蜡会渗出，色素成分扩散。

高温加速光、氧化剂、酸、碱等因素对字迹的影响，促使有害物质与色素成分发生化学反应，使字迹变色或褪色。

③高温对胶片影像与片基都产生严重影响。高温使胶片感光乳剂层软化、老化，灰雾密度增加，色彩发灰，反差降低，图像丧失层次；高温易造成胶片的卷曲、变形，胶片片基老化、变脆，永久失去韧性，以及胶片粘连、影像模糊。

例如，醋酸纤维素片基，有研究表明，温度每变化 1℃，其伸缩率变化 0.006%；聚酯片基的伸缩率变化 0.002%。持续高于 40℃的温度作用，可以永久降低某些片基和带基的柔韧性。每升高 10℃，硝酸纤维素片基的老化速度增加 2.45 倍。另外，高温还会加速氧气和其他有害气体对银影像的破坏而造成微斑。

④高温会加快磁带的复印效应，温度越高，复印效应越大。环境每升高 1℃，复印效应增加 1 分贝。高温还会使磁带盒发生永久变形。

⑤高温加速各种有害生物对档案载体的破坏作用。例如，霉菌生长繁殖的最适温区为 20℃～35℃，档案害虫生长繁殖的最适温区为 22℃～32℃，在此温区内，温度升高，生长速度加快，分泌的有害物质增多，对档案的危害加重。总之，高温不但加速档案制成材料内部的有害化学反应速度，而且会加快环境中有害物质对档案制成材料的化学破坏作用。

（2）低温

温度越低越有利于档案制成材料的保存。但是低温不得低于纸张等载体材料中的水结冰时的温度。

2. 湿度对档案耐久性的影响

由于档案制成材料都有一定的吸湿或解湿性能，因此湿度过大或过小，都会对档案制成材料的耐久性产生不利影响。

（1）高湿

一般将相对湿度高于70%的湿度环境称为高湿。当环境湿度过大时，高湿对档案的不利影响体现在：高湿使纸张吸湿性增强，环境中的有害物质吸附或者溶解于水中，导致纸张发生水解反应，从而降低纸张强度，长时间保存在高湿环境中，档案易黏结成“砖”；高湿使耐水性较差的字迹材料洇化褪色；在高湿条件下乳剂中明胶会发霉变质产生乳斑。胶片互相粘连，印制照片时会影响影像的清晰度。乳胶层感光药膜会自行水解，促使影片上残留化学药品破坏画面，加速各种有害物质对影像的破坏，使影像迅速褪色甚至消失；高湿会加速磁性载体的老化和失效，加速增塑剂的挥发和失效，加快磁带复印效应的速度，加快底基材料老化的速率。磁层吸湿膨胀能致使磁粉脱落，表面出现折皱。粘结剂与溶剂外溢能粘连磁带，造成磁性载体材料耐久性降低。高湿环境下光盘记录材料发生改变，致使光盘不能读出或读错信号；高湿有利于有害生物的生长繁殖。

（2）低湿

一般把低于40%以下的湿度环境称为为低湿。

长期低湿，纸张含水量下降，发硬变脆，耐折度下降。湿度过低或湿度频繁的周期变化，会降低胶片片基和乳剂层的附着性，出现胶片边缘剥落、卷曲、乳剂层龟裂等现象，胶片收缩；磁带会发脆易碎，携带静电量大，轻者产生信号漏失，到一定程度时则会出现放电杂波，在图像上出现不规则的白点状干扰。

温度和湿度对纸张、胶片、磁记录等档案耐久性的综合作用，大于它们独立作用之和，表现为协同效应。

二、温湿度测定方法

做好档案库房温湿度的测定，是衡量档案库房管理水平、发挥保护效能的一个必不可少的环节。温湿度测定仪器的种类繁多，性能各异，在不同的适用条件下，其精确度也存在一定差异。

1. 温度测定

温度计，是测温仪器的总称，可以准确的判断和测量温度。利用固体、液体、气体受温度的影响而热胀冷缩等的现象为设计的依据。档案部门曾经应用较为普遍的温度计有双金属温度计、电阻式温度计、热电偶温度计等等。

2. 湿度测定

湿度计是测量湿度的仪器。它往往和温度计结合为一体。在档案部门，普通干湿球温度计、通风干湿球温度计、自记毛发湿度计等都是曾经较为普遍使用的测湿仪器，但是在现代档案库房管理中，现今已经被现代化的自动监测系统取代。

3. 目前常用温湿度测量仪器和设备

(1) 普通温湿度表

目前一些档案馆（室）在使用温湿度自动监测系统同时，多选用普通温湿度表配合使用。

图 3.1　普通温湿度表

(2) 数字温湿度记录仪

数字温湿度记录仪是近 20 年才迅速发展起来并广泛应用于档案管理工作中，相对湿度上下误差不超过 2%~3%。

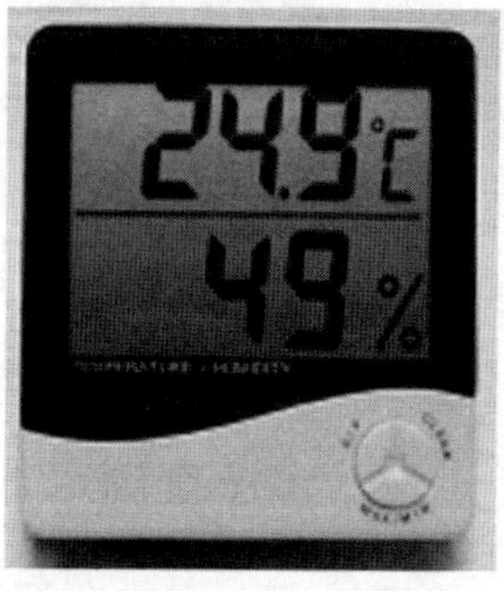

图 3.2　数字温湿度记录仪

数字温湿度记录仪数字温湿度记录仪配有高清晰大液晶屏，温湿度数据同时显示，测量范围广，精度高，可以全程跟踪记录温湿度数据（如有的仪器 15 分钟记录一次数据，可记录长达 3 个月甚至更长的时间数据），可以设置温湿度的报警上下限，温湿度超限时，仪器屏幕背光亮起，报警符号闪烁及发出蜂鸣响声，从视觉和听觉上提醒管理员采取相关措施。该记录仪可以与计算机进行脱机操作，检测完毕后，再将记录仪与计算机连接，运行记录仪应用程序，将记录数据下载到计算机内进行数据处理。

(3) 便携式数字温湿记录仪

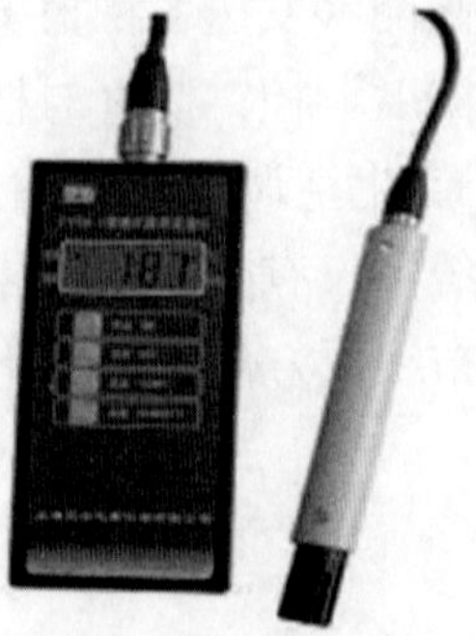

图 3.3 便携式数字温湿记录仪

便携式数字温湿仪同时以数字形式直接显示温度和湿度数值，温度测量采用一种数字式温度传感器，湿度测量采用一种湿敏电容传感器。应用单片机的控制和计算机功能对传感器进行采样、控制、计算并将其结果送到液晶显示器上用数字显示出来，可以测量温度范围为-30℃ ~ +50℃，湿度范围为0%~95%。

与传统的温湿度测量仪器相比，数字温湿度记录仪具有操作简单、使用方便、读数直观、体积小重量轻便于携带等特点，已在档案库房管理工作中普遍应用。但是，数字温湿度记录仪的使用对环境温度有一定要求，长期稳定性有待进一步提高。

(4) 现代温湿度自动监测系统

使用传统的温湿度测量与控制方法，其结果受人为影响较大；温湿度控制精度不准，日变化范围大；管理人员劳动强度大，已很难满足档案现代化管理的要求。因此，当前许多档案馆使用档案库房温湿度的自动监控系统。

库房温湿度自动监控系统主要分为三部分：

第一，信息采集部分：利用各库房内安装的温湿度感应装置实时采集各温湿度值，定时将采集的数据存入数据库，并以曲线图结合实际数据及时显示于计算机屏幕上，一方面确保数据实时直观，另一方面数据采集精度高，与库房实际情况同步。

第二，控制台：主控制台是把信息采集部分的信号数据经过处理判断后，通过各种继电器，控制各个环境控制终端设备，即制冷机、加湿机、除湿机等环境功能设备电源开关的设备。通过电源的开、闭使其工作与否来达到我们所需的温度、湿度等项工作的设备。系统利用参数设置功能，根据各库房对温湿度的要求，对各库房温湿度控制的范围进行预先设定，并可根据季节变化等因素随时调整。

第三，环境控制功能设备，即伺服终端设备：它是由空调机、加湿机、除湿机、臭氧发生器、紫外线灯等设备组成的功能设备。利用自动监控功能，根据预设定的温湿度上下限值控制各空调、除湿机等的工作状态。

由这三部分形成一个封闭整体达到库房自动控制的目的。

档案库房温湿度自动监控系统通过低成本测控设备实现档案库房温湿度的稳定测量，实现数据的长期记录和采集。并能够实现库房温湿度24小时实时监测、记录、分析的自动化管理，在温湿度超过警戒线时候能够发送各种报警信号，在需要调控的库房，自动开启调节设备及时进行温湿度调控，使之与档案所需存放环境相适应。同时，通过对设备系统的调控，优化空调运行状态，可以节能省电。系统应用智能化现场总线的技术，整个系统中仅有数字信号传输，而且传感器、采集模块均可联网，使系统更可靠性、布线更方便，智能化的现场总线网络也为功能延伸提供了可能。

三、档案库房温湿度综合调控

实现对库房温湿度的调控，不仅需要掌握库房温湿度调控的理论，还需要掌握准确测量温湿度的技术方法，这是档案库房温湿度调控的前提和基础。

1. 档案库房温湿度调控标准

制订档案库房温湿度标准，对档案库房温湿度管理科学化、现代化十分必要。对于档案库房温湿度标准，目前国际上没有统一规定。我国地域辽阔，气候类型复杂；加之，我国档案种类繁多，档案制成材料各异，档案的珍贵程度和利用程度又不尽相同。故制订档案库房温湿度标准时，考虑的问题较为复杂。

1986年，国家档案局和原城乡建设环境保护部共同颁发了JGJ25—86标准，即《档案馆建筑设计规范》。1987年，国家档案局颁发了《档案库房技术管理暂行规定》。这些文件，分别对各类档案库房的温湿度作了明确的规定和要求，其中规定一般档案库房温湿度标准为14℃~24℃、45%~60%相对湿度。该标准在2010年进行了修订，形成了新的《档案馆建筑设计规范》（JGJ25—2010）。该标准对于档案库房以及各类技术用房的温湿度标准进行了规定，见表3-2、表3-3。上述标准规定后，每昼夜波动幅度要求温度不得大于±2℃、对湿度不得大于±5%。

表3-2 档案库房温湿度规范

	温、湿度范围	采暖期	夏季
温度	14℃~24℃	≥14℃	≤24℃
相对湿度	45%~60%	≥45%	≤60%

表 3-3　各类技术用房的温湿度规范

用房名称		温度(℃)	相对湿度(%)
裱糊室		18~28	50~60
保护技术试验室		18~28	40~60
复印室		18~28	50~65
声像室		20~25	50~60
阅览室		18~28	
磁带库		14~24	40~60
展览厅		14~28	45~60
工作时间(拍照、拷贝、校对、阅读)		18~28	40~60
胶片库	拷贝片	14~24	40~60
	母片	13~15	35~45

2. 档案库房温湿度综合调控措施

档案库房的温湿度调控是档案保护工作中最基础的业务工作，直接影响到档案的寿命，因此，必须因地制宜，结合部门经济条件，采用多种方法，进行综合调控，使温湿度控制在标准范围。随着时代发展，调控的自动化程度也在不断提高，以满足档案保护工作的需要。

(1) 密闭

库房密闭的作用是防止或减弱库外不适宜的温湿度对库内的影响，尽量地使库内的温湿度处于相对稳定的状态。

库房密闭的重点是门窗。考虑到自然通风的需要，库房门窗密闭应以灵活密封为原则，尽量做成活动形式，做到密闭时不透气，需要时又可敞开，有利于通风、通行。

库房密闭可以分成永久性密闭和暂时性密闭两种类型。

永久性密闭即封闭部分窗户，除留必要门窗通风和采光之外，多余的门窗永久性密闭，为美观起见，可以在外面做上装饰假窗。还可以将大窗户改成小窗户。方法是：用砖或者隔热泡沫塑料等堵砌部分窗户，或者用隔热材料在库房内侧再做一层可密闭的开启式或推拉式窗子。

暂时性密闭可以根据实际情况灵活密闭库房门窗，需要通风时可以随时打开。暂时密闭可分为三种情况：

①库房密闭。如果门窗过大，缝隙过多，可用胶粘剂（如乳胶或聚胺酯

等）将呢绒布条镶嵌全部门窗边沿；铁门、钢窗可嵌以橡皮条或白报纸，其他缝隙可用防潮纸、环氧树脂黏结剂加以密封。为了防止工作人员出入库房，潮湿空气袭人库内，可以在门口附加一个过渡间（避风阁、缓冲间、防潮间）。过渡间设有两道门，深 2 m ~ 3m，宽度大于门的宽度，面积不小于 $6m^2$，设有门帘，在库房门的上方安装排风扇或气幕防潮装置。工作人员进库先开外门，关闭后再开启库房门，出库则相反，进而减少库外不适宜的温湿度对库内的影响。

②箱柜密闭。部分利用率较低或者很珍贵的档案，可以用箱柜密闭进行保存。一般是在温湿度适合的条件下，将盛有档案的箱、柜的缝隙用纸条或胶布条严密地封起来，可以起到隔绝外界潮湿的作用。

③塑料袋密封。用透气度小的聚乙烯塑料薄膜或复合塑料布做成塑料袋，装入档案后，将袋用夹子夹住或用热封机封口，然后放入箱柜内进行保管，或直接放在档案架上，可以起到隔绝湿气、污染有害气体、灰尘颗粒等的作用。

密闭时不可忽视通风孔洞设置。通风孔洞应设风门或能关闭的阀门，以便于开启和关闭。

我国长江中下游地区和淮南地区，每年大约 5 月下旬至 6 月上旬，或七月上旬前后是梅雨季节。由于北方冷空气与从南方北上的暖空气汇合形成准静止峰（又称为梅雨峰），因此天空连日阴沉，阴雨持续连绵、温高湿大，俗称“梅雨”。在此季节，库房就需要密闭以保持库房温湿度在标准范围。

但是需要注意的是：密闭只能控制库房温湿度，而无法调节温湿度。只靠密闭这一个措施无法使库内温湿度达到标准范围。因此，密闭必须和通风及调节库房温湿度的其他措施相结合，才能使库房温湿度达到标准。

（2）通风

通风是根据空气流动的规律，有计划地使库内外空气进行交换以达到调节库内温湿度的目的。通风方法经济、简便，收效快，但必须依据一定的原则，对比已经测定的库内外温湿度状况及变化趋势，以当时当地的风力、风向为参考，有组织有计划地进行。否则，会使库内温湿度朝着保护条件恶化的方向进行。

通风有两种方式：自然通风和机械通风。自然通风是借助风压或库内外温差使库内外的空气进行交换，以达到改变库内温湿度的目的。实际工作中可以打开库房的门窗进行通风。机械通风是利用机械设备实现通风的目的。库房设立进风口和排风口，以保证空气对流。将排风扇、鼓风机等设备安装在在通风口处，完成内外空气的交换。一般采用下送上排方法，将进风口（需装空气过滤设备）装在墙角下，而将排风口设在库房上面。目前，档案部门经常使用的机械通风设备有离心式通风机和轴流式通风机。机械通风具有通风速度快、通风风量大、可以及时抓住时机、便于设置过滤装置等优点。

通风是调节库内温湿度的手段之一，必须与密闭等控制手段相结合，才能使通风后得到改善的温湿度状态维持较长的时间，以保证通风的效果。库内外温差较大（如10℃以上）或梅雨季节不宜通风。库内温度低于、接近库外空气露点温度时或库外温度低于库内空气的露点温度时，均不宜通风，以免在库房窗玻璃、地面、或档案表面结露。

总之，在库房温湿度管理工作中，要根据库内温湿度状况，结合实际条件，综合采取密闭、通风、增温增湿、降温降湿等多种方法进行调控，使库房温湿度达到档案保存的要求。

（3）温度湿度的调控

我国地域辽阔，南北温差大，需要根据当地温度条件采取增温、降温措施，以达到适合档案保存的温度。

我国北方地区冬季寒冷，气温较低，因此需要采取增温措施，以保护档案。例如哈尔滨，隆冬一月平均气温约-22℃，最低可达-35℃以下，必须采取措施增加库房温度，以利于档案的保存。

档案库房增温最理想的方法是采用空调设备。《档案馆建筑设计规范》（JGJ25—2010）规定，调节温湿度时，特级、甲级档案馆宜采用空调或局部空调，乙级档案馆可采用局部空调。

档案库房普遍使用的增温方法是暖气。因为以热水为热媒的暖气片损坏时对档案危害较大，因此档案库房的暖气以蒸汽热媒为宜，安装在走廊或环廊内，通过加热走廊或环廊的空气使之与库内空气交换。这种方法经济、效果好，安全可靠。

我国南方地区如长沙、重庆、武汉等地区夏季气温高，持续时间长。例如，重庆夏季室外温度可高达40℃以上，室内可达35℃以上；武汉35℃以上的炎热天长达20天以上。因此降温是这些地区档案保护工作的重要任务。

空调也是比较理想的降温设备。包括分体空调和中央空调。

除此之外，还可以采取各项措施，杜绝或减少档案库内热量的来源，从而达到降温的目的，如库房正确选址、库房建筑使用隔热材料，提高隔热效果等。

我国西北、东北地区气候干燥，常年湿度较低，库房相对湿度经常在20%~30 %左右，故需对库房进行加湿。加湿的方式主要有两种：自然增湿和机械增湿。目前对于一般档案库房的加湿，可选用加湿器。常见的加湿器有超声波加湿器，直接蒸发型加湿器和热蒸发型加湿器。

超声波加湿器采用超声波高频震荡，将水雾化为1um～5 um的超微粒子，通过风动装置，将水雾扩散到空气中，从而达到均匀加湿空气的目的。超声波加湿器的优点是：加湿强度大，加湿均匀，加湿效率高；节能、省电，耗电仅为电热加湿器的1/10至1/15；使用寿命长，湿度自动平衡，无水自动保护。缺点是对水质有一定的要求，水质过硬，会有白粉和水垢产生。

直接蒸发型加湿器也通常被称为纯净型加湿器。纯净加湿技术则是加湿领域刚刚采用的新技术，纯净加湿器通过分子筛蒸发技术，除去水中的钙镁离子，通过水幕洗涤空气，将空气加湿的同时，净化空气，再经风动装置将湿润洁净的空气送到室内，从而提高环境湿度。该加湿器优点：对水质无要求，加湿后无白粉现象也不结垢，特别适合水质不好的华北地区。此外，它具有空气循环系统，在加湿的同时，以净水洗涤空气，有效祛除空气中的污染，净化空气。缺点是噪音比较大，而且价位偏高。

热蒸发型加湿器也叫电加热式加湿器。其工作原理是将水在加热体中加热到100℃，产生蒸汽，用电机将蒸气送出。所以电加热式加湿器是技术最简单的加湿方式，缺点是能耗较大，不能干烧，安全系数较低、加热器上容易结垢。

超声波加湿器和直接蒸发型加湿器是常用的加湿器。

降湿是控制库房湿度的重要内容，特别是在我国南方地区，最潮湿月份的平均湿度在80%以上，而且高湿时间较长，对档案耐久性影响很大。目前，很多档案馆普遍采用去湿机进行去湿。

我们在选购去湿机时，要根据室外空气湿度、库内要求达到的标准湿度、库房建筑结构、门窗大小及工作人员情况等因素综合考虑。去湿机容量的选择可以参考表3-4。

表 3-4　去湿量的选择

库房面积（m^2）	去湿机去湿量（kg/h）
100～300	2～4
300～500	6～10
500～1000	10～15
1000～2000	15～20

去湿机的优点主要表现在：第一，性能稳定可靠，可以连续降湿，使用和

管理比较方便。第二，去湿效果好。例如，KQF-5A 型去湿机在库内温度为 27℃、相对湿度为 70%的环境中开机一小时，可以从空气中抽调 1kg 的水分。

第二节　光对档案的影响及防光措施

光破坏档案的方式与危害程度与光的特性，档案材料、环境因素等密切相关。

一、光对档案的危害

光具有一定的能量，产生热量，引起物质结构与性能的变化，从而对档案产生一定的破坏。要长久地保存档案，必须加强防光措施。

1. 可见光的破坏

可见光对档案的破坏是十分显著和快速。档案纸张经光照射后，其强度会有一定下降；部分档案字迹中的色素吸收光能后，也会发生字迹褪色现象。

可见光对影像档案的破坏也十分显著。一定的光照条件，能使胶片片基上的增塑剂挥发，致使胶片材料变脆；光线还能以热能传递的方式，破坏磁性载体档案的稳定性，改变磁记录轨迹，使其磁化状态发生变化。

光盘档案的稳定性也会受到可见光的影响。持续或高强度的光照射，促使光盘外保护层软化，影响电子档案信息读取等。

2. 紫外线的危害性

档案材料最为敏感的是波长为 253. 7nm 的紫外线，由于其能量与主要档案材料的能级范围较为接近，极易被档案材料吸收，因此，在危害档案的各种光中紫外线是最严重的。防紫外线是防光的重点。不同的档案材料对不同波长光的吸收是不同的，如纸张对 253. 7nm 的光最为敏感，胶片中聚酯对 300nm～330nm 的光最为敏感，聚氯乙烯对 320nm 的光最为敏感。上述波长的光易被档案物质分子吸收，引发光化学反应，从而改变其分子结构，降低档案材料的耐久性。

环境条件也会影响光对档案的作用效果。一般情况下，温度高时光化学反应较易进行，其速率也比较快，对档案的破坏作用明显；反之，温度低时反应进行的速率也较低。在高湿环境中光与水分同时作用于档案，能加速档案材料的破坏，受潮的纸质档案不能进行光照射而达到减湿干燥的目的。档案材料对光的吸收有一定的选择性，只有特定的光才能使档案发生光化学反应；但在氧气存在下，档案材料吸收光波的能力以及光化学效率大为提高。

二、防光措施

加强防光措施，控制档案利用和保存中光照强度和时间，以减少光对档案的危害。

（一）档案库房的照度标准

档案库的照明及人工光源的选择应依据国家相关标准和技术规范，根据档案用房的功能要求与技术、经济的可能性，进行合理的照明设计与配置。

1. 防光的规定和技术要求

档案库及查阅档案等用房的照明及照度标准，依据国家档案局制订的《档案馆建筑设计规范》（JGJ25—2010）的技术要求。利用与保存档案的环境应减少光线对档案材料造成的损害，确保档案的耐久性。

档案环境的光源选择、光的强度与功率控制、防光措施和保护方法必然科学合理，在实际工作中，应特别注重对紫外线的防范，消除或减轻紫外线对档案的危害。

2. 库房的照度标准

档案所处环境的光线照明情况，可以用单位面积上通过的光通量来表示，即光的照度 E，单位是勒克斯（Lx）。

依据我国博物馆的国家照度标准《博物馆照明设计规范》（GB/T 23863—2009），其相应场所的照度标准，如下表 3-5 所示：

表 3-5　博物馆建筑陈列室展品照明标准值

类　　别	参考平面	照度标准值/Lx
对光特别敏感的展品：丝织品、织绣品、绘画、纸质物品、彩绘、陶（石）器、染色皮革、动物标本等	展品面	50
对光敏感的展品：油画、蛋清、染色皮革、角制品、骨 制品、象牙制品、竹木制品和漆器等	展品面	150
对光不敏感的展品：金属制品、石质器物、陶瓷器、宝玉 石器、岩矿标本、玻璃制品、搪瓷制品、珐琅器等	展品面	300
注：陈列室一般照明应按展品照度值的 20%~30%选取。		

我国图书馆阅览室及书库的照度标准，如表 3-6 所示：

表 3-6　图书馆建筑照明标准值

房间或场所	参考平面及其高度	照度标准值/Lx
一般阅览室	0.75m 水平面	300
国家、省市及其他重要图书馆的阅览室	0.75m 水平面	500
书　库		50
工作间	0.75m 水平面	300

由于档案字迹一般以 5 号铅字印刷体为最小（3. 2mm~3. 9mm），在档案库及其他业务技术用房中，选择照明的照度标准应考虑多方面要求：既要满足工作人员及相关读者识别字迹的需要，保护人的视力，保证正常识别档案字迹，不影响档案工作的进行；同时能降低光照的强度，最大限度地减少光照对档案材料的危害。因此，选择时可参照上述照度标准，在推荐的照度值附近进行库房及业务用房照度的确定。

表 3-7　档案库及其他业务技术用房正常照明的照度标准

档案用房名称	参考平面及其高度(m)	推荐照度(Lx)
档案库	离地垂直面 0.25	50
阅览室	0.75	300
修裱、编目室	0.75	300
计算机房	0.75	300

(二) 档案保存与利用中的防光

档案利用中的三个环节是：档案的借阅、档案内容的检读及档案的参展，其中任何地方都离不开光线的照明，光对档案的照射必然给档案带来一定的破坏，因此必须采取保护措施减少光对档案材料的作用。

1. 选用合适的照明光源

档案利用中照明光线有自然光源与人工光源。自然光源具有无偿和取用不尽的巨大优势，但也存在明显不足：（1）自然光的照度难以控制，光强变化频繁；（2）自然光的热效应易造成室内温度的波动变化；（3）自然光的眩光现象影响档案的阅读。人工光源启闭适时，波长与强度易于调节，辐射温度能予以控制，其中人工光源的白炽灯紫外线含量较低，对档案的破坏要轻于其他光源（如荧光灯等）。虽然自然光与各种人工光都对档案有危害，但作用程度有所差别，如表3-8。

表3-8　不同光线（每英尺—烛光）对档案损伤率

光　　源	直接照射试样(%)	滤紫外线光照试样(%)
晴天垂直的自然光	100.0	8.5
多云天垂直的自然光	31.7	5.1
漫射的自然光	16.5	4.0
冷色荧光	11.2	3.1
白色荧光	9.2	1.8
日光灯	8.4	5.1
白炽灯光	2.8	1.3

注:档案损伤率是指,相同档案材料受到不同光线相同强度照射作用,有紫外线防护及无紫外线防护两种情况下,档案材料损伤的大小比率。以晴天垂直的自然光照射破坏为为准,100%。

自然光的损伤率高于人工光，因此档案馆宜选用人工光源。人工光源主要有白炽灯、荧光灯、卤钨灯与卤素灯以及节能的LED灯等，使用最多的是白炽灯与日光（荧光）灯。目前，档案馆应当依据档案防光的需求，选择一些具备防紫外线的冷光源或滤除紫外线荧光灯，

能够达到对档案的保护，同时又避免档案库房的光线暗弱，保护档案工作人员的视力。

2. 确定光照适宜的强度

为了保护档案，应该尽量避免在强光下长时间利用档案；并在能清楚阅读档案、不影响档案利用的前提下，确定档案利用时的适宜光照强度，尽可能使用低功率的人工光源照明，最大限度地降低光照强度，减少光对档案材料的破坏；特别是在使用档案原件时，应采取必要的限光及滤光措施，以保护档案原件不受损害。

3. 减少光照时间

在借阅、检读档案时，首先必须了解其记录信息内容等，这些活动必须在

一定光源的照明条件下进行；利用档案时所处环境的光照条件与强度各一，光的波长与能量不尽相同，但都会造成对档案材料的损害。其次，档案在制成复印件时会受到强光的破坏，如复印机形成复印件时，在档案原件处的照度较高，使档案原件受光照而发热。再者，翻拍照片及制作缩微胶片时，档案会受强光的破坏；此外，档案输入计算机时的光照及用扫描仪将档案扫描进入计算机系统并提供利用时，强烈的光照均会使档案损伤。档案原件因特殊要求，在提供参展服务期间，较长时间暴露在一定的光环境中，更要采取一定的防护措施。档案利用过程中光照是必要的，而光的损害也是必然的，因此，应尽量减少档案利用过程中的光照时间，可以复印件代替原件提供利用，严格控制档案外借次数与外借时间，对参展档案的环境限定光强，采用感应光源照明与弱光保护等措施，从而最大限度地减少光照作用时间，延长档案的使用寿命。

4. 档案库房建筑的防光

（1）库房的窗户要小而少，并注意窗户的朝向。窗户是档案库房透光的主要部位，窗户过多或过大必然导致阳光直射入库的能量多，对库内档案破坏大，同时还使库房温度升高。档案库房窗户的朝向对入射阳光也有重要影响，在同样条件下，东、西向窗户透过的太阳辐射强度最大，因此库房东、西墙不宜设窗。

（2）档案库房宜采用环形走廊。在库房外墙内再设一道环形走廊，阳光通过外墙玻璃后也不能直射入库，有效地减少阳光的破坏作用。

（3）在窗户上安装遮阳板、百叶窗或窗帘，采用内外遮阳措施，既达到防光效果，又不使可见光的透过率受大影响。

（4）在窗户上安装滤光的毛玻璃、有色玻璃及氧化铈和氧化钴玻璃，能阻挡大部分紫外线和部分可见光。

5. 档案库区的防光

（1）加强库区环境的绿化，阻挡阳光直射作用。这样做既能有效遮阳，明显减少阳光对库房的辐射热能，同时还具备吸尘、过滤及调节湿度的功能。

（2）库区照明电源开关必须分区设置，这样既能减轻光线对档案的破坏，还能节约能源。

（3）查阅与提取档案时，应做到人走灯灭，减少光对档案材料的损害。

6. 档案的避光保存

档案保管期间除了提供利用与整理外，应做到避光保存。库房采用暗色内遮阳，加装木板窗或铁皮窗，提高防光效果；当库内不需要采光时，将窗户关闭，当库内不作业时，关闭库内光源。此外，档案应入袋、盒及档案柜、档案箱保存，选择使用具有防光能力的黑色的包装袋与盒等，形成一个局部良好的防光环境，并使档案材料尽量少接触、甚至不接触光线，从而减少光对档案的破坏作用。

第三节　空气污染对档案的影响及净化措施

空气污染严重破坏档案，了解空气污染的形成及对档案的危害性，抑制空气污染对档案材料的破坏，将有利于档案的使用价值与耐久性。

一、空气污染物

根据污染的范围，空气污染可分为四类：(1) 局部地区性污染；(2) 地区性区域污染；(3) 广域性地区污染；(4) 全球性污染或国际污染。

空气污染是由于人类活动和自然过程中产生的污染物向大气排放的数量超过了大气本底值所造成的。其中部分污染物直接向大气排放，它们对空气质量有明显的影响，主要有二氧化硫、氮氧化物等，为一次排放性污染物。一次污染物还能与空气中的原有成分或其他污染物发生一系列化学或光化学反应，生成新的污染物，如硫酸烟雾、光化学烟雾等，是为二次污染物，二次污染物对档案材料的破坏更加严重。

空气污染物按成分和形成可分成有害气体、气溶胶物质、灰尘及光化学烟雾等。

有害气体是污染物以气态形式分布于空气中，主要有含硫化合物（SO_2、H_2S 等）、含碳化合物（CO、CO_2）、含氮化合物（NO、NO_2）、卤素化合物（HF、HCl 及 Cl_2）及部分碳氢化合物。此外，因档案馆改扩建而进行的库房装修，带来的甲醛、苯及苯的衍生物，库房虫霉防治中残留的环氧乙烷、磷化氢等。

气溶胶是以液态或固液态形式分散于空气中形成的物质。气溶胶主要包括火山活动、海啸、森林火灾中不完全燃烧物形成的硝酸雾及人类生产活动产生的硫酸雾等，此外还有碳氢化合物形成的气溶胶。

灰尘是分散于气相空气中的形状不规则、大小不一致的固体颗粒。按其形成及形态分成粉尘、烟尘及雾尘三种。按其粒径大小也可以分成降尘、飘尘两类。灰尘大多来自燃料的燃烧过程，如煤燃烧后约有10%的烟尘进入空气，油燃烧后约有1%的烟尘进入空气。

光化学烟雾是一种强氧化性的混合物，它是由汽车排出的尾气，在强烈的阳光辐射下发生光化学作用而形成的一种浅蓝色烟雾；这种光化学氧化剂的主体成分是臭氧、有机醛类和过氧化乙酰硝酸酯的复合物。因最先发现于美国洛杉矶，故又称做洛杉矶烟雾。

表3-9 部分污染物来源

污染源	主要污染物	每吨燃料排放量(kg)
锅炉	灰尘、SO_2、CO_2、有机物等	5~15（燃料）
炼油	SO_2、HS_2、NH_3、CO等	20~150(原料)
化工	SO_2、NH_3、CO、酸、溶剂、硫化物	50~200(原料)
冶金	SO_2、CO、氟化合物、有机物等	50~200(原料)

表3-10 汽车的污染物排放量

污染物	汽油为燃料(g/L) 小汽车	柴油为燃料(g/L) 载重汽车
铅化物	2.1	1.65
二氧化硫	0.295	3.24
一氧化碳	169	27
氮氧化物	21.1	44.4
碳氢化合物	33.4	4.44

二、常见空气污染物对档案的危害

空气污染对档案的破坏是严重的，它不仅降低档案载体的机械强度与物理性能，而且严重破坏档案记录层材料，影响记录层的稳定性与信息再现性，同时污染档案外表面，造成档案材料的化学腐蚀和物理损伤，甚至引入生物因素，使档案长霉，大大降低档案的使用价值。虽然各种污染物对档案都有破坏作用，但从我国的实际情况看，对档案等物质材料破坏最严重的是二氧化硫、二氧化氮为主的酸性气体及灰尘，其次是气溶胶及光化学烟雾。由于空气污染物的种类、性质及结构的不同，因而对档案等物质材料的破坏也不同。

有害气体主要有 SO_2、H_2S、CO、CO_2、NO_X、Cl_2及碳氢化合物等，这是一类对档案材料破坏最为普遍的空气污染物。SO_2、H_2S、CO、CO_2为酸性有害气体，NO_X、Cl_2即是酸性有害气体，又是氧化性有害气体，可以增加纸张酸性，降低纸张耐久性。

灰尘对档案的破坏主要表现在：①增加档案材料的机械磨损，影响信息的读取。②一些颗粒污染物本身具有酸碱性，同时可将空气中的酸、碱有害物质吸附在其表面，使其酸度或碱性增大；从而加速了档案材料的老化变质。③使档案粘结成档案“砖”。④向档案传播霉菌孢子。由于霉菌孢子体小量轻，随着空气到处飘荡，常吸附在灰尘上，进入档案库房，落在档案上，遇适宜条件滋生霉菌，破坏档案材料。

气溶胶物质包括硝酸雾和硝酸盐形成的气溶胶、硫酸雾和二氧化硫形成的气溶胶以及烟尘、灰尘、金属过氧化物和卤化物形成的气溶胶。气溶胶的主体成分是金属灰尘、酸及其盐类等微粒物质，它们是档案材料进行酸性水解的催化剂及发生光氧化反应的氧化剂及敏化剂，破坏档案材料；同时气溶胶物质的粘结作用还能使档案出现一定程度的粘连，影响档案的利用，降低档案的使用价值。

光化学烟雾是在特定的条件下由汽车尾气中的一次污染物在强烈阳光辐射下经过光化学反应而形成的混合物，它包括强氧化性的臭氧、有机醛类、过氧化酰基硝酸酯等。臭氧是光化学烟雾的主体成分，这种强氧化剂几乎能与所有的有机材料发生反应。其反应过程是按自由基链式进行，速率快、效率高，大分子链断裂迅速，破坏档案的耐久性。在发生自由基链式反应过程中的热氧化作用和光氧化作用，对档案材料的结构与性能危害极大。

三、空气质量标准

对空气质量的要求目前尚无统一适用的国际标准，通用的方法是各国根据自己的国情、经济状况及对空气洁净的要求制定出各自的空气质量标准。

我国《室内空气质量国家标准》（GB/T18883—2002）中规定了室内空气的物理性、化学性、生物性及放射性参数，其相应的数值，如下 3-11 表示：

表 3-11　室内空气质量国家标准

序号	参数类别	参数	单位	标准值	备注
1	物理性	温度	℃	22—28	夏季空调
				16—24	冬季采暖
2		相对湿度	%	40—80	夏季空调
				30—60	冬季采暖
3		空气流速	m/s	0.3	夏季空调
				0.2	冬季采暖
4		新风量	m^3/h.P	30	
5	化学性	二氧化硫 SO_2	mg/m^3	0.50	1h 均值
6		二氧化氮 NO_2	mg/m^3	0.24	1h 均值
7		一氧化碳 CO	mg/m^3	10	1h 均值
8		二氧化碳 CO_2	%	0.10	日平均值
9		氨 NH_3	mg/m^3	0.20	1h 均值
10		臭氧 O_3	mg/m^3	0.16	1h 均值
11		甲醛 HCHO	mg/m^3	0.10	1h 均值
12		苯 C_6H_6	mg/m^3	0.1	1h 均值
13		甲苯	mg/m^3	0.20	1h 均值
14		二甲苯	mg/m^3	0.20	1h 均值
15		苯并(α)芘 B(α)P	mg/m^3	1.0	日平均值
16		可吸入颗粒 PM10	mg/m^3	0.15	日平均值
17		总挥发性有机物 TVOC	mg/m^3	0.60	8h 均值
18	生物性	菌落总数	cfu/m^3	2500	依据仪器定
19	放射性	氡 Rn	Bq/m^3	400	年平均值

我国《民用建筑工程室内环境污染控制范围》GB 50325—2001，对不同类型的民用建筑工程，环境空气污染物的质量标准作了如下规定，其数值如

表 3-12 示：

表 3-12　环境空气污染物的质量标准

污 染 物	Ⅰ类民用建筑工程	Ⅱ类民用建筑工程
游离甲醛(mg/m³)	≤ 0.08	≤ 0.12
氡(Bq /m³)	≤200	≤ 400
苯(mg/m³)	≤ 0.09	≤0.09
氨(mg/m³)	≤ 0.2	≤ 0.5
TVOC（mg/m³）	≤0.5	≤ 0.6

此外，我国对住宅类建筑物的室内有害气体，确定的国家相关标准的主要指标，如下表 3-13：

表 3-13　住宅类建筑物的室内有害气体的质量标准

标准名称	允许含量	标准号
《居室内中甲醛的卫生标准》	0.08 mg/m³	GB/T16127—1995
《住房中氡含量控制标准》	100Bq/ m³(新建房) 200Bq/ m³(已建房)	GB/T16146—1995
《室内空气中氮氧化物卫生标准》	0.10 mg/m³	GB/T17096—1997
《室内空气中二氧化碳卫生标准》	0.10 mg/m³	GB/T17094—1997
《室内空气中二氧化硫卫生标准》	0.15 mg/m³	GB/T17097—1997
《室内空气中细菌总数卫生标准》	4000 cfu/m³	GB/T17093—1997

因此，我国档案馆（库）建筑物的室内空气质量，应当依照国家标准，参照相应的室内空气质量标准进行有害污染物的监测和控制。

四、保管档案的环境空气净化措施

（一）空气污染的监测

空气污染的监测是确定档案保管与存储环境的适宜性。

1. 保管档案的环境要求

由于档案利用与保存环境有很大的不同，特别是利用环境有很大的差异性，有的场所条件好，符合保护档案材料国家标准的要求；有的场所条件相对较差，对档案的损害较为严重。因此监测与分析档案环境的状况，评估环境是否达到国家空气质量标准，从而确定档案是否处在适宜的环境，是否符合档案保护的要求。

2. 确定环境的适宜性

档案环境适宜性是指监测环境的有害因素，评估空气中有害气体和灰尘的污染情况。

（1）有害气体的监测

通过直接采样或浓缩采样的方法，收集气体试样，然后用量化分析的方法鉴定是否有有害气体的存在，再使用碘量法、比色法、荧光分析法及气相色谱法定量测出有害气体量，通过与国家空气质量标准进行对比，判断有害气体的含量是否达到了空气污染的程度。

（2）灰尘的监测

通过自然沉降法收集降尘，滤纸采样法收集飘尘的试样，并用石英压电晶体法及重量法定量测定出灰尘的含量，对照国家空气质量标准，判断灰尘的含量是否超出了大气本底值，是否达到了空气污染的程度。

（二）空气污染物的测定方法

1. 二氧化硫的测定

（1）碘量法

碘量法是利用氨基磺酸镜和硫酸镀混合溶液吸收空气中的二氧化硫，用碘标准溶液滴定，按滴定量计算出二氧化硫浓度。

（2）盐酸副玫瑰苯胺比色法

四氯汞钾（或纳）吸收液吸收二氧化硫后，生成稳定的二氯亚硫酸盐络合物，二氧化硫被固定，再与甲酸反应生成羟基甲基亚磺酸。盐酸副玫瑰苯胺（PRA）在盐酸存在时，首先褪色形成 PRA 无色酸：PRA 无色酸与 HO—CH_2—SO_3H 进一步反应形成 PRA 甲基磺酸，呈现玫瑰紫红色；此玫瑰紫红色溶液于 550nm～570nm 有一最大吸收峰，可以比色定量。

（3）二氧化硫荧光分析仪

该仪器是将泵抽入的空气，经过过滤渗透管分别除去灰尘和空气中的水分，然后再除去碳氢化合物，最后纯化的气体通过 230nm～190nm 紫外光的照射，它吸收紫外光后，就发射较长波长的光，仪器内装有非常灵敏的光电倍增管，将光电流放大，输送至记录仪，这样就测出了大气中二氧化硫的浓度。该仪器在要求大量数据测定时，具有方便可靠的优点，但它是用来测定流通大气中的污染物的，因而不适合于小范围体积空气的测定。

（4）气相色谱分析

气相色谱具有灵敏度高、分离效果好等优点，可以检测多种大气污染物。pHotovac公司生产的1OA10型手提式光离子检测气相色谱仪适宜于在采集场所作分析，因此，它对档案库房内外的环境监测有广泛的使用价值。

2. 飘尘的测定

利用重量法将已称恒重的玻璃纤维滤纸装在采样器的采祥夹上，空气通过采样器将飘尘阻留在滤纸上，根据采样前后滤纸重量之差和采气量，可以计算出每立方米空气中所含飘尘的重量（毫克）。

3. 降尘的测定

空气的降尘量是采用灰尘自然沉降在集尘缸内的方法，经蒸发、干燥称重测量得的。

4. 空气监测中常用的连续测定方法

采用仪器分析的方法，可进行有害成分的连续测定。其中主要有库仑滴定法、化学发光法等。

（1）库仑滴定法

库仑滴定法，亦称恒电流库仑滴定或微电库仑滴定，是连续监测中应用最广泛的方法。采用空气污染连续监测仪，可分别测定二氧化硫、硫化氢、氮氧化物、臭氧及总氧化剂等。

（2）化学发光法

化学发光法用于空气监测，具有简单快速、灵敏度高和可连续测定等优点。其原理是利用反应产物在反应中受激处于激发态，释放出一定的光辐射能量，并产生化学发光，发光强度与被测组分的浓度成正比，发光强度可以通过一定的检测仪显示出来，然后根据发光强度来确定被测组分的浓度。

（三）库房选址及不适宜环境的处理

1. 选址

档案库房是长时间保存的场所，选择良好环境条件的地方建筑档案库房，是防止空气污染破坏档案最简便的、经济有效的措施。地理位置、气象条件的不同，近地表层空气状况的变化，空气的自净能力及大气本底值的差别，必然带来空气污染物的浓度限值、扩散程度及破坏作用的不同。此外环境条件对空气污染的危害有重要的影响，通常是厂矿企业区域、居民集中生活区及交通主要干道是空气污染较为严重的地方。

因此新建档案库房时除应考虑地理条件外，还需考虑环境状况，要远离上述污染严重地区，不能处于其下风地带；档案库房应尽量处于空气流通的地区，同时档案库房所处地区及周围环境空气的质量不能低于二级质量标准。

2. 不适宜环境的处理

环境不符合要求时，不宜开展档案利用工作，防止不良环境对档案的破坏。对不适宜环境可以采取一定的处理措施，改变这种不良环境，克服其对档案的危害。具体措施包括：①对环境的空气交流采取空气过滤和净化处理；②避免在不当时机（空气污染严重的时候）与周围空气进行交换；③加强环境的密闭性；④对环境进行除尘及吸收有害气体的处理，并防止室内墙壁、地面的表面起尘。

3. 档案库房周围的绿化

绿色植物对空气污染具有较强的净化作用，加强档案库房周围的绿化，提高绿化覆盖率，既可优化库房环境，还能净化环境的空气，减少空气污染物对档案的破坏，提高档案材料的耐久性。

（四）空气的净化与过滤

空气净化系统的主要目的是除去档案库房内空气中的有害气体和灰尘，降低霉菌孢子含量，从而提高档案库房及相关环境的空气质量，改善了档案的保护环境。空气净化系统有多种形式，其中利用静电、吸附、过滤等实现空气净化是目前最常用的方法。

1. 静电净化装置的构成

静电净化装置由电源控制系统、高压静电场系统、过滤除尘系统三部分组成。

电源控制系统。静电净化装置的电源控制与中央空调机组的风机运行电源相配套，一般情况下，风机运行净化设备工作，风机停机净化设备不工作。但为了能单独控制静电净化设备的开关，可在空调机组柜上端安装静电净化控制器，控制并显示静电净化设备运行状况。

高压静电场系统。根据中央空调机组结构，可在风机柜内一次回风顶端安装二级高压静电场。高压静电场是由蜂巢针棒状双区电场组成。当库房空气经正压通风流进一次四风箱，空气中所载的尘粒与细菌胞囊在电场力的作用下，分别被正电板或负电板吸附，从而达到除尘灭菌的目的。

过滤吸附除尘系统。过滤吸附除尘系统由阴尘预过滤器与浸渍型活性碳过滤器组成。(1) 阴尘预过滤器是由多层铝合金箔迭成的框网制作，安装在库房回风口，起到过滤库房空气中粗粉尘，如毛发、纤维、灰尘等，以保护高压静电场设备。(2) 浸渍活性碳过滤器是由活性碳经过特殊技术处理，成为具有吸附和净化空气中有害气体和灰尘的功效。该过滤器安装于中央空调风机柜一次回风处。

2. 静电净化装置的技术性能

主要有：工作电压：220V；处理风量：10000m^3/h；适用空间：1335m^3；洁净度：达到一万级；臭氧：小于 0.1mg/m^3；菌落数：小于或等于 3 个/皿。

3. 静电净化装置的工作流程

在库房密闭的条件下，当启动中央空调风机时，库内的浑浊空气流往库房回风口阻尘预过滤网，除去较大颗粒的灰尘。然后空气进一步流入风机柜内二级静电场，在高压电场（8kv/cm^2）的作用下，空气中尘埃粒子、霉菌、细菌被电场极板吸附。最后空气再进一步流入浸渍型活性碳过滤网，除去异味，送入区域内各库房。如此循环往复，达到净化库房空气的目的。

（五）档案库房的密闭及其他防治措施

1. 档案库房的密闭

档案库房防尘、防有害气体必然要求库房围护结构具有良好的密闭性，这样才能有效杜绝空气污染物进入库房。提高库房围护结构的密闭性，可采取以下对策：(1) 档案库房的门窗应尽可能地少而小；(2) 库房门窗的密闭性要好，并加用胶条密封及安装双层门窗，来提高门窗的密闭性；(3) 建立环形走廊或西廊，达到防尘、防光及隔热的效果。

2. 灰尘的清除

由于灰尘来源广，对档案危害性大，因此保护档案就应该采取有效的方法与措施，来减免灰尘对档案材料的破坏。其中首要的是杜绝灰尘进入档案库房的渠道，然后对库房内的灰尘进行必要的清除。清除库内灰尘应做到以下几个方面：

(1) 定期清扫库房，制定卫生管理制度。操作时应先除去门窗、地板缝内的尘土，再除去档案柜架、档案上的灰尘，最后用墩布拖地，达到除尘的目的。

(2) 采用空气过滤器除尘。在档案库房及其它业务用房的空气交换口安装空气过滤器，使室内的空气含尘量降至一定的标准之下，并与空调设备配置使用，既能保持档案运行环境中空气的清洁无尘，又能使档案所处环境的温湿度保持在适宜范围。

（3）加强档案入库前的严格检查，档案库房围护结构的防尘处理，对灰尘的清除工作都有较好的促进效果。

（4）建立和执行管理规章制度。档案入库前必须进行除尘处理，避免新入库的档案将灰尘带入库房；工作人员进出库房应更换工作服和鞋，并在库房门口安装风浴设备，防止将库外的有害物质带入库房。做好库房的清洁卫生工作，有效控制空气污染的危害。

第四章　档案有害微生物病害及其防治

档案馆环境若出现通风不良、阴暗、潮湿、湿度偏高、空气中灰尘较多等的情况时，就容易滋生霉菌等微生物。档案有害微生物在纸张、胶片、磁记录等档案载体材料上容易生长、发育和繁殖，霉菌在生长的同时，破坏档案、图书、文物等制成材料，同时产生各种代谢物质如有色物质、有机酸等，并附着于各种载体表面。

第一节　常见的档案霉菌

我国档案库房中常出现的、对档案带来危害和影响的主要档案霉菌：毛霉、曲霉、青霉、根霉、木霉等。档案有害微生物能够在档案库内的高温高湿条件下生存，分泌出能分解或液化档案制成材料的胞外酶作催化剂，破坏其分子结构，失去了原有的理化性质，使档案制成材料耐久性下降，降低档案寿命。

1. 根霉

根霉，它在自然界中分布很广，用途广泛，其淀粉酶活性很强，对纸质档案修裱中使用的浆糊具有一定的分解能力。在档案常见有黑根霉、米根霉等，如图 4. 1。

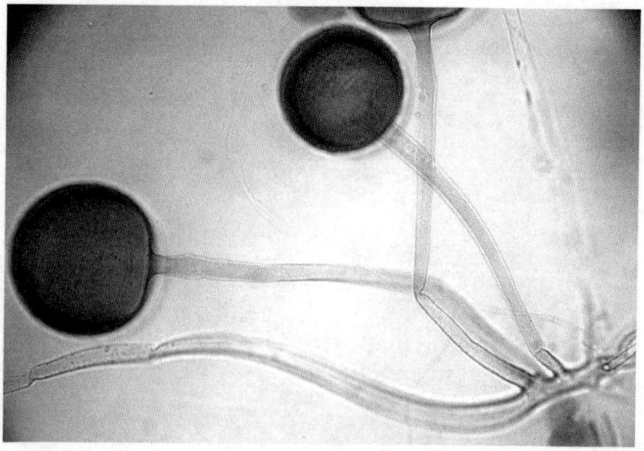

图 4. 1　根霉

2. 曲霉属（Aspergillus）

曲霉在档案纸张上易生长，破坏作用强，如图4.2、图4.3。

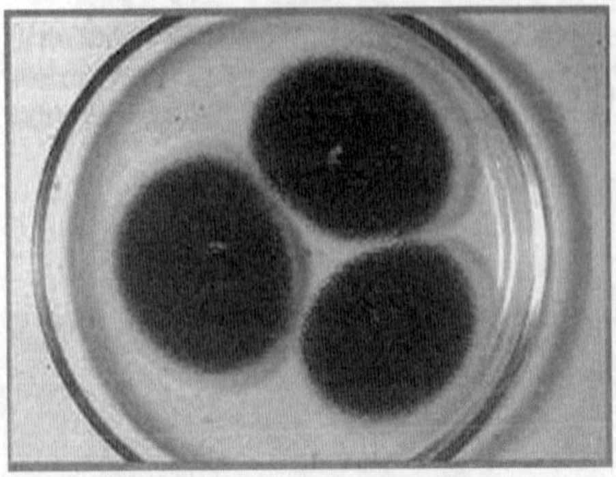

图4.2　曲霉菌落

图4.3　曲霉

对档案的带来破坏作用的有：杂色曲霉、黑曲霉、黄曲霉等。

3. 青霉

青霉属（Penicillium）有二百几十种，代表种是灰绿青霉（Penicillium glaucum），在档案上常出现的有宛氏拟青霉、桔青霉、产黄青霉等，如图4.4。

4. 毛霉

毛霉在高温、高湿度以及通风不良的条件下生长良好。档案中常用见毛霉主要有总状毛霉（M. racemosus）、高大毛霉（M. mucedo）、鲁氏毛霉（M. rouxianus）等，如图4.5。

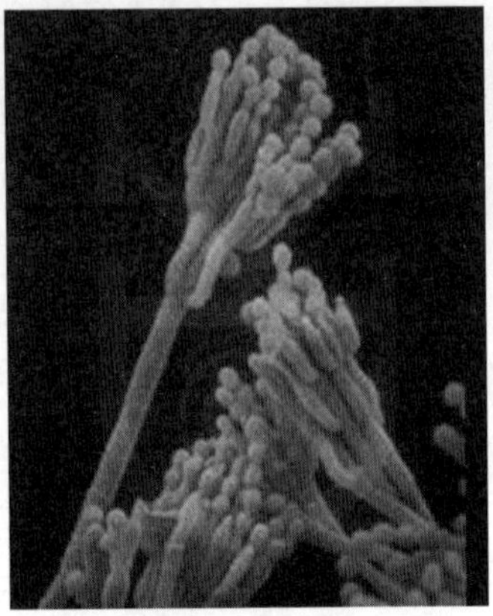

图4.4　青霉

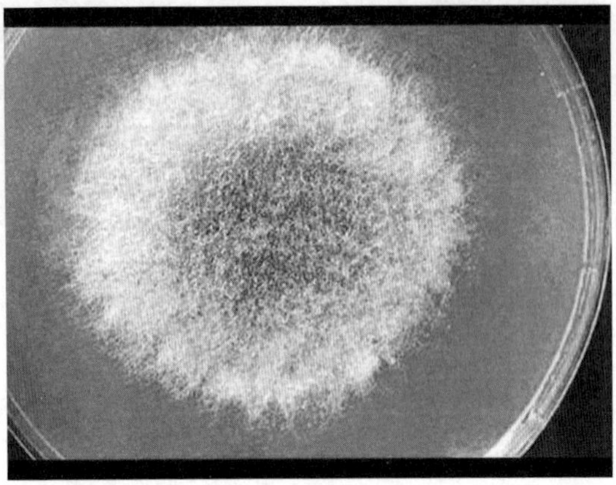

图4.5　毛霉

5. 木霉

木霉对纤维素和木质素都具有很强的分解能力，因此，对纸张的破坏作用较强。在档案上常见的有绿色木霉和康氏木霉等，见图4.6。

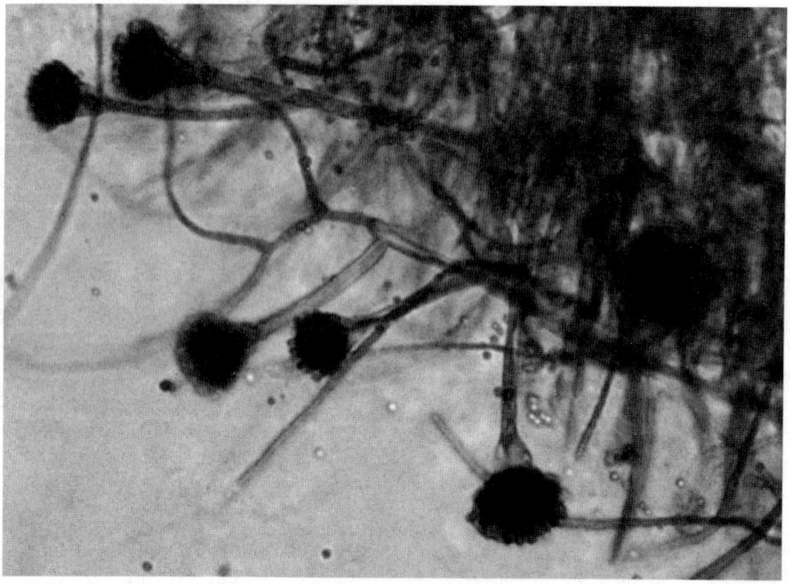

图 4.6　木霉

危害档案霉菌除了上面介绍以外，还有球毛壳、芽枝霉、交链孢霉等，形态也各有不同，危害大小也不同。

第二节　环境条件对有害微生物生长的影响

除了营养物质和氧气外，微生物的生长还受环境因子的影响，环境因子是复杂的、多方面的，相互之间又有密切联系。

一、温度

温度对微生物的生长和繁殖均有重要的影响，不同种类的微生物其最适温度是不一样的，大多数霉菌生长繁殖最适宜的温度为 25℃～30℃，在此范围内，随着温度的升高，生长速度加快。在 25℃～30℃范围之外并不意味着有害微生物不生长，只是相对于最适温度生长速度慢一点。在 0℃以下或 30℃以上，不能产毒或产毒力减弱。如黄曲霉的最低繁殖温度范围是 6℃～8℃，最高繁殖温度是 44℃～46℃，最适生长温度 37℃左右。但产毒温度则不一样，略低于生长最适温度，如黄曲霉的最适产毒温度为 28℃～32℃。

高温能杀死微生物，在 80℃的情况下，经过 30 分钟就能杀死。细菌芽孢和霉菌孢子，因其含水量较少，抵抗力比较强，要在 100℃～120℃，经过 10 分钟～15 分钟才能杀死，因档案制成材料耐高温温度一般不超过 60℃，一般不能用高温（超过 60℃）灭菌。

当环境温度低于最低生长温度时，档案霉菌的代谢活动降低，进入休眠状态，能在较长时间内保持生活力，而当温度提高时，档案霉菌还可以恢复正常的生命活动。有试验表明，档案霉菌在—56℃以下仍能维持生命。所以，低温只能抑制档案霉菌的生长。低温一般不适合杀死微生物，只能抑制微生物的生长。通常在 0℃～5℃的温度下，微生物的代谢很微弱，只能维持生命而不生长繁殖，也不易变异退化，所以，一般都采用低温方法保存菌种。

不同种类的微生物对高温的抵抗能力不同，即使同种微生物又因发育形态不同而具有不同的抗热性，细菌的芽孢和霉菌的孢子抗高温能力强于营养细胞。

二、湿度

湿度是影响档案霉菌生长的最重要因素之一，其影响更甚于温度。水是档案霉菌细胞的主要组成成分，档案霉菌的生理活动都是以水作为溶剂和介质，水对档案霉菌的正常生命活动具有极其重要的意义。档案霉菌生长所需的水分主要来自空气，环境空气湿度大，档案霉菌的生长就快。环境空气湿度降低，过于干燥时，大多数档案霉菌不能生长，甚至死亡。

在相对湿度 70%时，档案霉菌就可在纸质档案上孳生。大多数档案霉菌适宜的相对湿度为 80%～90%，在温度 25℃～30℃时，相对湿度越大，档案霉菌生长繁殖越快，如适宜的湿度和温度可以使档案霉菌孢子在很短的时间内就迅速萌发和生长，因此，高湿加高温环境是档案霉菌生长的理想环境。高温高湿气候在我国很多地区都存在，如长江流域地区，黄梅季节时环境相对湿度多在 70%以上，环境温度也多在 25℃以上，档案库房特别容易孳生霉菌，对档案的危害非常严重。另外，实践表明，地下档案库和一层档案库由于比较潮湿，也容易孳生霉菌。

环境空气湿度大有利于档案霉菌的生长繁殖，环境空气干燥则容易使档案霉菌失水，停止生命活动，因此，干燥环境有利用于抑制和杀灭档案霉菌。不同种类的档案霉菌抗干燥能力不同，一般情况是档案霉菌孢子比它们的营养细胞抗干燥能力强，能够在干燥环境中保存数年，以后遇到适宜的水分条件时仍能萌发、生长。

三、酸碱度（pH值）

环境中的酸碱度与档案霉菌的生长发育密切相关。档案霉菌在一定的酸碱度范围内能得到最迅速的生长。档案霉菌生长喜爱酸性环境，适合生长的最低pH值为1.5，最适宜pH值为5.0~6.0，适合生长的最高pH值为10。

由于档案库内可提供酸性环境，如酸性档案纸张、空气中含有二氧化硫等酸性气体等，特别适宜档案霉菌的生长，同时在其生长过程中，中间代谢产物是许多挥发性的有机酸，如乙酸、丙酸、丁酸等，更增加了环境的酸性，加快档案霉菌的生长。强烈的酸性和碱性能够抑制档案霉菌的生长，甚至使其死亡，但强酸和强碱对档案本身十分有害，因而不能用此方法对档案进行消毒灭菌。

四、氧气

氧气对档案霉菌的生命活动有着极其重要的影响。根据微生物对氧的要求，可将微生物分为好氧微生物、厌氧微生物、兼性好氧或兼性厌氧微生物和三类。好氧微生物指需要氧气才能生长的微生物，没有氧气就不能生长；厌氧微生物则是不需要氧气就能生长的微生物；兼性好氧或兼性厌氧微生物是在有氧气或无氧气条件下均能生长的微生物。绝大多数档案霉菌为好氧性微生物，必须在有氧的条件下生长。如果创造一个绝氧或少氧的条件，可以杀灭微生物或者抑制微生物的生长繁殖。

从上述微生物的生长条件可以得出，档案库房中不缺少有害微生物生长发育所需要的生长物质、氧气、酸碱度，要想从生长条件上预防微生物的生长发育繁殖，需要控制温度和湿度，尤其是湿度。

第三节　有害微生物对档案的主要危害

危害档案微生物主要是霉菌。霉菌可在档案、图书、博物馆库房墙壁、纸张、胶片、磁记录、装具等材料上生长发育繁殖，在生长的同时危害各种材料，各种档案制成材料霉变速度是不一样的，有的快一些，有的慢，速度越快，档案制成材料分解则越快，档案的寿命下降则越快。

一、分解档案制成材料

霉菌在生长发育繁殖时需要从外界吸收营养，分解档案制成材料，降低或改变档案载体的性能。纸质档案纤维、浆糊和装订线，胶片中的明胶、磁记录材料的聚氨酯等都是霉菌可以吸收利用的营养物质。微生物在营养自己的同时，破坏了档案制成材料。青霉、曲霉属种类几乎在一切类型的基质上生长，在湿热条件下能引起纸张、皮革等多种材料严重生霉变质。纸张的主要成分是纤维素，以及少量木质素、半纤维素等，这些有机物均能被档案霉菌分泌出的酶降解破坏。一些档案霉菌，如绿色木霉、球毛壳菌、镰刀菌、黑曲霉、土曲霉、烟曲霉、产黄青霉、淡紫青霉、毛霉等，能分泌出纤维素酶，将纤维素水解为纤维二糖，纤维二糖再经纤维二糖酶作用，生成葡萄糖；木霉和乳酸镰孢霉等档案霉菌分泌的酶能对木质素进行解聚、氧化等作用，使木质素降解为芳香族小分子、乙酸和琥珀酸；曲霉、青霉、木霉等属的一些档案霉菌分泌出的酶能使半纤维素催化降解为木糖、阿拉伯糖、半乳糖、甘露糖、葡萄糖等一些单糖。上述分解反应导致纸张中主要成分纤维素和半纤维素结构的改变，纸张强度下降。

淀粉是修裱纸质档案载体中含量最丰富的物质。根霉、米曲霉、黑曲霉、鲁氏毛霉等档案霉菌可分泌出淀粉酶对淀粉进行催化水解降解，最后生成葡萄糖。

胶片档案材料中含有明胶。明胶的主要成分为蛋白质，是档案霉菌生长所需要的营养物质，可被米曲霉、黑曲霉、黄曲霉、桔青霉、产黄青霉、球毛壳菌、木霉、黑根霉、总状毛霉等档案霉菌分泌出的蛋白质水解酶（简称蛋白酶）和肽酶降解破坏。胶片档案材料中的明胶被酶降解后，会使明胶液化，图像模糊，严重时胶片会粘连在一起，造成胶片乳剂膜脱落，影像损坏，无法还原。胶片长霉速度很快，在正常保管条件下，胶片长霉后 1 周，胶片明胶中的蛋白质被水解，而造成影像大量脱落，因此，胶片长霉后，破坏力很大。胶片本身颜色是黑褐色，缠绕在一起，其上长霉后不易被观察到，因此，在易长霉季节，要严格检查胶片，以防其长霉而未被发现。

磁性载体档案材料中所含的聚氨酯粘胶剂、增塑剂、填料、补充剂等有机物，可提供档案霉菌生长需要的氮源和碳源。荷兰曲霉、产黄青霉、宛氏拟青霉、交链孢霉、黄曲霉、黑曲霉、巢状曲霉、毛壳霉、芽枝霉、圆孢霉等档案霉菌可分泌出酶对这些材料进行催化降解，从而导致磁性载体档案机械强度下降，磁粉脱落，带基相互粘连，磁性载体材料成分的改变最终造成性能的改变，如信号的丢失或失真。

二、增加档案制成材料的酸性

档案霉菌在生长过程中产生的有机酸对档案造成的降解破坏，是档案霉菌危害档案的方式之一。档案霉菌在降解档案材料的同时，还生成多种有机酸，如草酸、乳酸、丁酸、柠檬酸、葡萄酸等。此外，档案霉菌细胞在呼吸时也能产生一些有机酸，如甲酸、乙酸、乳酸、琥珀酸等。这些有机酸长期积累在档案上，会使档案酸性增加。

三、污染档案

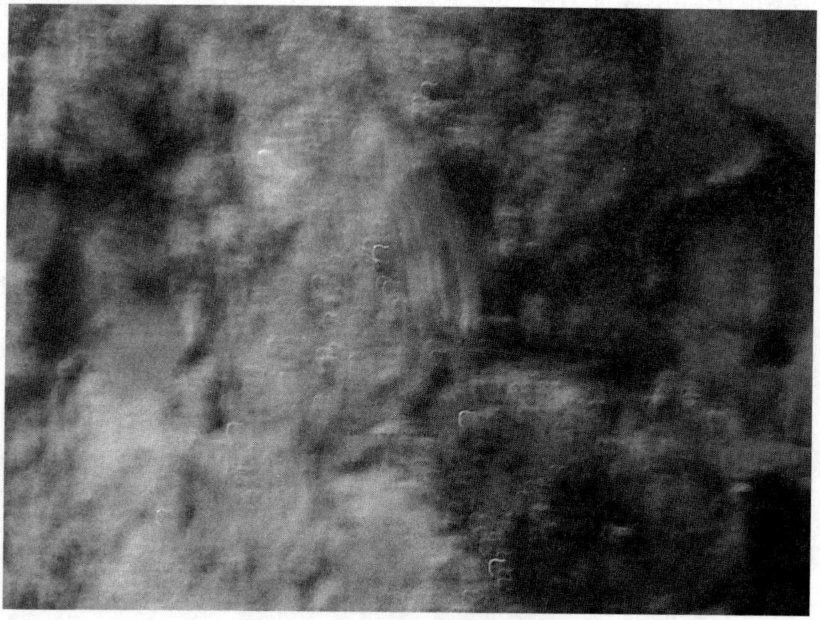

图 4.7　档案上生长的霉菌

霉菌生长时产生有机酸、水等代谢物和各有颜色的霉斑，覆盖在纸张表面，除了污染档案外，霉斑色素会遮盖文字，影响档案信息的识读和利用，而且霉菌分泌的色素比较稳定，不溶于水，要除去霉斑而不损伤纸张比较困难。霉菌生长产生霉斑会遮盖影像，污染影像，霉菌生长过程中会分解明胶，明胶成分破坏后，使银无法固定，影像受到破坏，霉菌生长的同时分泌有机物侵蚀银影颗粒和染料影像。

四、使载体粘结

一般纸张档案长霉后，由于霉菌生长分泌的有机物、水、粘液等，再加上档案纸张长期无人翻阅，外界环境中有一些灰尘颗粒落在档案上，纸质档案容易粘连在一起，严重者会形成档案砖。胶片长霉菌后，湿度增加，分泌粘液，容易使胶片粘连，如图所示的档案砖。

图 4.8　档案砖

五、霉菌对环境及人体的危害

档案库房中空气中漂浮着大量灰尘颗粒，霉菌孢子依附在颗粒物上，随处漂浮，当灰尘颗粒落在档案表面时，档案就有了感染霉菌的机会。库房中灰尘颗粒越多，霉菌孢子则越多。因此，档案库房的空气质量要达到一定的洁净度，避免档案感染霉菌。库房空气中如存在大量霉菌，人体吸入后会引起深部感染，如过敏性肺炎、慢性真菌病；档案上如落有霉菌，一方面手部接触生霉材料后会引起浅部感染，如皮肤、指（趾）甲癣症等，另一方面手上接触到霉菌，会传染到其他地方。档案、图书等上滋生霉菌，霉菌生长时产生一些毒素，会严重影响人体健康。

在日常保管工作中，应采取积极有效的预防措施，防止霉菌对档案的损坏。

第四节　档案有害微生物的预防

档案有害微生物在档案馆无处不有，如果在管理上稍有疏忽或失控，有害微生物则会滋生。预防与灭菌防治有害微生物的主要方式。预防在前，通过各种方法和措施创造不利于微生物生长、发育繁殖的条件，预防有害微生物的生长，如果方法得当、措施严格，就能有效地抑制微生物的生长，避免其对档案带来的破坏。以预防为主，预防是长期的行为，对档案馆而言是主要措施，相比较灭菌，预防措施更为主动，是制度、管理及技术的综合体现。灭菌是在档案有害微生物在档案上生长后采取的杀灭措施，阻止其继续生长，减小其对档案的破坏。灭菌是预防措施失利后而迅速采取的补救措施。

档案库内微生物防治的基本原则：其一，坚持“以防为主，防治结合”的防治指导思想，统筹兼顾，前端控制，系统防治。其二，所用防治材料，应具备对环境、生态友好，对人、畜以及其它生物无毒害作用，不污染环境，不破坏生态系统和生态平衡。其三，防治材料尽量勿残留，易于进行分解和回收。其四，灭菌效率高，操作简便，基本不损坏档案制成材料。

微生物的预防主要是在库房内创造能够有效抑制微生物生长、繁殖的环境条件，其中包括控制温度、湿度、清洁卫生、减少氧气、放置防霉药剂等。

一、控制温度湿度，防止霉菌生长和繁殖

只要档案库房温度、湿度能够保证在规定的范围内，微生物就失去了生长、繁殖的机会，从源头上控制滋生、蔓延的条件，这是预防性保护的理想作法。

霉菌的生长、繁殖与环境温湿度有密切的关系，尤其在湿度大的情况下，长霉的可能性较高。在日常工作中，应严格按照《档案馆建筑设计规范》（JGJ25—2010）等有关规定，严格控制档案库房的温度湿度，尤其应注意防潮、防水。标准中规定：纸质档案库的温湿度为：温度 14℃～24℃（±2℃）、相对湿度 45%～60%（±5%）。胶片母片库房温度控制在 13℃～15℃，相对湿度控制在 35%～45%的做法是比较科学的，因为档案霉菌的预防工作和温湿度调控工作都应以不影响档案寿命为前提，在这个温湿度标准下，既能使档案霉菌处于抑制状态，达到预防档案霉菌生长的目的，又能维持档案的正常含水

量，不降低档案的强度。实践表明，将档案库房温湿度控制在此范围内，能抑制绝大多数档案霉菌的生长。

目前降温去湿的方法很多，诸如：空调、安装去湿机、自然通风等，这些方法都可在不同程度上降低库内温度和湿度。

在档案库房环境中，湿度对档案长霉的影响更为严重。为了避免长霉，要尽量保证湿度在库房建筑规定的范围之内，同时要保持空气流通。在我国南方地区梅雨季节内，假如档案库房没有空调设备调节温湿度，通风与密闭措施又差，库房内的相对湿度就可高达 80%以上，很容易孳生档案霉菌。而在高温季节里，全国很多地区日平均温度在 25℃左右，假如档案库房相对湿度控制不当，通风不力，也容易孳生档案霉菌，造成霉腐灾害。所以要抑制档案霉菌的孳生，必须先搞好去湿和通风工作。通风有助于阻止湿度的升降，从而防止形成适于档案霉菌生长的死角。另外，还应保持档案库房温度的稳定，因为温度的急剧变化将导致湿度的变化，从而有利于档案霉菌的生长。

二、保持库内清洁卫生

档案库内应保持清洁，减少尘土。因为微生物常常借助灰尘传播，灰尘会使纸张、胶片产生划伤并带有酸、碱性质不同的化学杂质，部分灰尘颗粒含有金属离子，会在空气中吸收有害物质，带有较强的腐蚀性。灰尘在空气中吸附的许多霉菌孢子，会造成微生物在档案文件中孳生繁殖，对档案文件的存储危害极大。在清除灰尘的同时也可以将附着在灰尘上的孢子等清除出去，从而大大减少有害微生物危害档案的可能。

空气是档案霉菌的传播媒介，它的清洁程度对预防工作有重要影响。空气清洁程度的衡量可按照有关环保部门的检测方法，把无菌普通的琼脂平板暴露在空气中 5 分钟，然后置于 37℃条件下培养 72 小时，计数菌落来判断（表 4-1）。

表 4-1　空气清洁程度标志

空气清洁程度	菌落数（单位　个）
最清洁空气（用空调装置）	1—2
清洁空气	30 以下
普通空气	31～150
轻度污染空气	300

严重污染空气	301 以上

为使进入库房的空气洁净度高，必须对入库空气采取一些净化措施。一是做好档案馆外的绿化工作。另外，可对库房的地面和墙壁进行涂漆或贴面处理，以提高地面和墙的光洁度，减少灰尘的产生。如果在对库房的地面和墙壁进行处理时使用了防霉涂料，则能起到更好的防范作用。

三、严把入库关

档案消毒后入库。霉菌是无孔不入的，要对接收进馆的档案材料进行全面彻底检查，如发现明显的霉斑或绒毛状的菌丝，要隔离开来，消毒处理后再入库，以防霉菌传染源随着这些材料的入库蔓延。尤其在梅雨季节或档案外借到馆库条件达不到温湿度管理要求的单位较长时间，档案被归还到本馆时，都要进行消毒处理，或者要放在缓存间观察一段时间，如无长霉现象，方可入库。另外，带有霉菌或细菌的衣物、食品等不要带进库。曾经生过霉菌的档案在进库之前一定要对其进行严格的消毒、观察和检测，谨防有害霉菌污染库中其他档案。

四、在高温高湿季节加强检查工作，采取预防措施

在高温高湿季节，档案上非常容易孳生霉菌，一是要加强检查力度，二是要采取预防措施。加强检查力度是指检查频率加大，检查范围加大，检查数量增加，检查要专业化。检查频率要比非高温高湿季节高，具体情况视档案馆的情况而定。检查范围要加大潮湿阴暗处的检查，抽样率适当提高，尤其对曾经生过霉菌的档案应密切观察其是否有再生的情况。部分地下室库房因通风不良，相对湿度大等原因，空气中霉菌菌落数相对较多；材料表面尘埃多，往往带菌多。在高温高湿的季节，应当派从事过有害微生物防治的专人进行库房和档案检查。因为微生物生长初期有一定的隐蔽性，档案载体上开始发粘，逐渐长出菌丝体，从载体发粘到长出肉眼可见的霉斑需要一个过程，如果及时被发现，采取一定的措施，可避免其四处传播。微生物检查的目的是排查隐患，及时去除不利因素，预防霉菌的滋生。

五、药物防霉

防霉剂是抑制档案霉菌生长的各种药物。它主要通过影响档案霉菌的形

态、结构，以及其生理活动和新陈代谢过程来达到抑制档案霉菌大量生长、发育和繁殖的目的。

防霉剂的种类很多，选择档案库房中使用的防霉剂应满足以下要求：一是不影响档案制成材料的耐久性。如对于纸质档案，选用的防霉剂应对纸张的机械强度、纸张的白度、字迹的色差均无不良影响，否则不能使用。二是具有良好的防霉性能。优良的防霉剂，应对不同种类的档案霉菌具有抑菌和杀菌作用；另外，防霉剂还应具有较长的有效期，能在长时间内不易分解、失效。三是副作用小，安全性好。在使用浓度范围内基本不影响人畜健康，不污染环境；防霉剂还应不具有腐蚀性，不会对档案装具、库房等有影响。目前纸质档案所用的防霉剂大多为固体，具有很好的挥发性。

近年来，防霉剂的开发应用发展很快，各种新型的防霉剂不断被合成和筛选出来，并在不同部门推广应用。根据防霉剂的原料类型，目前档案库房使用的防霉剂可分为化学合成防霉剂和天然防霉剂两种类型。

化学合成防霉剂是采用化学药品合成的，如 NMF-1 防霉剂、康达牌 KD 防霉剂、PM 防霉剂、五氯苯酚钠等，对档案防霉具有一定的效果。

NMF-1 防霉剂，又称 α-羟基喹啉，为非酚类杀菌防霉剂，纯品为淡黄色晶体，熔点为 71.5℃～73.5℃，有较强的挥发性，无臭味、低毒，使用安全，对纸张、字迹无不良影响。

康达牌 KD 防霉剂，又称 α—溴代肉桂醛，为淡黄色结晶体，熔点为 71℃～73℃，当蒸汽压低时，在常温下能缓慢挥发，可穿透纸张、聚乙烯薄膜，低毒，使用安全，对档案霉菌有很好的抑制作用，对纸张、字迹无不良影响。

PM 防霉剂，又称二—吡啶基—N-二氧化物异硫尿氢溴酸盐，为浅灰色至奶黄色粉末，略有微酸味，pH 值大于 3，对多种档案霉菌有很好的抑制和杀灭作用，对纸张、字迹无不良影响。

五氯苯酚钠，是由五氯苯酚和氢氧化钠化合而成的白色粉末，易溶于水，对胶片档案的防霉效果非常好。用 1g 五氯苯酚钠加上 0.5g 硼砂和 100mL 水，进行配比后对缩微胶片进行冲洗，不但能够防霉，还可以把胶片上残留的硫代硫酸盐去掉，有利于缩微胶片的长期保存；将胶片放入 0.1%五氯苯酚钠水溶液中浸泡 20s，然后干燥保存，防霉效果也很好；另外，将玻璃纸或牛皮纸浸入 1%五氯苯酚钠水溶液中 15s，用来作为防霉纸包胶片，也能起到较好的防霉效果。而在两张胶片间夹一层防霉纸，不仅有防霉作用，还能防止高温高湿条件下胶片发生粘连。

天然防霉剂是从中草药等天然植物中提炼的药品，是植物性防霉剂。由于环保性能高、毒性低，受到极大地关注。常用的天然植物或中草药有：山苍子、香茅草天然防霉剂利用植物挥发油的抑菌或杀菌活性进行档案防霉，如香叶醇徐放抗霉剂，其主要成分香叶醇是从植物香茅草中提取的一种液体挥发油，通过无机徐放载体收容挥发油并固化成片剂，达到控制挥发速度的目的，可在相对密闭的环境中使用一年。香叶醇徐放抗霉剂能有效抑制杂色曲霉、产黄青霉、黑曲霉、高大毛霉、黄曲霉、腊叶芽枝霉、交链孢霉、黑根霉等档案霉菌的生长，对纸张、字迹和装具无不良影响，而且对人体无害，安全可靠。

具有防霉作用的药品很多，选用任何一种药剂，均应开展各项试验，方可应用。

六、气调法防霉

气调防霉即是调节保管环境的空气组分比例，用氮气或二氧化碳取代环境中的氧气，如在装有珍贵档案的聚氯乙烯塑料薄膜内先抽真空，再充入纯度为99. 9%的氮气，使袋内氧气含量下降至1%以下，密封保存。

大多数档案霉菌属于好氧性微生物，必须在有氧条件下才能正常生长、发育、繁殖。如果绝氧或少氧，则会抑制它们的正常呼吸，从而引起生理紊乱，影响生长发育，长期的绝氧环境还可导致死亡。所以可利用氮气或二氧化碳气体取代部分或全部保管环境中的氧气，阻止档案霉菌的生长。此方法对预防档案霉菌生长有较好的效果，而且对档案纸张和字迹均无不良影响，同时还具有防虫作用。可见，调节保管环境的空气组分比例，将档案进行绝氧或少氧保存，可较好地预防长霉。此种方法适用于带有档案装具的档案处理，或少数珍贵档案的批量处理。

第五节　霉变档案的灭菌措施

档案有害微生物防治以预防为主，预防是前提，是档案馆一项长期的管理措施，尤其在容易滋生霉菌的季节，一定要加强预防工作。档案上一旦生长了霉菌，应及时采取灭菌措施。灭菌措施有很多，要分清情况如长霉载体情况、长霉范围、霉菌种类、长霉的部位等，而采取不同的方法，达到灭菌的作用。

灭菌方式和灭菌剂的种类很多。对不同载体档案等灭菌时，应选择不会对纸张、字迹、胶片等载体造成损害，无残留、无污染的灭菌剂，同时要考虑操作简便可行。

微生物杀灭方法分为物理灭菌法和化学灭菌法两类。

物理灭菌法主要有冷冻真空干燥灭菌、真空充氮灭菌等方法。化学灭菌法主要有酒精灭菌、臭氧灭菌、甲醛灭菌、环氧乙烷灭菌等。

一、物理灭菌法

物理灭菌法是利用物理因子对档案霉菌菌体的作用，使档案霉菌菌体死亡的方法。物理灭菌法常需要借助一定的设备，设置一定的条件，处理一段时间。这类方法是批量集中处理，处理量的大小受到设备的限制，处理过程和处理后一般没有残留和污染，因此对环境、对工作人员健康基本无影响；灭菌效果没有化学灭菌效果明显；操作较为方便，安全。常用于灭菌的物理因子有温度、干燥等，其方法如下：

1. 冷冻真空干燥灭菌

虽然档案霉菌忍受低温的能力很强，但在一定条件下，比如真空、干燥条件，档案霉菌也会死亡。冷冻是将温度逐渐下降到冰点，菌体细胞原生质内的水分就会形成许多小晶体，破坏原生质的胶体状态，并机械地挤压或刺伤菌体细胞，造成菌体破裂死亡。真空条件是一种缺氧环境，可破坏档案霉菌的正常新陈代谢活动。干燥则能使档案霉菌脱水和盐类浓度增高，阻止菌体生长或使其死亡。因此，可将档案放在-20℃以下的环境中，在冷冻真空干燥条件下进行灭菌，其效果较为显著。

2. 真空充氮灭菌

真空充氮灭菌的做法是将要处理的档案放入真空罐中，先抽真空，尽量降低真空罐中氧气的含量，保证真空罐中的氧气含量小于 0. 25%，再充入氮气，保压 72 小时后，再把档案送回库房。其灭菌原理是运用真空充氮方法，使密闭罐中处于真空缺氧状态，在充氮加压的作用下，使档案霉菌因缺氧导致档案霉菌死亡。此方法灭菌效果的好坏取决于设备的真空度。

二、化学灭菌法

化学灭菌法是利用化学药剂来杀灭档案霉菌的方法。对长霉数量不多的档案，可采用脱脂棉球蘸上酒精、甲醛等化学药剂擦拭档案上的霉斑，进行灭菌处理；对批量档案进行灭菌处理时，一是可直接采用气体类杀菌剂渗透到档案中灭菌，二是采用熏蒸剂进行熏蒸灭菌，即在一定的温度和压力条件下使熏蒸剂由固态或液态迅速转变成气态，然后渗透到档案中灭菌，熏蒸剂在其所要求的温度和压力条件下能迅速产生对生物致死的气体，穿透到生物体内，使其死亡，采用熏蒸剂灭菌时需要提供密闭场所或设备，一次处理量较大，而且迅速，现通常使用熏蒸柜。

化学灭菌方法灭菌效果好，不但可以杀灭菌体细胞，还能杀灭芽孢和孢子，尤其对于大范围生霉的档案可采用此方法。但经化学灭菌处理后，要留有一定的解析时间，也即档案纸张在灭菌处理过程中吸附一定量的化学灭菌剂，灭菌处理后，要保证档案纸张内吸附的化学灭菌剂充分释放出来。其二，化学灭菌处理后，尾气要经过处理，避免其排放到空气中，污染空气，危害人体健康。其三，是经过化学灭菌后，档案内部或多或少有一定灭菌剂残留，要定期通风，置换库内空气，同时要监测有害气体的残留量，保证库内空气质量符合规定。

1. 酒精灭菌

用医用脱脂棉球蘸取75%的酒精轻轻擦拭除霉，要注意将酒精棉球适当拧干，使用过的酒精棉球要妥善处理。医用酒精来灭菌既经济实惠，又便于操作。档案上生长霉菌严重的地方要反复多次地擦拭，即能收到明显的效果。但在使用时要注意：一是酒精易燃、易挥发，要注意防火；二是酒精易溶解，能溶解一些墨水等有机物，要尽量避免多次直接擦涂字迹而导致字迹模糊不清；三是不要误用工业酒精，工业酒精中不仅含水量高，而且还含有甲醇和醛等物质。酒精灭菌主要用于数量较少档案的灭菌或档案局部长霉的处理。

2. 臭氧灭菌

臭氧在常温常压下是一种具有刺激性气味的气体，在档案馆可利用熏蒸灭菌柜进行杀灭。

臭氧灭菌基本是一种无污染的灭菌方法。使用时注意，由于臭氧是强氧化剂，浓度过高时对档案纸张纤维素有一定的氧化作用，使用臭氧灭菌后纸张发黄的速度加快。因此，在实际使用时要选择适当的臭氧浓度，在避免档案受到损伤的前提下杀灭档案霉菌。

档案臭氧熏蒸柜是一种用于档案、图书等纸质文件消毒灭菌的专用设备。熏蒸柜利用臭氧发生器产生臭氧，臭氧具有挥发性，利用气体的挥发和渗透作用于档案表面和内部，起到杀灭霉菌的作用。对小批量的档案进行灭菌时，可将其放入使用臭氧发生器做成的消毒柜中进行处理；对大批量的档案灭菌时，可直接将臭氧发生器放置在房间中使用。

表 4-2　臭氧灭菌消毒效果

臭氧浓度	作用时间	病毒、病原体种类	杀灭效率
10mg/m^3	20min	乙型肝炎表面抗原(HbsAg)	99.99%
0.5ppm	5 分钟	甲型流感病毒	99%
0.13mg/L	30 秒	脊髓灰质炎病毒 I 型(PVI)	100%
40μg/L	20 秒	大肠杆菌噬菌体 ms_2	98%
0.25mg/L	1 分钟	猿轮状病毒 SA-H 和人轮状病毒 2 型	99.60%
4mg/L	3 分钟	艾滋病毒(HIV)	100%
8mg/m^3	10 分钟	支原体(Mycoplasma)、衣原体(Chlamydia)等病原体	99.85%

3. 甲醛灭菌

甲醛具有刺激性气味，容易汽化。它的水溶液称为福尔马林，内含 37%~40%的甲醛，而高浓度的甲醛在室温下聚合成固体，主要聚合物是多聚甲醛，无色，加温后迅速变成甲醛。

表 4-3　低温蒸汽甲醛灭菌柜的福尔马林用量表

灭菌柜型号	柜室容积(L)	福尔马林实际用量(mL)	平均用量(mL/L)
GE449	185	90	0.49
GE2606	298	200	0.67
GE2609	415	300	0.72
GE2612	564	400	0.71
GE2617	767	600	0.78

注：福尔马林中甲醛含量为 35%。

灭菌操作程序：

加热柜室→抽负压→蒸发福尔马林→甲醛穿透被处理物品→通入蒸汽调节温、湿度→持续至完成灭菌处理→抽除甲醛→蒸汽冲洗残留甲醛→热空气冲洗干燥物品和恢复柜内正常压力。

80℃时的灭菌周期：预热30分钟，脉动真空处理（物品预热、预湿），伴随饱和的蒸汽10次注入甲醛气体，灭菌温度80℃，灭菌时间10分钟，20次蒸汽脉冲（去除柜室内和物品中残留甲醛），8次空气脉冲，整个过程3小时。

60℃时的灭菌周期：预热30分钟，脉动真空处理（物品预热、预湿），伴随饱和的蒸汽10次注入甲醛气体，灭菌温度60℃，灭菌时间60分钟，60次蒸汽脉冲（去除柜室内和物品中残留甲醛），8次空气脉冲，整个过程5小时。

4. 环氧乙烷灭菌

环氧乙烷（EO）环氧乙烷是易燃易爆的有毒气体，常用于食料、纺织物及其他方法不能消毒的对热不稳定的药品和外科器材等进行气体熏蒸消毒，如皮革、棉制品、化纤织物、精密仪器、生物制品、纸张、书籍、文件、某些药物、橡皮制品等。

熏蒸灭菌时的温度、相对湿度、药剂浓度、真空度、熏蒸时间都会影响杀灭效果。在利用熏蒸柜进行环氧乙烷灭菌时。将档案放入柜室内，关闭柜门，预加热至55℃～60℃，真空熏蒸：10%环氧乙烷和90%二氧化碳混合熏蒸，在87993Pa负压下，熏蒸剂量为500g/m^3，密闭72小时，一般采用熏蒸箱或柜。温度升高增强杀菌作用，对大多数档案消毒而言，常用温度约55℃。环氧乙烷灭菌的最佳温度为54.4 ℃ ，最佳相对湿度为25% ～50% 。在5℃ ～ 54 ℃范围内，温度每增高10 ℃ ，灭菌效果将提高2.7倍。故提高温度，可大大缩短消毒、灭菌时间。温度高或温度湿度变化大不利于档案、图书及纺织品文物的长期保存，一般选择在室温和环境正常湿度的条件下进行灭菌。

经环氧乙烷灭菌的档案，需通风一定时间，使环氧乙烷全部挥发后再使用。通风时，若无专用通风柜，可将档案置通风良好的房间内，其时间长短随灭菌档案的多少及表面积大小等有关。

使用注意事项

纯环氧乙烷应存放在阴凉、通风、无火源、无电开关处。用时轻取轻放，切勿猛裂碰撞。贮存温度应<35℃，以免爆炸。消毒容器不能漏气，物品放置不宜过紧。本晶液体对眼及其他粘膜刺激性强，如有接触立即用水冲洗；其气体具一定毒性，操作场所空气中浓度不应超过1ppm（1.82mg/m^3）。

环氧乙烷易燃、易爆、有毒，利用此方法进行灭菌时，需要专业的设备，专业人才，严格遵守操作规程，防止泄露。灭菌工作完成后，对灭菌后的档案要放置一段时间，留有充分的解析时间，保证残留在档案纸张内部的甲醛尽量释放，以便于进入下一个修复环节。环氧乙烷浓度高时具有易燃性，严禁单独使用环氧乙烷，一定要与二氧化碳混合使用。

当突发性灾害引发档案长霉或档案受潮，生霉面积大、数量多且分布广时，通常使用环氧乙烷与二氧化碳混合气体或甲醛气体来熏蒸处理，可达到较好的灭菌效果。

三、库房及装具的灭菌方法

1. 地面湿式消毒

采用高效低毒的新洁而灭医用消毒剂进行消毒处理，浓度为2%~5%，配制方法和使用方法要严格按照使用说明书。

2. 空气消毒

（1）紫外线消毒灭菌

为了杀灭室内空气中的污染菌，通常使用紫外线消毒灭菌，减少污染。该法适合于空库房消毒，因紫外线对纸张有破坏作用，不能直接用于纸质档案的灭菌。紫外线灭菌灯，是一种能杀灭物体表面微生物的灯具，在《紫外线表面消毒效果评价方法与标准》（GB1591—1995）中规定了灯管的辐射强度，安装时离地面的垂直距离等，在实际应用时应严格按照有关规定操作。紫外线照射消毒效果易受辐射强度、灯管洁净度、环境湿度和照射距离等诸多因素影响。紫外线对流动空气中微生物的杀灭作用较强，空气中相对湿度对紫外线消毒效果有一定影响，相对湿度高于70%，消毒效果明显的降低；温度对紫外线杀菌效果也会产生影响，以常温常湿比较适合紫外线消毒。为了杀灭空气中的浮游微生物，可使用紫外线消毒灭菌，减少污染。因紫外线对档案有破坏作用，不能直接用于档案灭菌，档案修复工作结束后定期进行空气消毒。

（2）空气净化 选用具有高压静电吸附除菌净化器和具有相同原理的空气净化器（适用于库房等处空气的除尘、除菌）。

针对装满档案库房的空气消毒可采用空气过滤除菌方法。应用于空气过滤除菌的滤材都具有复层的网状微孔结构，材料性能、网状纤维的粗细、层次多少及微孔大小等，是影响过滤效果的直接因素。另外温度、相对湿度等对过滤效果也有重要的影响。据资料报道，由预过滤器、复合过滤器、活性碳膜、静电场及负离子发生器等组成的空气洁净器，在20℃，相对湿度60%的条件下，作用30分钟，对空气中金黄色葡萄球菌和枯草杆菌黑色变种芽孢的消除率分别为99.99%与99.93%。

档案馆可在空调进风口处安装空气净化装置，一方面减少颗粒物、污染物的进入，另一方面可以减少有害微生物的入侵。为保持除菌效果，应定期进行过滤器上微生物的清除或更换过滤器。据调查，某档案馆安装有净化器，能去除95%的尘埃，结合室内定期除尘，空气质量良好。

随着各档案馆空调系统的广泛应用，安装空调的环境密封性较高，空调系统容易滋生各种微生物，因此，必须重视空调系统的消毒，采取安全环保、便于维护的消毒方法。

3. 档案装具消毒灭菌

档案库房或陈列室用的橱柜、箱子或家具等，一旦发现有霉菌感染，可采用2% ~3% 甲醛溶液擦洗，彻底消毒。也可用具有杀菌谱广、快速、高效的过氧乙酸来消毒灭菌。如用20% 过氧乙酸在室温下自然挥发熏蒸，或用3 % ~ 5% 的过氧乙酸加热熏蒸，或用0.04%过氧乙酸溶液反复擦洗，然后用清水冲洗后晾干，均可获得满意效果。

第五章　档案害虫防治

档案害虫是指能够在档案库房内完成其生活史或生活史的一个阶段，并对档案馆的馆藏品、装具及建筑本身造成一定的危害的昆虫。害虫对纸张档案的损坏主要是使档案孔洞丛生、残缺不全，重者成为纸屑，失去利用和保存的价值。害虫对纸质档案的危害是触目惊心的。害虫的发生一般规律是南方虫种多，密度大，北方虫种少，密度小；馆库条件好，管理水平高的档案馆(室)，害虫发生的可能性小，反之，则大。

第一节　档案害虫的种类

档案害虫的分布受气候条件、地理条件的影响较大。我国东北、西北、华北各省因干旱少雨，一年四季低气温时间长，特别是常年相对湿度小，因而这些地区的虫种少，虫口密度也小，广泛分布的害虫多数为抗逆性较强的皮蠹科(如花斑皮蠹）和分布广、适应性强的毛衣鱼等。中南、华东和西南诸省为热带和亚热带地区，常年平均气温高、湿度大，因而害虫种类多（南方害虫种类较北方多约一倍)，虫口密度大，害虫发生可能性大。

目前记载的档案害虫有54种，普遍发生，其危害非常严重主要有：档案窃蠹、烟草甲、毛衣鱼、药材甲、黑胸散白蚁。

一、档案窃蠹

档案窃蠹又名书窃蠹。分布在四川、云南、浙江、贵州、福建、湖北、广东、广西。该虫能消化纤维素，破坏档案、图书、胶合板、纤维板、纸箱，尤其以毛边纸为甚。受害物表面布满芝麻大的虫孔，内部虫道密布，充满粪便、木屑、纸屑。

窃蠹产卵于档案图书皱折、装订线等处，卵孵化所得的幼虫会钻入档案内部危害，可穿透整卷档案或整册图书。虫道为条状，宽为2mm，见图5.1。

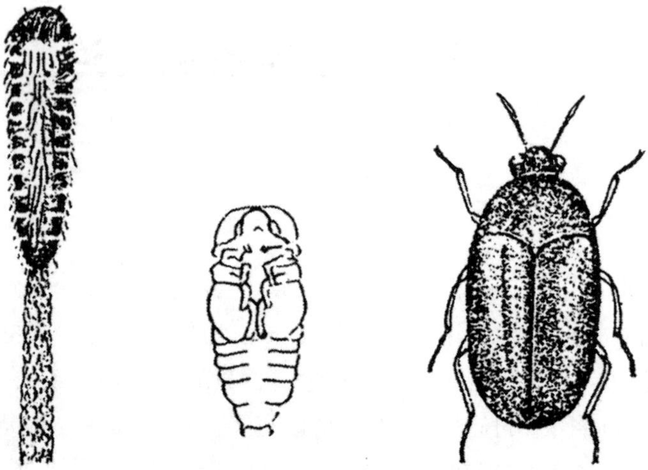

图5.1 档案窃蠹

二、烟草甲

分布于福建、广东、广西、云南、四川、浙江、江西、贵州、湖南、安徽、山东、吉林、河北、北京、台湾等地。其主要危害粮食及其制品以及烟草、药材、档案、图书。见图5.2

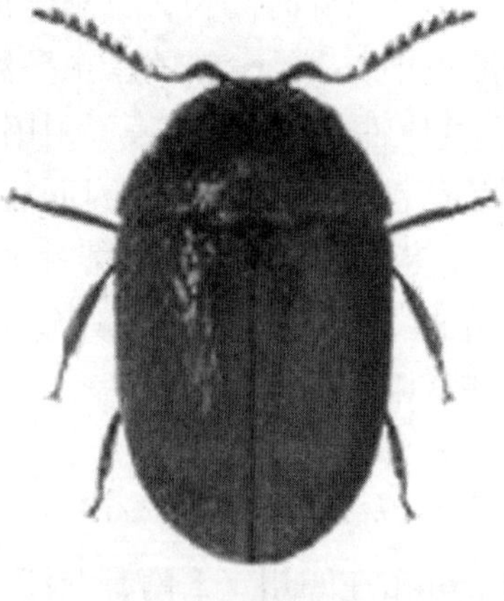

图5.2 烟草甲

幼虫喜黑暗潮湿，抗饥力强，喜食纤维素、淀粉、烟草类食物，能够钻进档案图书卷册内部蛀蚀。老熟幼虫以分泌物作白色坚茧，并在其中化蛹。幼虫发育最适温度为32.5℃，相对湿度70%~75%。

三、毛衣鱼

毛衣鱼分布最广，属全国性的档案害虫，南到海南三亚，北到黑龙江多有分布，是档案中的主要害虫，喜食淀粉、浆糊、衣物、照片、纸张等，见图5.3。

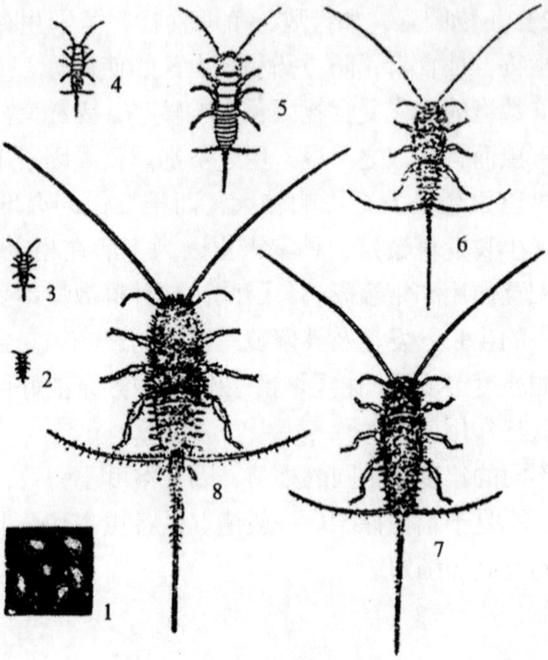

图5.3　毛衣鱼

档案害虫从卵到成虫，要经过外部形态、内部结构以及生活习性上的一系列变化，这种变化称为变态。档案害虫有完全变态和不完全变态两种。

完全变态是指档案害虫的发育要经过卵、幼虫、蛹和成虫四个虫态。幼虫从卵中孵化出来后，其生活习性和身体构造与成虫完全不同。档案害虫大多是完全变态昆虫，如：档案窃蠹、烟草甲、黑毛皮蠹。

不完全变态是指档案害虫的幼虫从卵里孵化出来后，身体的形态、结构和生活习性与成虫大体相似，只是经过蜕皮后逐渐长大。翅由小翅芽发育成大翅，生殖器官也由不成熟发育到成熟，中间没有显著的变化。不完全变态的昆虫的发育经过卵、若虫和成虫三个阶段。从卵孵化出来后到成虫期的虫态叫若虫。档案害虫中的蜚蠊、衣鱼均属不完全变态。

第二节 环境条件对档案害虫生长发育的影响

档案害虫的发生和发展，存在着对环境条件的依赖，受环境条件的制约。害虫生长发育受两方面的因素的影响：（1）物理因素，通常为气候条件，比如温度、湿度（2）生物因素，如天敌、争取食物，争取生存空间，争取适宜的庇护场所，寄生物，捕食者，防虫药和杀虫药的使用等。

档案害虫种群数量的变化受食物因子影响较小，因档案部门中害虫的食物是固定的，对于害虫而言，取之不尽，用之不竭。气候因子中主要是温度和湿度，温度、湿度对害虫生长发育影响较大，而档案馆的温度、湿度相对较恒定，非常有利于其生长发育繁殖。档案害虫因为生活在档案馆，相对较封闭，几乎没有天敌的相互作用和相互影响，因此，其种群数量不受天敌的影响。杀虫剂会对档案害虫的生长、发育及其繁殖有很大的影响，它会降低档案害虫的数量，环境条件如温度湿度又间接影响杀虫剂杀虫效果的好坏，可以发挥促进作用，也可以降低其作用。

不同地区、不同的年度、不同的季节，因温湿度不一致，其生长、发育进度或提前或推迟，不是千篇一律的。一般情况是各虫态和全世代的发育历期和发育速度随温度的升高而缩短。

一、温度

适宜温度是档案害虫正常生长发育所必须的条件之一，温度的变化可以加速或抑制代谢过程，也可以使代谢过程完全停止。由于档案害虫的种类不同，对温度的适应也有差异。每一种档案害虫都有一定的适温范围。根据温度对昆虫的影响，可以将温度分为五个温区。

（一）致死高温区

在致死高温区内，档案害虫经短期兴奋后即行死亡。高温可引起害虫发育的停滞，体重减轻，引起大量死亡。此温区的范围为45℃～60℃。

（二）亚致死高温区

在该温区内，不适宜的高温使昆虫体内的代谢失去平衡，如果高温长期延续下去，也可造成热昏迷或者死亡；如果短期内温度恢复到适宜范围，昆虫仍然可恢复正常的生活状态。昆虫是否死亡决定于高温的强度及持续的时间。该温区一般在40℃~45℃。

（三）适温区

适温区又称“有效温度范围”。在该温区内，昆虫的生命活动可正常进行，随着温度的升降，害虫的发育速度会改变，但也因虫种而异。总的来说，不同虫期的害虫在有效温区内，温度越高，发育速度越快。该温区一般在8℃~40℃。

（四）亚致死低温区

在该温区内，昆虫体内代谢速率急剧下降，处于冷昏迷状态，或体液开始结冰。如果短时期内温度上升到适宜温区，昆虫仍可恢复活动；但低温持续时间过长，则有致死的作用。此温区的温度范围为-10℃~8℃。

（五）致死低温区

在该温区内昆虫因体液结冻和结晶、原生质遭受机械损伤、脱水和生理结构的破坏而失去新陈代谢的能力，或因虫体生理失调，有毒物质积累而死亡，这些现象达到一定程度时，将使组织或细胞产生不能复原反对变化，使虫体死亡。此温区的范围为-40℃~-10℃。利用低温可以杀灭档案害虫。

温度对档案害虫的影响范围，因虫种、虫态、生理状况、时间、地点不同而有差异。一般来说，害虫忍受高温的能力小于忍受低温的能力。

二、湿度

档案害虫体内含水量约占50%左右，有的可达90%。水是生物体生命活动的基础，一切生物的新陈代谢只有在水作为介质的情况下才能正常进行。昆虫体内营养物质的循环，代谢产物的输送，废物的排除，激素的传递，体温的调节等生命活动都是在溶液状态下实现的。一定的水分，对昆虫的生长发育乃至数量的变化起着重要的作用；水分的不足或者无水，会导致昆虫正常生理活动的降低、中止，甚至死亡。

档案害虫对湿度有一定的要求范围，有适宜湿度范围、不适宜湿度范围、致死干燥度、致死过湿度等。档案害虫对外界湿度的选择和要求取决于虫体含水量的多少和温度的高低。

温度与湿度对档案害虫生长发育的影响是相互联系互为因果。一般档案害虫生长发育过程中，要求相对湿度在70%~90%，食物含水量在12%以上。在干燥或无水条件下，昆虫发育慢或休眠或在短期内死亡。如白蚁在无水而其他条件都具备的情况下，7天全部死亡。湿度对生殖也有很大的影响，如烟草甲，在30℃时，相对湿度在40%～60%时，孵化率为50%，相对湿度在70%以上时，孵化率可达90%。

适宜湿度因虫而异，即使对同一种昆虫，各个虫态和龄期的适宜湿度也不一致。

三、食物

食物也是重要的生态因素之一。档案害虫和其他动物一样，必须利用植物或动物或其他物质，取得生命活动过程中所需要的能量，正常地生长发育和繁殖。

档案害虫一般广食性杂食性昆虫。从纸张到木材以及储藏室内各种以动植物为原料的加工品，均可作为档案害虫的食物。其中档案纸张、浆糊、装订线、档案皮卷、卷合、木质装具是其主要食物，其次是动植物标本、淀粉类、丝质品、棉麻制品、皮毛及其制品等。有的害虫还会蛀蚀塑料、有机玻璃等。害虫对不同档案制成材料危害程度不同。比如马粪纸档案，曾经使用淀粉浆糊修复过的档案易生害虫，一旦长虫，破损较为严重。不同种群的档案害虫，喜食的食物也不同，档案窃蠹、烟草甲喜食纸质档案；白蚁、褐粉蠹喜食木材。

四、光

光不仅在性质和强度上影响着昆虫的生命活动，而且是影响昆虫活动和行为的重要因素，对昆虫有信号作用。光可以直接影响档案害虫的生长、发育、生殖、行为及活动、取食、扩散、迁飞等，调节档案害虫的生活周期。如光强度的变化主要是影响昆虫的昼夜节律，交尾产卵，取食和栖息等，并能影响昆虫的体色、聚集行为。光周期的变化影响着昆虫的滞育。昆虫的滞育是指昆虫表现为深刻的有节律的生长、发育的停滞，代谢水平大大降低，相对的不活动，并常潜伏在特定的环境中。

多数档案害虫的幼虫表现为负趋光性，即趋暗畏光，常栖息在阴暗角落或缝隙中，只有少数成虫表现为正趋光性。档案库房的照度一般较低，有利于档案害虫的生长发育和繁殖。

五、空气

档案害虫在进行生命活动时要呼吸作用，从空气中吸入氧气，氧化体内的有机物质，获得能量，同时排出二氧化碳。因此，环境中氧气、二氧化碳的浓度变化，直接影响害虫的呼吸作用。档案害虫必须生活在一定的氧气环境中，氧气含量降低到一定程度时，昆虫会出现非正常的呼吸运动，这对杀灭害虫有一定的启示。

六、人为因素

人对档案的科学管理是不可忽视的控制害虫生长的重要因素。人可以改变环境，从而改变了害虫的居住环境和食物条件，使库内环境适合档案长久保存而不利于害虫的生存。如搞好库内外清洁卫生；破坏害虫的滋生条件；控制温湿度；使用药物防虫等等，来达到抑制害虫发生的目的。

上述 6 个因素有时是单独作用，有时是相互作用的。如害虫的滞育主要是由光周期变化而引起的，但也受温度、湿度、食物等其他因素的影响。高温或低温便会引起休眠或滞育；温度的变化常与日照的变化相一致；大多数害虫在干旱来临之际进入滞育阶段，到雨季才解除滞育。

第三节　档案害虫的危害

档案害虫严重危害档案图书，轻则呈孔洞，重则千疮百孔，污迹斑斑，缺边少角，残缺不全，更有甚者将整箱档案变为虫巢 。档案害虫的危害主要表现在以下几个方面：

一、取食档案

纸质档案、纸质档案用品、裱糊用的淀粉浆糊是档案害虫的良好食物。不同的档案害虫对食物各有选择，档案窃蠹将卵产在粗糙而松软的纸张里，卵孵化后就地蛀食；毛衣鱼喜啃食带有淀粉浆糊的书籍和裱糊过的档案；白蚁、褐粉蠹喜食木质结构的档案装具用品。

二、蛀损档案

有些害虫虽然不取食档案，但是它可以在档案中产卵，在档案中孵化后，幼虫在从档案中出来的过程中，咬损档案，如图 5. 4。

三、污染档案

害虫在取食危害档案的过程中，将携带的赃物、排泄物粘附在档案上，污染档案，覆盖字迹，严重影响利用。如白蚁将排泄物随时粘附在档案上，蜚蠊能带多种致病菌和赃物，污染档案，给档案工作者带来威胁。

图 5.4　档案受虫蛀状

档案害虫对档案的危害是触目惊心的。南方某些省因地理环境因素，较易发生虫害，各级档案部门都将防虫和杀虫作为一项重要的工作，常抓不懈 。大部分档案害虫对档案的破坏作用是毁灭性的，它既破坏纸张、又影响字迹的阅读，经害虫蛀蚀后，档案很难进行修复。害虫的破坏作用有一量变过程。首先害虫将纸张蛀成直径不等的圆形孔洞，随时间的延长，食量增加，蛀孔逐渐加深，甚至蛀破整卷档案，更有甚者将整箱档案变为虫巢。如：花斑皮蠹对档案的侵蚀是从边缘向里进行的，使档案呈现不规则状缺损，或由表及里层层蛀蚀。

第四节　档案害虫的预防

我国很多地区气候环境条件非常适合仓库害虫的生长繁殖。档案库房害虫防治的基本要求：其一，坚持“以防为主，防治结合”的防治思想，统筹兼顾，组织协调，系统防治，将多种防治技术统一起来，进行一体化防治。其二，前端控制，预防为主，创造不利于害虫生存的生态环境，破坏害虫发生、生长、繁殖的途径。其三，防治技术和材料尽量选用绿色和无公害，具备环境与生态友好性，对人、畜以及其它生物无毒害作用，易于进行分解和再循环利用。其四，所选用的技术和材料对档案基本无损坏。

档案害虫的发生是有条件的，人们对档案害虫的预防就是要控制害虫的发生条件，从而限制和消除害虫对档案的危害。在我国历史上，劳动人民不仅创造了灿烂的文化，而且在文化遗产的保护方法上也有着优良的传统，积累了丰富的经验。晋代为防止害虫蛀食，采用染黄纸印制公文及图书；宋代采用椒纸防虫；明清时期在广东采用万年红纸作书籍、卷宗的副页、衬页，防虫效果很好。现代，随着科学技术的发展，对害虫的防治技术有了很大的提高，综合防治措施起到了明显的效果。预防害虫的发生就是要创造由一系列不利害虫生长因子，恶化档案害虫的生活条件，从而抑制乃至消除害虫对档案的危害。

档案害虫在档案库房中有较为丰富的食物来源，比如档案中有淀粉、大量的植物纤维，有时还有蛋白质之类的物质；库房中的小气候比外界相对稳定，特别是隐藏在档案中，温湿度变化较小，各种剧烈气候变化对档案害虫的直接影响不大；档案害虫在档案馆库房内几乎无天敌。以上这几个条件都有利于档案害虫的生长、发育与繁殖。

一、调控库房温度和湿度，抑制档案害虫的生长

档案害虫是变温动物，喜温畏寒、喜湿畏干。依据昆虫生态学原理和实践工作中的经验，档案库房的温度常年控制在20℃以下，湿度不超过60%，只要库房中从未发现过虫害，一般可以有效地阻止害虫的发生，但如果库房中已发现害虫，那么将温度、湿度控制在此范围内，也会抑制害虫生长、发育和繁殖。

（一）控制温度

温度与档案害虫的生长、发育、繁殖的关系极为密切。害虫的正常代谢需要在一定的温度下才能正常进行，温度的变化 可以促进或抑制其代谢过程，也可以使代谢完全停止，使其死亡。根据这一生理特点，将库内温度控制在不适宜害虫生长发育的范围，就会有效地减少或防止害虫的发生。

据研究，不同的温度对档案害虫的活力有明显的影响。如温度对档案窃蠹发育的影响，见表5-1。

表 5-1 温度对档案窃蠹的影响

温度(℃)	产卵量(粒)	卵期(日)	幼虫期(日)	化蛹率(%)
18	15.8±7.7	32.5	346.9	11.1
20	16.2±7.6	28.6	335.9	27.4
22	21.3±10.8	23.6	282.4	23.7
25	26.9±7.4	14.5	250.3	21.4
30	26.2±9.5	11.9	211.2	8.8

从以上看出，温度低于 18℃或高于 30℃不利于档案窃蠹的繁殖，生命周期也相应延长。

（二）控制湿度

水分是档案害虫生长发育不可缺少的条件。档案害虫所需要的水分主要来源于食物（档案）、空气中的水分和代谢水。而食物的含水量一般来自于空气的湿度，在一定温度下，空气湿度越大，档案含水量就越多，害虫可吸收的水分也越多。研究和实践表明，湿度对害虫的生长发育和繁殖有很大的影响。

一般档案害虫生长发育过程中，最适宜的生长相对湿度在 70%~90%，食物含水量在 12%。在干燥或无水条件下，昆虫发育慢或在短期内死亡。如白蚁在无水而其他条件都具备的情况下，7 天全部死亡。湿度对生殖也有很大的影响，如烟草甲，在 30℃ 时，相对湿度在 40%~60%时，孵化率为 50%，相对湿度在 70%以上时，孵化率可达 90%。表 5-2 是相对湿度与档案窃蠹卵孵化率关系。

表 5-2 相对湿度对档案窃蠹卵孵化的影响

相对湿度(%)	36	55	59	67	79.5	88.5
卵的孵化率(%)	0	31.1	73.2	82.2	83.9	89

档案窃蠹在湿度为 36%时，卵不会正常发育。相对湿度对档案窃蠹孵化率的影响一般是相对湿度越高，卵的孵化率就越大。

适宜湿度因虫而异，即使对同一种昆虫来说，各个虫态和龄期的适宜湿度也不一致。

温度和湿度常常是共同作用于害虫的生长、发育和繁殖。烟草甲的幼虫在温度为 32. 5℃、相对湿度为 70%的情况下，发育最快，死亡率最低，当温度降到17.5℃时，即使湿度适宜，幼虫也不能完成发育；当温度30℃时，即使相对湿度低于50%，幼虫死亡率较低。成虫在温度低于20℃时停止产卵，在37.5℃时产卵极少，且不孵化，22.5℃~35℃时产卵最多，可达100粒以上，这说明在一定情况下温度比湿度对害虫生长、发育、繁殖影响更大。

按照库房温度、湿度标准来控制与调节温度、湿度，就能在一定程度上避开档案害虫最适宜的生长条件，使档案害虫生长发育处于抑制状态，从而减少害虫大面积产生的可能性，减少害虫对档案的危害。通过控制温度来达到防虫的目的，不同于高、低温杀虫。高、低温杀虫是使害虫在一定温度下当即或数天死亡，因此，温度要控制在害虫致死高、低温范围，而控制温度防治害虫仅起抑制害虫生长繁殖的目的，通过温度和湿度来杀虫或防虫时应考虑的是对档案制成材料寿命基本无影响，比如高温杀虫效果很好，但对档案纸张耐久性有影响，因此，不能选择长期高温处理。

二、防止外界害虫传入档案库房

由于档案来源于社会各个阶层，各档案馆的保护条件和保护措施又千差万别，所以，档案遭受虫害的可能性不一样。档案害虫及其卵、蛹都很小，一般藏匿在档案缝隙或装订线处，不容易观察，随着档案流通，条件适宜，卵会孵化出幼虫，蛹羽化成虫，会由点到面逐渐蔓延造成危害，因此，档案入库前的检疫和杀虫是防治害虫发生的有效措施。

为了保护已入馆档案不受害虫感染，档案入馆前必须进行严格的检疫工作。检查档案疫情要注意以下几个问题：第一，抽查要注意覆盖面，一般采取随机抽样的调查方法，对于保护条件差的库房或曾经发生过虫害的库房要认真检查，检查量要适当加大；第二，要检查易生虫的部位；第三，要注意发生虫害的各种迹象，如是否有虫皮或虫粪等，依此确认是否有虫害，如发现害虫迹象，必须隔离杀虫，以防扩散。只有在经检疫无虫之后，档案才能入馆。

在预防虫害的实际工作中，有部分档案馆采取冷冻的方法。即是将即将入库的档案全部放入冷库中进行冷冻处理，经一段时间处理后，保证无各种害虫在档案中存在再入库，这一作法从入库关上进行预防，起到了较好的效果。

库房是保存档案图书的重要场所，门窗、地基、墙壁等处是害虫传播的重要渠道。门窗的密闭性能如何，直接关系到害虫的传播。如果门窗关闭不严，留有孔洞或纱窗孔隙过大，一些害虫就会从窗户爬进或飞进库房。因此，门窗要结构紧凑、关闭严密，纱窗要用密纹纱窗。大门内要设置缓冲门，通风口要安装过滤网。库房大门可安装气幕装置。档案库房地基要采用钢筋水泥或石质结构，这种地基结构既可防虫又可防鼠，砖木结构容易藏匿各种害虫，尤其是白蚁可在地基下打洞、筑巢。地板、墙面、屋顶等处不能有孔、洞、缝隙，一旦发现，应及时修补、阻断、破坏害虫进入库房的渠道和栖息场所。

三、对档案进行定期检查

档案定期检查的目的：一是为了及时发现虫害，处理疫情，防止蔓延；二是通过检查，破坏害虫的生态环境，使其适宜的环境遭到破坏。档案入库后，除了整理、编目、提供利用外，通常处于静止状态，很容易孳生虫卵，如果外界环境一旦适合害虫的生长，就会迅速蔓延。检查的过程也是翻动档案的过程，它能够破坏档案害虫安定的生态环境，如加之清扫可以驱除已有害虫的虫卵；对于刚出现虫情，危害较小且害虫密度不大的档案，也有一定的防治作用。

检查时，第一、要注意档案架、柜的搁板上和案卷中有没有档案害虫粪便，这是发生档案害虫的重要标志。幼虫自出卵壳就能取食，即开始破坏档案，同时排出粪便，由于植物纤维不易消化，害虫需要大量取食才能满足营养需求，因此，档案害虫（如烟草甲）的虫道里充满粪便，把案卷轻轻推起，在档案架柜的搁板上往往也能看到，这样就留下了虫害的一个重要标志。第二：要看虫皮，档案害虫发育要脱皮，烟草甲一般五、六次，毛衣鱼十二次，有些虫皮残留在档案中，又一标志；第三，要看虫道，一般在虫道里能发现害虫的幼虫。

如果发现了档案害虫的粪便、虫皮或虫道，但没有发现卵、幼虫、蛹或成虫，或只有死的成虫，对于这样的档案要提高警惕。最好将这部分档案隔离观察一时间，确认无虫后方可入库，如有虫则必须进行消毒杀虫处理。

对于档案数量较大、易发生虫害的单位，必须有计划、有重点分期、分批进行检查，定期检查的周期依据实际情况而定。在害虫易发生的季节检查的频率高些，扩大检查范围，反之可低些，对于较易生虫的档案要重点关注，经常查看。

四、药物防虫

我国历史上早有关于药物防虫的记载，有些方法或经验至今在部分档案馆仍使用。自古以来我国各地使用过的驱虫剂有十余种，主要有香草、樟脑、山苍子油、黄蘖、花椒、桔皮、冰片等。

药物防虫有其使用的范围和后续影响，使用时应注意。防虫剂只能防虫，不能杀虫；防虫剂在库内大量使用，对档案工作人员的身体健康有一定的副作用。每种防虫剂并不是对所有的害虫都能预防，有的具有选择性如：香草对烟草甲、档案窃蠹等钻蛀性害虫的驱避作用就差。

（一）防蠹纸

防蠹纸是一类具有驱虫功效的纸。可以直接书写文件，也可作衬页使用。通常是用以驱虫成分的植物汁液浸渍纸张后晾干，或在纸上涂上一层有驱虫作用的药物。如把花椒的汁掺入纸中，能发出经久不散的强烈气味，对蛀虫有驱避作用。花椒有白鲜碱、菌芋碱、小蘖碱等生物碱，虫食入后会中毒死亡。

黄柏纸是用黄柏汁（黄蘖汁）制取的防蠹纸。黄柏是一种芸香科落叶乔木，干皮呈黄色，味苦，气味微香，产于辽宁、吉林、黑龙江、内蒙古、四川、云南、贵州等省区。黄柏含有小柏碱、棕榈碱、黄柏酮、黄柏内酯，具有防虫杀虫的功效。

狼毒草纸。瑞香狼毒为有毒药用植物。主要分布于我国的东北、华北和西北等草原地区。传统中医以其干燥根入药，也可作为造纸原料，由狼毒草造出的纸有抗虫抗蚀功能，保存时间久。部分藏经用纸是用狼毒草生产的，几乎无生虫的现象。一方面归究于西藏得天独厚的地理环境——全年低温、气候干燥，另一方面是狼毒草具有很好的防虫效果。

铅丹防蠹纸，古称万年红纸。是把鲜红色、粉末状的铅丹研细，加入少量的添加剂和适量粘胶物质，用水调均后，均匀涂刷在毛边纸或连史纸上，晾干即成。铅丹（Pb_3O_4）毒性极强，现已不提倡使用。

（二）樟脑

樟脑是由樟树的枝叶提取的，樟脑为双环帖酮类物质，是白色结晶体，由于沸点和熔点很接近，因此，极易升华。难溶于水，易溶于有机溶剂，化学性质稳定，可用于防虫驱虫。樟脑的挥发成分，可被人体粘膜、皮肤和皮下组织吸收，并与葡萄糖醛酸结合，从尿中排出。接触时间过长，对眼、鼻、气管有一定的副作用，美国规定，空气中樟脑气体的允许浓度为 $12mg/m^3$，为此，使用时不能过量。在实际工作中可以利用天然樟木生产的樟木柜、樟木箱或樟木搁板保存珍贵档案，能明显起到防虫的作用。

（三）中草药防虫

除了对书写材料进行渍染处理外，自古至今，使用带有香味的中草药防治害虫成了一种普遍的方法。贾思勰在他的文中曾指出，在存放档案典籍的柜架里放置有气味的中草药，可以起到防治蠹虫蛀蚀档案的目的。

芸香辟蠹是我国古代劳动人民在长期的实践中发明的一种应用中药杀虫的有效方法。该方法在三国时已出现，宋代已普遍用于图书保护，明代著名的范氏天一阁藏书就使用芸香避蠹。芸香草亦称芸香，为多年生草本植物，产于我国西部，不仅有特殊的香气，还可以入药，嚼之有辛辣味并有麻凉感觉。

因为古人常在书籍中放芸香草驱虫，所以与“芸”字有关的词多与书籍有关。如“芸编”指书籍，“芸帐”指书卷，“芸阁”指藏书之阁，“芸署”指藏书之室，“芸香吏”则指校书之郎。宋沈括《梦溪笔谈》：“古人藏书辟蠹用芸。芸，香草也，今人谓之七里香者是也。叶类豌豆，作小丛生，其叶极芬香，秋间，叶间微白如粉污，辟蠹殊验。南人采置席下能去蚤、虱。”清末叶德辉《藏书十约》：“橱内多放香烈杀虫之药物。”《春草堂集》中也曾指出：“范氏天一阁藏书甚富，内多世所罕见者，并藏芸香草一本，（芸香即灵香）色淡绿而不枯，300 年来，不生蠹，草之功也。”在保存珍贵图书时，作为天然植物的灵香草，有很好防虫的效果。

灵香草又名陵香、广零陵草、熏衣草、驱蛔草，是报春花科多年生草本植物。广泛分布于广东、广西、云南和贵州等省。该草含挥发油，具有特殊浓郁香气，味苦，有强烈的刺激性，驱虫效果好。长期以来，当地人们把它用作熏衣服的香料，防止衣物的蛀蚀，东南亚一些国家也有将灵香草用于防蛀、防腐的传统习惯。灵香草避蠹，有三种方法。一是将灵香草叶直接夹于档案、图书页内避蠹；二是将香草整株装入纱布袋内放入箱柜内避蠹。三是将灵香草的主要成分或部分成分入药，配合其它杀虫药，合成出一种新药，共同达到驱虫和杀虫的作用。第一种方法已不多用，因为香草为草本植物，属纤维素类物质，具有害虫生长发育所需的营养物质，在采制和保管中很可能感染其它害虫，正如烟草一样，它本身有防虫的作用，但同时又易感染烟草甲。所以如单独使用灵香草前要用纱布包好，防止其它害虫的侵染。

据记载，全世界约有 1000 多种植物对昆虫具有或多或少的毒性。除上述几种植物外，在档案、图书中普遍使用的还有花椒、鱼藤、除虫菊、厚果血藤、巴豆、闹羊花、雷公藤、皂角、苦楝、樟脑等。例如，在存放典籍的柜橱里放置“麝香、木瓜”，就能令蠹虫不生。从长期防治害虫的方面考虑，天然植物防治有其独特的优势，其对环境、对人体健康危害小，残留少，开发这类天然植物，用于档案、图书防虫具有广阔的前景。

五、清洁卫生防虫

清洁卫生防虫就是根据档案图书害虫的生活习性，清除害虫的滋生条件，而达到防虫目的的一种方法。清洁卫生防虫在害虫的防治方面占有非常重要的位置，它具有简便易行、无毒、无损等优点。

档案害虫一般都具有喜温、喜湿、喜脏、喜阴暗等习性，破坏这些生态环境就会防止害虫的生长发育，繁殖蔓延。相反若长期处于不清洁的状态就会给害虫创造稳定的生态环境，会促使害虫的生长。因此，除搞好日常的库内外卫生以外，还要坚持定期彻底清扫，做到库内无杂物和其他废弃物，具体措施有以下几点：

第一，清除库房周围的杂草、垃圾、下水沟内杂物以及库内外墙壁上鸟窝、蜘蛛网等，要经常保持四壁、天花板、地面和柜架清洁，无洞穴、缝隙，对库内阴暗角落，应注意经常进行清扫；

第二，建立、健全库内外清洁卫生制度，并认真贯彻执行。不清洁以及受害虫感染的档案资料、衣物不得入库，库房内不堆放杂物；不将食物带进库内；严格出入库房制度，工作人员进入库房要穿工作服和拖鞋；档案库房应安装纱门、纱窗等等。

第三，进入库内的装具用品要进行杀虫处理；

第五，库房应安装纱窗、纱门、门窗应严密，以防害虫飞入；

第六，在库房周围最好铺设 2m~3m 宽的水泥和沥青地面，在水泥或沥青地面外围可种植一些具有净化空气的树木和草坪。

完全靠一种方法虽能在一定程度上起到预防害虫的效果，但要依靠上述 5 种方法综合预防，会达到理想的效果，尤其是在温度、湿度的控制上，若能加强管理，破坏害虫的生态环境，则会起到积极的效果。

第五节　档案害虫的杀灭

要采取积极有效的预防措施，才能杜绝档案害虫的感染和危害，那么一旦预防措施疏忽或遇到特殊情况而感染了害虫，就要尽早采取措施杀灭害虫。目前，库房害虫的杀灭方法分为物理杀虫法和化学杀虫法两类。物理杀虫法是指用物理方法破坏害虫的生理机能，以达到防治害虫目的的技术方法，主要有低温冷冻、真空充氮、置换充氮、微波杀虫等。化学杀虫法是指用化学熏蒸剂在熏蒸箱、熏蒸室、真空熏蒸机中进行杀虫的技术方法，常用的熏蒸剂主要有硫酰氟、磷化铝、环氧乙烷等。

一、化学杀虫法

（一）化学杀虫的特点及种类

1. 化学杀虫特点

化学杀虫法是当前杀灭档案害虫的一种主要方法。特别是那些符合档案保护要求的熏蒸杀虫剂是杀灭害虫不可缺少的。化学杀虫法是使用化学药剂引起害虫生理机能严重障碍以致死亡的方法。该法处理量大，既可杀虫又可预防，同时化学杀虫速度快，作用时间短，杀虫彻底，方法灵活，用药量可随环境条件、虫种、虫态增加或减少。化学杀虫的缺点是会造成环境的污染，有残留，操作有风险，危害人畜健康。

2. 化学杀虫剂的种类

随着科学技术的发展，用于化学防治的药剂越来越多，它的分类方法很多。按药剂的化学性质分，有无机杀虫剂、有机杀虫剂和植物杀虫剂。无机杀虫剂是采用无机物质制成的杀虫剂，如：砷素剂、硫黄等；有机杀虫剂是采用有机物制成的杀虫剂，如：溴甲烷、环氧乙烷、溴氰菊酯等；植物杀虫剂是采用植物本身或从植物中提炼出来的成分作为原料制成的杀虫剂如除虫菊酯、烟碱等。

按杀虫剂毒力作用来分，分为原生质毒剂、神经毒剂、呼吸毒剂、生殖毒剂等等。原生质毒剂是造成蛋白质沉淀或变化的化合物；神经毒剂是影响神经传导或使其阻断的化合物；呼吸毒剂是阻断或抑制呼吸作用的化合物；生殖毒剂是造成不育、不产卵或卵不孵化的化合物。

考虑到档案在库房存放的特点，应选择合适的杀虫剂。从药剂进入虫体的途径来分类，杀虫剂分为胃毒剂、触杀剂、熏蒸剂。胃毒剂的作用是药物随食物进入害虫的消化道内，发生毒效。如：砷素剂、氟素剂；触杀剂的作用是通过害虫的体壁特别是附节进入虫体，影响害虫正常的神经传导，使其中毒死亡。如：敌敌畏；熏蒸剂的作用是利用易挥发的药剂的蒸汽，通过害虫的呼吸系统或由体壁的膜质进入虫体，使害虫死亡。由于档案成卷成叠存放，档案害虫栖息在缝隙、装订线等隐蔽处，不容易接触到胃毒剂和触杀剂；此外，胃毒剂和触杀剂均有一定的局限性，如胃毒剂需要害虫将药物食入消化道通过吸收而杀灭害虫，触杀剂需要害虫与药剂接触后，通过神经系统而杀灭害虫。而档案害虫多藏匿在装具档案盒的缝隙等处，靠前两种方法，害虫不能接触到药剂或吸入药剂量不够足以杀死害虫，不能起到良好的杀灭作用。害虫的呼吸是随时随地进行的，熏蒸剂可以通过渗透作用扩散到档案纸张内部，害虫可以通过正常的呼吸作用，吸收熏蒸剂，从而达到有效地杀灭效果。所以，杀灭档案害虫宜选用熏蒸剂。

用于杀灭档案害虫的熏蒸剂必须具备下列条件：

（1）杀虫剂对档案图书制成材料及其装具无明显的不良影响；

（2）杀虫剂具有良好的渗透性，能够把隐藏在档案深处的害虫（包括卵、蛹）全部消灭；

（3）在杀虫剂量范围内，不燃、不爆，对档案材料安全；

（4）高效低毒，残留量少，对环境污染小，对人、畜毒性小；

（5）经济实用，易于推广。

（二）主要熏蒸剂的介绍

经常使用的熏蒸剂如下：磷化铝、硫酰氟、溴甲烷、环氧乙烷等。

1. 磷化铝

磷化铝是一种固体型高效杀虫剂。纯品呈深灰色或深黄色，具有使用简单方便，杀虫彻底等优点。

磷化氢杀虫，杀虫效果受环境温湿度影响较大，当温度高，湿度大时，潮解放出磷化氢气体就多，杀虫效果好，在同一用药量下，温度低，密闭时间长，温度高，密闭时间短，如：12℃～15℃密闭5天，16℃～20℃密闭4天，29℃密闭3天，低于10℃不宜使用。

用药量一般按1片/m^3～2片/m^3，可收到预期的杀虫效果。

磷化氢是一种剧毒气体，为此使用磷化铝杀虫要注意以下几点：

①严格按剧毒药品操作规程，准备好装药的瓦片或其它器皿；

②计算施药点和用药量。磷化铝在每个施药点上，片剂不超过300g，粉剂不超过200g，施药点之间距离不得小于12m，片剂不得重叠，粉剂厚度不超过0.5cm，施药后，应立即密封库房，熏蒸结束后，应及时清除残渣，并将其深埋，以防污染扩散；

③磷化氢对人有剧毒。它作用于神经系统、呼吸系统、心血管系统和肝脏，其中以神经系统受害最快最严重，并能引起肺水肿及心脏扩大等。对人体的毒性允许浓度为0.0003mg/L，人在含有7ppm的磷化氢空气中停留6个小时

即开始中毒，长时间吸入可以致死，100ppm 时只能生存 30min ~ 60min，400ppm 仅能存活 10 分钟，1000ppm 的高浓度下立即死亡。因此，操作时必须戴防毒面具。

2. 环氧乙烷

第四章已有介绍。

3. 硫酰氟

硫酰氟，又名熏灭净。在美国早有应用，我国于八十年代研制成功。该药具有高效低毒、杀虫广谱，吸附率低、解吸快、残留少、对人畜安全、对档案制成材料无不良影响等优点。

硫酰氟是一种惊厥剂，最小致死浓度为 650ppm，绝对致死浓度为 1000ppm，它的毒性比溴甲烷毒性低。用于档案杀虫的剂量为 $10g/m^3 \sim 40g/m^3$，密闭 24 小时~48 小时，可取得 100%的杀虫效果。详见表 5-3。

表 5-3　硫酰氟熏蒸杀虫 100%致死效果

虫　种	温度(℃)	害虫环境	剂量(g/m^3)	时间(h)
黑毛皮蠹成虫	20~27	空瓶内	10	12
谷蠹成虫、幼虫	20~27	空瓶内	10	12
烟草甲成虫、幼虫	20~27	空瓶内	10	12
黑毛皮蠹幼虫	25	档案内	10	48
花斑皮蠹幼虫	25	档案内	10	48
烟草甲幼虫	25	档案内	10	48
白蚁	/	实验室	10	0.8
毛衣鱼	/	实验室	20	1
书虱	/	实验室	20	24

长期以来，人们对档案、图书、文物除虫等工作进行了有效的尝试，以熏蒸法最为彻底、有效。使用时还需要注意使用方法和注意事项。除此之外，熏蒸处理后档案不同制成材料的残留问题也是必须考虑的。熏蒸处理的档案经自然通风，绝大部分吸附的熏蒸剂随时间而被解析，但终究仍有极少量未被解析，即存在着永久残留。熏蒸剂的残留量与熏蒸温度（反比）、时间（一定范围内成正比）、浓度（一定范围内成正比）及解析（脱附）形式有关。

总体来说，高效、低毒、广谱是选择熏蒸剂的主要依据，同时应综合考虑其沸点、挥发性、扩散性、钻透性、解吸性。环氧乙烷熏蒸工艺较成熟，可溶于水，废气治理容易实现，但它易燃易爆，熏蒸剂量较大，扩散性较差，需加热熏蒸，自然解析残留量较大。环氧乙烷熏蒸最大的优点是既可灭菌，又可杀虫。硫酰氟不燃不爆，熏蒸剂量小，扩散性、渗透性好，室温熏蒸，一般自然解析残留小，熏蒸处理成本较低，但含有对文物有害的气体杂质，具中等毒性，废气治理难度大。它主要用于织物、漆木器及纸质档案。

害虫大面积发生后，先要确认害虫的种类、虫期，了解害虫的虫口密度、杀虫的历史和外界条件，估计药剂损失，并在试验室先做毒力试验，然后确定杀虫剂量和杀虫方案。杀虫剂使用时，剂量能低不高，浓度能小不大。有些档案馆为了预防害虫大面积发生，采取了“全程药控”的策略，使得非常脆弱的化学防治面临了更大的压力和危机。了解害虫发生的规律，适当用药是防止产生抗性的有效方法之一。在害虫发生前进行药控，并严格控制药控时间（药控时间能短不长）和施药剂量。

每一种药剂都不是万能的，为保证杀虫剂长期有效性，在使用中要选择适宜的用药策略，应提倡综合治理的原则。而且在防一种害虫时，必须避免长期单一地使用某一种药剂，以免由于抗药性的发展使其逐渐丧失防治效果。首先尽量少用药或不用药，将库房温度、湿度控制在害虫生长发育的不适宜区域，害虫爆发成灾的可能性就小，这是不用药的前提或基础。

（三）熏蒸杀虫设备

杀灭档案害虫的设备有熏蒸箱、熏蒸室、真空熏蒸机和密闭极好的库房。

1. 熏蒸杀虫箱

（1）简易熏蒸箱

熏蒸杀虫箱主要用于少量档案的杀虫处理，具有制作简单，使用灵活方便，散毒快等特点。其体积一般以 0.5~1.0 m^3 为宜，内设：隔板、接药台、施药孔等。箱体一般用优质木板制作。要求结构严密，制作精良，密闭性能好。

（2）化学气体消毒柜

基本构造为：控制系统、盛药盒、进气阀、电热炉等。该设备既实用于固体、气体型熏蒸剂，也实用于液体。通过加热挥发的药剂以及二氧化碳、氮气等杀虫。

2. 熏蒸室

一般用于较多档案的处理。具体要求如下：

熏蒸室的地址应远离居民区、办公区，一般30m~40m左右。为了提高药效，保证人畜安全，熏蒸室要采用钢筋混凝土结构，门窗严密，设计合理。安装通风、排风设备。施药口可设在排风口的斜对面，使室内空气，形成对流式通风，内通以15cm粗的铁管，管口塞一胶塞，以防漏气。一般不主张档案馆建立熏蒸室。其一是熏蒸过程中安全的问题，有可能泄露，对周边生物带来致命的危害；熏蒸处理后尾气难以处理，会污染环境；其二是熏蒸剂浓度难以控制，很难控制在预定的浓度范围内，影响杀虫效果。

3. 真空熏蒸机

真空熏蒸机，具有渗透力强、速度快、杀虫彻底等优点。它由真空系统、施药系统和尾气处理系统三部分组成。目前我国生产的真空熏蒸机有多种型号、大小和功率。自动化程度高，并有尾气处理。使用该机杀虫，所排气体不含或仅含极少的毒气，不污染环境。

二、物理杀虫法

物理杀虫是指利用物理方法破坏害虫的生理机能，使之死亡或不育，达到防治害虫的目的。

物理防治具有方法简便，无残毒、不污染库内环境，也不致使害虫产生抗药性等优点。随着我国科学技术的不断发展，用物理方法防治害虫，具有广阔的应用前景。

物理防治法主要有低温、高温杀虫、气调杀虫等。

（一）低温冷冻杀虫

低温冷冻杀虫是由美国耶鲁大学图书馆于1976年研究成功，国外图书界已广泛应用，我国于1984年在档案界、图书界经研究也取得了成功。这种方法具有杀虫效果好，对档案制成材料无影响，不污染环境，无毒，操作简便的优点。

档案害虫在致死温度内如-20℃以下，可将害虫冷冻致死，温度越低，致死时间越短。-20℃时，致死时间为24h~72h，-20℃~-25℃时，致死时间为10h~48h。冷冻杀虫时采取逐渐冷冻，可达到较好的杀灭效果。冷冻杀虫，对纸张、字迹基本无影响，又没有污染，操作简单，不失为一种理想的杀虫方法。冷冻时间的确定不是一成不变的。不同虫种对低温的耐受力不同，如花斑皮蠹、黑皮蠹对低温的耐受力最强，其次是药材甲、档案窃蠹等，最不耐低温的有毛衣鱼、蜚蠊等；档案材料本身的吸附性、档案的摆放形式和档案的数量等对冷冻时间都有不同程度的影响。

（二）气调杀虫

氧气是档案害虫生存必不可少的条件，为了消灭害虫，将空气中的各种气体的正常比例加以调整，使氧气减少，氮气或二氧化碳增加，从而使害虫的正常活动受到抑制，直至害虫窒息而死。这就是气调杀虫。目前采用的方法有真空充氮或充二氧化碳杀虫等。

真空充氮杀虫先抽真空，减少氧气含量，氧气含量为0.2%左右（真空度1 33329Pa），压力16kg，再充入氮气或二氧化碳气体，密闭60或72小时，可有效地致死害虫。

利用真空泵将杀虫容器内的空气抽出，真空度越高，含氧量越少，杀虫效果则越好。真空充氮杀虫不使用任何药物，无污染，密闭时间短，害虫致死快，对档案纸张、字迹基本无影响，设备灵活移动，可进行批量处理。

物理杀虫法具有方法简便，无毒排放，不污染环境，不会使害虫产生抗药性，不对人体造成危害，杀虫工艺流程耗能少等特点，适合于少量长虫档案的处理。化学杀虫方法使用各种不同的杀虫剂，作用快，效果明显，对于大面积生虫的档案，可选择此方法。在使用时要注意，化学杀虫剂有急性毒作用，损害人体健康，对环境有危害，档案上易残留化学药剂，特别是对水体造成严重污染。操作时严格按要求进行。

第六章　档案馆建筑与档案保护

档案馆是收集、保管、提供利用档案的基地和信息中心，是集办公、展览、阅览、学术交流及档案库房于一体的综合建筑。因而科学规划、合理布局至关重要，不仅关系到档案的长期保护，也关系到档案价值的充分发挥。档案馆中最为特殊的部分就是档案库房，其设计、建造是否合理，将直接关系到档案能否得到长久、安全、完整保护。

第一节　档案馆建筑的规划与设计

档案馆在规划设计时要兼顾档案馆保管和利用的双重功能，使之成为档案集中统一保管的安全基地和发挥档案资源的资政、学术研究、文化教育等功能的场所。

一、档案馆地理位置的选择

档案馆地理位置的选择是一个既重要又复杂的问题。所谓重要，是因为如果地址选择不当，将会带来长期的隐患，特别是如果影响了档案长期安全保存甚至需要弃而不用，另建新馆，这种损失将是巨大的。所谓复杂，是因为馆址的选择要考虑多种要求，而有些要求之间又往往会出现一些矛盾，实际情况又很难完全符合多项要求。这就要从具体情况出发，权衡轻重，慎重考虑，充分搜集所勘察地址的气象、水文、地质、地震材料以及城市建设规划等方面信息，做出正确的决策。

依据我国《档案馆建设标准》（建标［2008］51 号），档案馆地理位置的选择应符合下列要求：

（一）选择工程地质条件较好地区

所谓工程地质条件是指工程建筑物所在地区地质环境各项因素的综合，这些因素包括：地层的岩性、地质构造、水文地质、地表地质、地形地貌等。在设计档案馆建筑时，档案部门要根据保存档案的特点提出相关要求，保证档案馆在未来使用中避免地质因素带来的灾害。

为了预防地震、泥石流、洪水等地质灾害，应选择远离这些地质隐患的地方。根据《档案馆建筑设计规范》中规定：位于地震基本烈度7度以上（含7度）地区应按基本烈度设防，对基本烈度6度地区重要城市的档案库区建筑可按7度设防。为防止地震的危害，建筑档案馆时应从馆址的选择入手，还要在建筑结构、材料、施工等方面都具有抗震功能。

为了满足新建档案馆防水、防潮的要求，不应选择在靠近江河湖泊或地势低洼的地方，以防水患；不应选在地下水位高的地方，以免地下水通过地面影响档案馆库的湿度，使之潮湿。

（二）选择环境条件较好的地区

档案馆是长久保存档案的场所，选择良好环境条件，是防止不良环境危害档案最简便的、经济有效的措施，尤其是防止有害气体的最佳选择。现代工业厂矿企业区域、居民集中生活区及交通主要干道是空气污染较为严重的地方，因此在选择新建档案馆时必须考虑环境状况，要远离有污染腐蚀性气体源的下风向，远离厂矿企业区域、居民集中生活区及交通主要干道；选址时还应向城建部门了解情况，以保证在一定的距离内，目前和远景建设规划中都不会有产生大量有害气体及灰尘的工矿企业；新建档案馆应尽量处于空气流通的地区，并参考档案馆周围环境近些年空气质量资料，若没有现成数据，可请环保部门进行随机监测。新建档案馆所处地区及周围环境空气的质量不能低于二级质量标准。

（三）选择便于档案提供利用的地区

为了便于档案的提供利用，档案馆地址最好不要选在远离城市的地方，应选择交通便利、城市公用设施比较完备的地区。过去由于战备的考虑，有些档案馆，尤其是档案库建在远离城市几十公里的郊区，实践证明这样不仅对利用档案不方便，而且也给档案工作人员的工作生活带来一定的困难。目前有些档案馆在新建库房时改在市区里，建一层或两层地下库，并与人防工程接通，必要时可通过人防工程转移出去，这样既注意了战备，又方便了利用。

（四）选择有利于档案馆长期发展的地区

1. 从档案馆长远发展考虑，由于不断接收档案进馆，馆址周围要留有以后扩建档案库及其他档案馆用房的空地。

2. 为了确保档案的安全与防火的要求，选择地址时，应注意周围环境，不要选在城市的繁华中心区。档案馆建筑应与其他建筑物保持一定的距离，并不应暴露在临街的位置上。

二、档案馆建筑原则

任何一个建筑物的设计、建造都应遵循适用、经济、美观的原则，只是不同功能的建筑物其内涵各不相同。随着建筑技术的发展，目前建筑行业中又提出了一些新的可持续发展的理念和原则，其中对建筑的节能、环保以及智能化管理的要求是研究和推行的热点。那么对于档案馆这样一种专业性比较强、使用时间长、要求高的建筑物来说，节能、环保、智能化的新要求应更好的贯彻。

（一）适用原则

适用是建筑物应具备的最基本的功能。档案馆适用的原则重点满足的是最特殊的部分--档案库房的建筑功能需求和发挥档案资源利用的需求。

档案库房建筑的适用性主要体现在满足“九防”的要求上，即防潮（水）、防高温、防光、防尘、防虫霉、防有害气体、防盗、防火、防震。档案需要长久保存和提供利用，库房则是满足这一条件的基本前提。库房建筑为档案保护提供了最基本的保存环境。档案库房建筑的好坏直接影响到档案的保护条件。库房建筑比较理想，档案保护条件就能得到相应的改善，反之，库房建筑不符合要求，档案保护条件的改善就要受到很大的影响。一栋库房建成后，一旦发现某些方面不合适，改动则十分困难，特别是一些结构上的问题，很难进行根本性的改动，即使能够改动的部分往往也需要较高的资金投入，造成很大浪费。例如，若库房地面未作防潮处理或处理不当，地下水就会长期通过地面向库内蒸发，造成库房潮湿，如果重新采取有效的防潮措施，则比建库时采取同样措施花费高，效果也不一定理想。

档案资源利用功能的发挥主要通过档案的阅览、展览等场所满足，因而在档案馆设计时充分考虑为公众提供舒适、宽敞的阅览场所和展示档案资源文化教育功能的展览空间。

（二）经济原则

档案库房建筑在贯彻经济原则时，首先要考虑与国家经济实力相适应，离开国家经济力量的可能，片面强调过高的要求，实际上也办不到。按照《档案馆建设标准》（建标［2008］51号）档案馆建设规模应按照行政区划，综合辖区档案保存数量、档案重要程度、经济状况等因素合理规划，中央一级的档案馆，省、市、地（县）级档案馆，建筑上要具体问题具体分析，不可一律追求最高的标准，造成不必要的浪费。最佳的经济原则就是少花钱，多办事，也就是把投资的多少与达到的经济效益统一起来考虑。把有限的资金尽量用于档案保护和利用功能上的需求。如库房的窗户，设计成小而少，既有利于防热、防潮、防尘等要求，又可以降低造价，获得了既经济又适用的建筑要求。

经济原则中更高层次的要求就是智能化管理要求。智能化管理条件下的智能建筑是应用大量的计算机技术、人工智能理论等高科技，采用集成化设计和开发，使建筑物的各个系统相互配合、协调运行，实现楼宇设备自控的智能化、综合保安的智能化、消防报警管理的智能化及通讯管理的智能化等，这种智能化的管理可以节约能耗，降低人工成本，使档案库房内的设备运行管理、保养维护更趋自动化，达到能源、人员的集约化目的。

（三）节能环保原则

节能环保应该是经济原则中的重要组成内容，但强调的侧重点也有些区别。之所以单独提出来还有一个原因是“节能环保”是目前建筑行业发展趋势和新观念。我国是一个能源消耗和环境污染问题比较严重的国家，在建筑行业存在着建筑总量大、能耗高、污染重的严峻形势，已成为制约我国可持续发展能力的突出问题。所以本着可持续发展的原则，贯彻节能环保是非常迫切的需要。有关建筑上的节能环保要求，也有多种提法，诸如生态型节能建筑、智能建筑、绿色建筑等。不管如何称呼，其核心内容是倡导在建筑设计与建造过程中贯彻以自然生态原则为依据，探索人、建筑、自然三者之间的关系，为人类营造一个最为舒适合理且可持续发展的环境。即“将建筑融入大的生态循环圈，从整体的角度考虑能源和资源流动，将建筑设计、建筑建造、建筑使用过程中的消耗、产生的废物纳入整个生态系统来考虑，从而改变资源与能源单向流动的方式，趋向良性循环的模式。它对建筑的要求不仅仅是建筑的使用过程，而是建筑的整个生命周期。”[3]

我国建筑节能环保的重点包括建筑围护结构节能、采暖、空调设备效率提

3　仇建军、汤蕾《生态型节能建筑技术的发展和实施对策》《能源研究与利用》2005年5期。

高和可再生能源利用等方面。有关这方面我国也相继发布了一些相关的法规、标准、条例等，如《中华人民共和国节约能法》（1997 年），该法第四十条明确规定：“各行业应当制定行业节能技术政策，发展、推广节能新技术、新工艺、新设备和新材料，限制或者淘汰能耗高的老旧技术、工艺、设备和材料。”2004 年 11 月，国家发改委制定的《节能中长期专项规划》中，更是明确提出了“十一五”期间住宅建筑和公共建筑严格执行节能 50%的标准，加快供热体制改革，加大建筑节能技术和产品的推广力度。2005 年 4 月 4 日，建设部与国家质量监督检验检疫总局联合发布了国家标准《公共建筑节能设计标准》（GB50189—2005），自 2005 年 7 月 1 日起实施。首次明确了公共建筑节能设计的综合性国家标准，提出从勘察、设计、施工、监理、竣工验收等各环节，对公共建筑的节能措施的实施进行行政管理。该标准适用于新建、扩建和改建的公共建筑的节能设计。

档案馆库在新建、改建和扩建中要充分考虑节能环保原则，并按有关法规、标准贯彻。

（四）美观原则

一个建筑物是环境整体的一部分，在适用、经济基础上适当考虑美观，与周围建筑既协调一致，又体现独自的专业建筑特色，起到美化环境的作用，这是最佳的选择。美观的更高要求就是要考虑到建筑文化的内涵，注意把建筑技术和建筑艺术完美的结合在一起，传递出档案文化、地域特色的内涵这是更高境界的一种美观原则。但要注意不能片面追求外观美，而影响了适用、经济等其它基本原则。

三、档案馆各类用房的布局

按照功能划分，现代档案馆可分为公共开放区和非公共区两部分，两个区域要进行合理分割，发挥好各自的功能。公共开放区主要功能满足教育、信息服务的需求，具体包括接待区、咨询处、阅览区、展览区、休闲区等；非公共区主要功能是档案管理区，包括业务办公区、档案库房、技术用房等。整体布局上达到，既方便公众在开放区享受到人性化的服务设施和浓厚的文化气息的熏陶，在建筑、设计时应根据不同等级、不同规模和职能的档案馆合理配置各类用房，配置时应按照功能分区的原则，合理布局，既要相互联系，又避免交叉，达到利用方便、保障安全的目的。

档案库房关系到档案安全的大问题，因而库房在档案馆中的布局应精心设计。档案库的设置没有统一的模式，具体部门在实际设计、建造时应参照《档案馆建筑设计规范》（JGJ 25—2010）中的有关规定，以及各类地区典型库房建造经验，因地制宜合理设计。

大型档案馆可采取库房与各类用房分开建筑的原则，以确保档案的安全。但为了保证与其他各类用房的联系，有采用工字形，即办公、业务楼在前，库房楼在后，中间有通道相连形成工字形。也有采用放射形的，库房主楼在中间，环绕库房四周为层数较低的其他用房，也有库房主楼在中间，两边为层数较低的其他用房，形成裙房。中、小型档案馆往往把库房和馆内其他用房放在一栋建筑内，其布局基本有两种方法：一种是将整栋建筑纵向一分为二，一部分是库房，一部分是馆内其他用房。中间用较厚的防火墙隔开，两部分各自单独开门，互不开通（为了工作方便，也可以在一定的楼层上开有通往库房的门，但最好是防火门）。另一种做法是将整栋建筑横向一分为二，某些层次作库房，某些层次做馆内其他用房。一般是将底层作展览、利用办公用房，顶层作会议室、技术室等使用。中间几层作为库房，这样可以简化地面基础防潮、屋顶隔热、防潮等措施。但这种交叉状况，不利于安全。此外，对于省级以上的综合档案馆来说，由于档案数量庞大，出于安全和保管上的要求，各区域要有独立的通道。

随着电子文件数量不断增多，档案备份中心的建设也不断提到议事日程上来。备份中心可有两种建设方式，一种是本地区单独建立，一种是不同地理位置的两个档案馆采用交换备份的异地备份。

技术用房包括档案修裱室、缩微翻拍室及配套冲洗室、档案保护技术室、档案数字化室、电子文件管理室等，根据各自的技术特点和要求合理布局和设计。

四、档案馆水电系统的设计

（一）给排水设计

主要依据《档案馆建设标准》（建标［2008］51 号）和《档案馆建筑设计规范》（JGJ 25—2010）的要求实施：

1. 馆区内给排水系统尽量集中布置，避免管道过长、过深，减少出现故障维修的困难。

2. 库房内不应设置除消防以外的给水点，给、排水管道不应穿越库区。

3. 上下水立管不应安装在与档案库相邻的内墙上。

4. 各类业务用房的污水排放，应符合国家规定的排放标准。

（二）供电系统设计

1. 总的原则是将照明电和动力电分开布线，在电压和电源上要合理安排，保证稳定供和用电，防止电压电量过载引起断电、短路等事故的发生，用电上还要考虑安全接地和避雷要求。

2. 为了适应档案信息化建设的要求，根据办公自动化安全、保密等要求综合布线、预留接口，通讯与计算机网络设施齐全。

第二节　档案库房的设计

档案库房的设计包括使用功能的设计和围护结构的设计。

一、档案库房使用功能的设计

1. 库房容量的确定

（1）总容量的确定。

档案库房容量（总面积）的确定涉及因素很多，如现存档案的数量、年平均接收档案的数量、计划接收年限以及排架情况等，具体可参照《档案馆建筑设计规范（JGJ 25—2010）》所提供的计算指标，如表 6-1 所示。

档案库房的总容量不易太大，也不易太小。太小，很快需要扩建，太大易造成浪费，技术上也难以更新。一般预计满库年限以 10 年~20 年为宜。

（2）库间容量的分配。

档案库房根据容量的不同，分为大间，中间和小间：大间面积为 $201m^2$~$300m^2$，中间面积为 $101m^2$~$200m^2$，小间面积为 $100m^2$ 以下。

小间库房由于各小间形成一个独立的环境，安全而且有利于防火，尤其随着新型档案材料的形成，小间库房更易于为不同材料的档案创造特殊的环境，起到更好的保护作用。但是小间库房内墙增多，减小了有效使用面积，在排架与管理上都不如大间方便，当然大间虽增加了有效使用面积，便于管理和排架，但在安全与防火方面不如小间库房。

在实际建造时，应该根据馆内保存档案类别、数量等因素来进行。合理设计，大、中、小间库房兼而有之，以大间为主，结合一些小间库房，把重要的特殊材料的档案存放在小间库房，把一般档案存放在大间库房。这样既便于管理，又较为安全，有针对性。

表 6-1　库房容量的确定

行政区号	序号	库房面积(m^2)								
		现存的档案数量		年接收档案数量		档案贮存定额（卷/m^2）（m/m^2）	计划接收年限	房面积计算	资料库	库房总面积
		卷（万）	延长米（m）	卷（万）	延长米（m）					
省、直辖市、自治区	1 2 3 4	100 以上 30—100 15—30 15 以下	15000 以上 45000—15000 2250—4500 2250 以下			五节柜 180 卷— 200 卷/(m^2) 或 2.7m(m^2)— 3m/(m^2) 双面档案架	设计接收年限一般以不超过 20 年为准	（现存档案量+年均接收档案量×计划接收年限）/档案贮存定额		
市（地）	1 2 3 4	30 以上 10—30 3—10 3 以下	4500 以上 1500—4500 450—1500 450 以下			220 卷— 240 卷(m^2) 或 3.3m/(m^2)— 3.6m/(m^2) 五联密集架： 480 卷/(cm^2)—				
县（市）	1 2 3	5 以下 2—5 2 以下	750 以下 450—750 300 以下			550 卷/(m^2) 或 7.2m/(m^2) — 8.28m/(m^2) 目录卡片： 84 000 张/(m^2)				
备注	接受年限为计算机档案馆总贮存量一指标，不同于建筑耐久年限。 开展缩微工作的档案馆，库房面积还应考虑胶片库面积。									

在设计时还应注意无论是大间库房还是小间库房，都要预先根据档案柜架的尺寸，摆放的位置，过道的尺寸，经过精确计算，确定每间库房的长度和宽度，以免造成使用面积上的浪费。

2. 库房负荷、结构和举架高度

库房是一种荷载大的建筑，在结构上要求坚固耐久。建库时，档案部门应根据所使用的档案柜、架放满档案的重量，精确计算出库房每平方米（m^2）的负荷，并增加 20%~25%的保险系数，提供给设计人员参考。

根据目前条件，我国大、中型档案馆的库房结构以钢筋混凝土框架结构较为适宜。这种结构在荷载、防火、防震等方面有较好的保障。小型档案馆如果库房层数不多，也可采用砖石结构加钢筋混凝土。

库房的举架高度与所使用的档案框架高度结合考虑，以略高于档案框架为宜，一般净高不低于 2.4m；当有梁和通风管道时，其局部净高不应低于 2.2m。

3. 装具排列

档案装具的排列对档案库的平面布置及档案库的利用率等有着直接影响，设计时应注意选择合适的装具尺寸及排列方式。按照《档案馆建筑设计规范》（JGJ 25—2010）规定，装具排列的各部分尺寸如下：

主通道净宽不小于 1m。

两行装具间净宽不小于 0.6m。

装具端部与墙之间的间隔不小于 0.6m。

装具背面与墙的间隔不小于 0.08m。

4. 库内交通

档案库内交通包括水平交通和垂直交通。水平交通是指库内的走道，这种交通在排列装具时就基本上固定下来。垂直交通是指楼梯、电梯及升降机等，这种交通在建筑设计时应合理设计，将其设在库区防火门外临近档案库的地方，并采用封闭式的垂直井道。

5. 特殊档案材料库房的设计

档案库房除了存放大部分纸质档案外，还有相当数量胶片、磁性载体的声像档案、光盘等，如专门存放缩微胶片的母片库房、声像档案的磁载体库房、光盘柜以及战备库房等，在具体设计时应有特殊的考虑。特殊材料档案对温湿度控制、防光、防尘、防磁等方面有严格要求，这样在具体设计时应充分考虑到。如母片库宜设计成无窗库房；地下库在防潮上有特殊措施；磁性载体档案库应有防磁场的屏蔽环境。

二、档案库房围护结构的设计

档案库房的围护结构是指形成库房六面体的构造。包括屋顶、墙体、门窗和地面。档案库房对档案的保护作用，就是通过这些围护结构，为档案材料提供了一个适宜的环境条件，起到控制温湿度、防光、防尘、防虫霉、防有害气体、防盗、防火、防震等多种作用，

档案库房的围护结构对档案的保护起到隔绝外界环境的作用，但这种隔绝

是相对的，各种外界因素可通过这些围护结构对档案产生影响。造成库内温度高的原因，主要是太阳的辐射热通过库房屋顶、外墙、门窗把热传到库内；另外，库外的热空气通过门窗等缝隙流入库内，把库内温度较低的空气排出库外，这样不断循环，也会使库内温度升高。

造成库房内潮湿的因素主要包括地下水通过库房地面向库内蒸发；雨水通过屋面、墙体渗透到库内；库外湿空气通过门窗缝隙侵入库内等等。因此，库房的防热防水（防潮）就是要在屋顶、外墙、门窗、地面等处采取相应措施。

我国大部分地区处于温带和亚热带，多数档案馆库内的温度比要求的温度标准高且高温时间较长，如长江、黄河流域的大部分地区和长江流域以南的广东、福建等地区气温高而且持续时间长，这些地区 7 月份平均气温为 26℃～30℃，7 月份最高气温为 30℃～38℃。日平均气温高于 25℃的天数每年约有 175 天；昼夜温差不很大，但内陆比沿海大一些；太阳辐射强度较大。因此防热（隔热）是档案库房建筑中一个极其重要的问题。

库房围护结构的隔热重点是对屋顶、墙体、门窗，采取相应的隔热保温、遮阳措施。

档案库房的防潮、防水，需要在屋顶、墙体、门窗和基础几个部位做相应处理，以提高库房防潮（防水）能力。

常见的防水屋顶结构有两种：一种是屋面铺设防水材料，这种形式多用于平屋顶；一种是构件自防水屋顶，这种多用于坡屋顶。

档案库房应属于Ⅰ级和Ⅱ级防水要求。在建造是应按照相关要求去做。此外对墙体的缝隙、外墙的勒脚（外墙墙身与库外地面接近部位）等部位也要做好细部防水防潮处理。

为了减少库外湿空气和雨水通过门窗缝隙向库内侵入，库房门窗宜小而少，且有良好的密封性。

库房地面的防水与防潮是库房建筑中必须解决的一个重要问题。如果库房地面防水防潮处理不当，地下水会经常通过地面的材料影响库内，即使库内采取吸潮、降湿等措施，也很难收到理想的效果。

地上库地面的防潮作法很多，根据档案部门多年来的经验，架空地面防潮较为理想。架空地面的防潮是将地面基层与库房地面之间留一定的空间，以减少地下水直接通过地面影响库内，从而起到较好的防潮作用。采用架空地面时，架空层净高不小于 0.45m，架空层下部的地面宜用简易的防水地面，并高出室外地面，不小于0.15m，并做不小于1%的排水坡度。架空层上部的地面宜采取适当的隔潮措施。如在地面的背面涂刷防水涂料等。基层地面也应进行一定的防潮处理，如用三合土夯实；做水泥砂浆地面；铺设防水材料；做钢筋混凝土浇灌地面等等。

架空层的外墙应做通风孔，使架空间层内潮湿空气排出，风口处应装铸铁通风篦或金属网以及可开启的封闭设施。

另外，库房地面也可做适当的防潮处理，如用密实的100号以上的细石混凝土实铺地面；用1∶2水泥砂浆抹面，或采用做一层混凝土垫层，然后加铺油毡防水层，最后做面层的方法等。

地下库的封闭性好，具有安全、防光、防尘、冬暖夏凉、库温比较稳定的优点，但地下库的地面和墙体通常是在地下水位以下，容易使库房潮湿，这是地下库需解决的问题。

按照地下工程防水等级要求，一共有四级，档案库属于最高级别1级要求的地下工程。在此级别的建筑物不允许渗水，结构表面无湿渍。为此在设计和施工中都要本着高质量的要求来进行。

在施工中采取各种措施做好防水、防潮工作。如地下库墙体外侧做水泥砂浆抹面，再涂防水材料、地下库地面架空，基础表面铺卵石后再灌水泥砂浆、地下库的外墙与地面做相应的防潮处理等。

总之，围护结构的防潮、防水主要是利用各种防水、防潮材料和防潮、(水) 结构的设计来达到目的。

根据中华人民共和国国家标准《建筑抗震设计规范》》（GB 50011—2001）和《建筑工程抗震设防分类标准》》(GB 50223—2008）对档案库房进行科学的防震设计，见表6-2。

档案库房的防震标准应选择甲级和乙级标准。并且在建筑时，建筑物不能跨居于坚硬地基与松软地基场地之间，建筑物重量要轻、重心要低，建筑物柱梁等结构及其接缝处要有足够的强度和韧度。目前比较常见的木质结构，砌筑结构、钢骨结构、钢筋混凝土结构和钢骨钢筋混凝土结构中，前两种的抗震能力较差，后两种的抗震能力较强。

表 6-2　我国建筑抗震设防分类和设防标准

设防 类别	建筑	地震作用	抗震措施
甲类	重大建筑工程和地震时可能发生严重次生灾害的建筑	高于本地区抗震设防烈度的要求，其值应按批准的地震安全评价结果确定	抗震设防烈度为 6~8 度时，应符合本地区抗震设防烈度提高一度的要求，抗震设防烈度为 9 度时，应符合比 9 度更高的要求
乙类	地震中使用功能不能中断或需要尽快恢复的建筑	应符合本地区抗震设防烈度的要求	抗震设防烈度为 6~8 度时，应符合本地区抗震设防烈度提高一度的要求，抗震设防烈度为 9 度时，应符合比 9 度更高的要求
丙类	除甲、乙、丁以外的一般建筑	应符合本地区抗震设防烈度的要求	应符合本地区抗震设防烈度的要求
丁类	抗震次要建筑	应符合本地区抗震设防烈度的要求	应允许比本地区抗震设防烈度的要求适当降低，但抗震设防烈度为 6 度时不应降低

第三节　档案安全保护设施

档案安全保护设施是防止或减缓档案损坏的三项主要（库房建筑、必要的设备、经常性的技术管理）措施之一，只有提供了必要的档案安全保护设施才能为开展经常性的技术管理创造条件，才能确保档案的完整与安全。

档案安全保护设施应包括空气调节装置、档案保存设备（档案装具）防火、防盗装置以及照明设备等。对于这些基本设备的设计、安装应本着智能化建筑的原则去实施。这是目前一些功能性建筑设备发展的趋势。智能建筑的技术核心主要是信息网络、安全防范和楼宇控制实现资源共享、优化系统配置、满足方便管理，达到高质量、节能的要求。从这种技术和理念上来看是非常符合档案库房设备的设计和管理需求的。

一、空气调节装置

空气调节装置是便于档案文献库房取得符合保护要求的气候条件的理想设备。它可以使空气在输入库房以前，经过适当的处理，使库房空气的温度和湿度按照人们的意愿保持在要求限度内，从而给档案库房创造出一种人造的气候。但是，空调必须与建筑方面防热防潮措施结合使用，才能取得理想的效果。否则费用高、收效小，造成浪费。

空气调节简称空调，它是维持室内空气的温度、湿度，洁净度和流动速度(简称四度)。在一定范围内变化的调节技术，包括对库内空气温湿度的调节、空气的过滤、交换、通风、空气流通等，其目的是使库内空气温度、湿度、洁净度和流动速度符合一定要求，为库内创造一个适合档案保存的理想环境。

（一）空调装置的类型及特点

空气调节系统一般有空气处理设备、空气输送管道、空气分配装置以及自动控制装置共同组成。其类别主要有以下几种：

1. 按空气处理设备的装置分类

（1）集中式（中央式）空调系统。集中式空调系统采用大型或中型制冷机组，把所有空气处理设备以及风机、水泵等集中在一个空调房间中，经集中处理后的空气用风道送到多个空调房间。此系统适用于空间大、空气处理量大、房间集中、使用规律一致，并需同时、长期使用的空调环境。如大的档案库。但缺点是缺乏灵活性，无法满足不同的要求，容易造成能源浪费和送风管道中的空气相互污染。

（2）局部式空调系统。将所有空气处理设备以及风机等组合在一起，形成一个整体机组，也称为空调机组或空调器。使用时直接安装在需空调的房间或邻室中（以很短风道相连接），就地处理空气。这种空调不需要集中在机房里，使用灵活，随时开、停，安装方便。适用于一个大的建筑物内只有少数房间需要空调或不同房间具有不同的送风要求。有利于防止相互交叉污染，节约能源，对于中、小型档案库比较适合。目前这种空调的自动化程度高，不需专人管理，制冷、制热功能齐全。但使用寿命短，初期投资高。

（3）半集中式空调系统。半集中式空调系统既有集中的空调机房，同时在各空调房间设有局部处理装置。这种系统的空调对来自集中处理设备的空气在使用房间内再做二次处理，减轻了集中空调系统的负担，综合了集中式和局部式空调系统的优点，克服了二者的缺点，但该系统较复杂，常用于空调要求较高的场所。

2. 按集中式空调系统所处理的空气来源分类

（1）封闭式系统。封闭式系统空调所处理的空气全部来自使用房间本身，没有室外空气补充，全部为再循环空气。这样使用房间与空调处理设备之间形成了一个封闭环路。多用于无法使用室外空气的密闭房间，如战时地下蔽护所，很少有人出入的仓库等。这种系统冷、热耗量最小，但卫生效果差。

（2）直流式系统。直流式系统所处理的空气全部来自室外，经过处理后送入使用房间。其冷、热耗量大，投资和运行费用高，但卫生效果最好。适合于不允许回风的场所，如散发大量有害物的车间、厂房。

（3）混合式系统。综合封闭式和直流式二者优点。进行一定的回风处理，根据回风次数，又分为一次回风系统和二次回风系统，即在空气处理室后再进行一次混合回风，然后送入库房。混合式系统既满足卫生要求，又经济合理，应用最广。

3. 根据功能分类

空调设备可达到对空气的“四度”处理，但由于空气处理的要求不同，不是所有空调都能达到“四度”处理，也可以只对空气“四度”中的某“一度”或“某二度”进行处理。根据这种对空气处理功能的不同，可分以下几种：

（1）恒温恒湿机组。能将室内空气的温湿度恒定在一定数值范围内，如温度控制在20℃～24℃，湿度在50%～60%，波动范围，温度不超过±2℃，湿度不超过±5%。这种空调对大多数档案材料可提供良好的保存环境。

（2）冷风机组。只对空气进行降温处理。适用于夏季降温。

（3）窗式（热泵式）空调机组。具有降温与采暖的功能，体积小，重量轻，可安装在墙上或窗口上。

（4）窗台式空调机组。具有降温、采暖和去湿功能，装在窗台下或靠墙处。

（5）超净空调设备。调控温湿度同时，还可对空气的清洁度加以控制。某些非纸质档案（如胶片、磁带）对空气污染物极为敏感，应选用这种空调。

此外，目前出现了一些新型节能环保的空调方式。如辐射供冷空调方式、“低温”空调系统、下送风复合型空调方式等。档案部门可了解这些新型的空调科技发展动态，更新空调设备设计、使用的理念。

（二）空调系统的选择

1. 选用原则

购置和安装空调设备时应注意以下原则：

（1）了解空调设备不同种类的性能和适用范围，选择与本单位对空调具体要求相符的品牌，以适用为前提，并非自动化程度愈高愈好。

（2）多种费用的预算：一次性投资费用、运行费用、维修费用等；

（3）空调适用方式和场所情况：如使用时间及负荷变动、建筑空间的性质和用途等，充分发挥围护结构的作用，因地制宜。

（4）与空调有关的土建、水电设施配合关系，如空调房间面积、位置、风道、管道布置等情况。

总之，不管选择什么样的空调系统，都应使库房条件达到在规定的范围内，保持温湿度的稳定状态；气体和固体的污染物应从进入库房的空气中滤掉；通风彻底，避免产生污染空气的死角，而且要节能。

2. 选用方法

选用空调应从制冷、制热量、电源、噪音、耗电量、价格等方面考虑，并适当对外观、结构、重量也加以选择。

选用空调的制冷量，应大于或等于对库房所计算（或理论估算）的总耗冷量。具体可请有关空调技术人员详细计算。但一般可参考用下面公式进行估算。

$Q_0=Q_b \cdot F$ 式中，Q_0：空调器所需的制冷负荷（w）

Q_b：库房单位面积冷负荷（w/m^2）

F：库房面积（m^2）

不同房间单位面积冷负荷不同，对于档案库房来说，可参照博物馆、图书馆的 Q_b 量，大约为 $145.3w/m^2 \sim 174.4w/m^2$。

上面公式适用范围在房间温度在 27℃以下，库房空间高度不超过 3m，且密闭性能不太差的环境。如考虑库房建筑本身的特点以及门窗、日晒、人员和电器发热等因素，可参照表 6-3 中各项累计的简单方法计算出耗冷量。

空调系统在短时间内可使库房温湿度调节到适合的范围内，但一旦停机，库内温湿度波动幅度就会明显增加，以下几种办法来减缓温湿度剧烈波动状况。

（1）在开启空调机时，逐渐增加制冷（制热）量，使之平稳过度，以降低温湿度变化速率，并尽量把库房温湿度控制在调控要求的上限或下限，减少调控前后温湿度的变化幅度。这样既节省能源，又降低波幅。

（2）根据外界气候条件的季节性变化，春秋两季温、湿度比较适宜，可合理增加新风送入量，减少空调开机次数。

表 6-3　单位面积空调负荷

项　目		每平方米面积所需制冷量(w)
1	东边和南边窗户	140
2	西南边窗户	232
3	正西边窗户	290
4	西北边和东南边窗户	188
5	其他窗户	81
6	向阳薄墙壁(厚 300mm 以下)	209
7	向阳窗户	151
8	安有天花板的屋顶	12
9	没有间隔的屋顶	24
10	上层没有冷气的屋顶	12
11	人数(每个人计)	220
12	所有电器设备(每 kw 计)	1000

3. 库内空气的净化

空调机的运行是通过对空气进行冷热处理来达到调控温湿度目的，根据对空气处理的方式，有不送新风的循环式（回风式）、送入部分新风的半循环式和完全使用新风，这三种处理方式都存在库内空气污染问题，一方面是反复循环中空气的互相污染，另一方面库外空气的大气污染。所以需要对空调的空气做净化处理。具体可采取两种方法：一是在空调系统的新风和回风口处安装空气过滤装置，如活性炭吸附等。一是选择送入新风的最佳时机。

库外温湿度、大气污染浓度都有一定的变化规律，根据不同地区的大气污染状况，选择一天中空气污染浓度最低值的时候送入新风，可有效改善库内空气质量。

为了提高空调系统对库房温湿度调控的效果，一些单位还研制出计算机集中管理系统，如第一历史档案馆和航空航天部第四规划设计院合作设计的，

“散布式空调计算机管理系统”，对大中型档案馆集中管理空调，节省能源，提高工作效率起到良好的作用，该系统基本布局是：在总控制室内设置计算机调度操作台，每个空调机房设置一个执行端箱并与空调机组连接，中心操作台由微机系统对空调机组和冷却水系统进行远距离遥控和遥测，把系统内的所有机电动作信息全部反映在彩色显示器和模拟系统图盘上。该机具有自测自检、打印记录功能。提高了档案库房温湿度的调节精度。

二、档案的消防设备

档案制成材料多为易燃物质，一旦发生火灾，档案将受到无法弥补的损失。档案库房发生火灾的原因很多，如电气设备走火，机房事故，随便吸烟，雷击以及人为纵火等。因此，防火在档案库房安全管理中是至关重要的。在具体实践中，既要强化库房建筑设计上的防火问题，又要加强日常管理，配备必要的消防设备，防患于未然，将火灾发生率降到最低的限度。

（一）库房建筑的防火

1. 建筑构件的耐火性能

根据建筑构件的燃烧性能，可分为三个类别：第一，非燃烧构件。即空气中受到火烧或高温作用时不起火、不燃烧、不炭化的构件。如钢、钢筋混凝土、加气混凝土等构件。第二，难燃烧构件。即在空气中受到火烧或高温作用时难以起火、难以炭化的构件。如经过防火处理的木材、刨花板等。第三，燃烧构件。在空气中受到火烧或高温作用时能立即起火或燃烧，并且建筑物的耐火等级是由建筑构件的燃烧性能和最低耐火极限决定的。《档案馆建筑设计规范》要求档案库房建筑的耐火等级，不应低于一级。我国将建筑物的耐火等级分为四级，一级建筑物是钢筋混凝土结构或砖墙与钢筋混凝土结构组成的混合结构；二级是钢结构架、钢筋混凝土柱或砖组成的混合结构；三级是木屋顶和砖墙组成的砖木结构；四级是木屋顶、难燃墙体组成的可燃结构。有关档案库房的耐火等级可参照表 6-4 进行结构、设计。

档案库房选择一级耐火结构，可起到有效防火作用，但仍不能彻底避免失火。为了防止失火，火势蔓延，缩小损失范围，还应在库房设置耐火极限较高的防火分隔物，如防火墙、防火门，以及档案库与其它建筑物保持一定的防火间距。防火墙选择用 4 小时以上耐火极限的构件。直接砌筑在基础或钢筋混凝土的框架上，不开门窗，以防火灾时热气流传播。如需开门，应设防火门封闭。防火墙可以把整个库房建筑的空间分割成若干防火区，从而限制了燃烧面积和火势的蔓延。库内的通风及空调管道不宜穿过防火墙。防火门根据其耐火极限分为甲、乙、丙三级。甲级防火门耐火极限不低于12小时，主要设在防火单元之间的防火墙处；乙级防火门耐火极限不低于0.9小时，主要设在疏散楼梯及消防电梯前室的门洞口处；丙级防火门的耐火极限不低于0.6小时，主要用于管井壁上的检查门。档案库区的缓冲间及档案库的防火门均应为向外开启，其宽度不小于1m。空调设备应设在专门房间内，且房门应为甲级防火门。

表 6-4　高层建筑物的耐火等级

构件名称 \ 燃烧性能和耐火极限(小时) \ 耐火等级		一级	二级
墙	防火墙	4.00	4.00
	承重墙,楼梯间机电梯井的墙	3.00	2.50
	疏散走道两侧的隔墙	非燃烧体 0.75	非燃烧体 0.30
	房间隔墙	1.00	0.50
柱		3.00	2.50
梁		2.00	非燃烧体 1.50
楼板、疏散楼梯		非燃烧体 1.50	1.00
吊顶(包括吊顶搁栅)		0.25	难燃烧体 0.25
屋顶承重构件		1.50	难燃烧体 0.50

(二) 消防设备

消防设备是指防火、灭火装置。随着现代科学技术的发展，防火、灭火装置种类也不断增加，自动化程度也逐步提高。

目前适合档案库房灭火系统主要有：

(1) 新型惰性气体灭火系统——IG-541混合气体灭火系统。IG-541灭火剂是由氮气（52%）、氩气（40%）和二氧化碳（8%）三种气体组成的无色、无味、无毒的混合气体。不破坏大气臭氧层，对环境无任何影响。不导电，灭火过程洁净，灭火后不留痕迹。其灭火机理为物理作用，通过降低燃烧物体周围的氧气的含量，来达到灭火的目的。该类灭火系统适用于扑救表面火、油类气体类和电气火灾，可以用于保护经常有人场所。其灭火剂价格低，现阶段主要用于通讯设备、计算机房、工艺控制中心和其它机电设备室等场所。

(2) 细水雾灭火系统。细水雾灭火系统是利用高压或气流将流过喷嘴的水形成极细的水滴进行灭火或防护冷却的一种固定灭火系统。细水雾具有良好的电绝缘性，对环境无污染，可以降低火灾总烟气含量的毒性。它的灭火机理是冷却、窒息、阻隔辐射热。高低压细水雾灭火系统是近年来国际上流行的绿色灭火系统，此技术是一种具有投资成本低、灭火效率高、污染小，灭火以后不影响档案质量等优点，是档案库房智能化消防系统的一种选择。

2. 灭火装置

根据《档案馆建筑设计规范》（JGJ 25—2010）规定，“库区外应设室外消防给水系统。特级、甲级档案馆中的珍藏库和非纸质档案库应设惰性气体灭火系统。特级、甲级档案馆中的其他档案库房、档案业务用房和技术用房，乙级档案馆中的档案库房可采用水喷雾灭火系统或非卤代烷气体灭火系统。”

灭火装置根据其自动化程度的不同可分为人工灭火、半自动灭火和全自动灭火装置。

（1）人工灭火。基本上靠人观测和操作，如库房制定防火、灭火规章制度和责任制，并配备手提式的灭火器。中、小型档案馆均采用这种灭火方式。

（2）半自动灭火系统。该系统具有火灾自动探测、报警和灭火功能。火灾刚一出现，自动探测报警装置立即启动报警，若需要，人工启动探测灭火装置进行立即灭火。但这种装置彼此独立，没连成一个体系，中间需人工判断操作。许多大、中型档案馆都有这种装备。

（3）全自动灭火系统。具有火灾自动探测、自动判断、自动报警和自动灭火等多项功能，且各功能均连接在一个统一的系统中，在无人操纵状况下自动工作。甲级档案馆应在档案库房，空调机房、缩微用房和计算机房等重地配置这种装置。

三、档案的防盗设施

档案是档案保护的主体对象，做好档案安全保护工作是根本，倘若由于档案存放环境没有严密有效的安全保护措施而造成档案文件丢失或泄密，其损失是无法挽回的。所以，保障档案及信息安全除了具备必须的安全责任意识，防盗设施的作用同样不容忽视。

档案是国家的宝贵财富。在日常管理工作申，一方面要防止自然因素的破坏作用，另一方面要防止人为因素的破坏作用。这要求我们要采取一定的安全措施，制定一定的制度，从档案的流动、利用等各个环节着手，保证档案的安全。

已研制成功的防盗自动报警系统采用接触式自锁装置，分别安装在档案库房各楼面的前门和后门内上端，当外来因素致使门开启10mm时，便构成电器回路，连通控制系统防盗自动报警信号的继电器，立即发出报警信号。

四、照明、保安系统以及库内各种设备的智能化控制

（一）档案库房照明的控制

档案库内的照明与办公室和公共场所照明的要求不同。档案库房的照明亮度不需要太高，满足库房管理者调卷、清洁、维护库内设备的照度即可，同时选择的灯具发出的光线应对档案没有伤害或损害很少的白炽灯、灯管表面经过防紫外光处理的日光灯。对灯的开关控制可以使用人进灯开、人走灯灭的自动控制，既节能又安全。

（二）档案库房的保安系统——闭路电视监控

档案库房的安全级别要求较高，为了防止库房有非法人员闯入、盗窃重要档案文件事件等情况的发生应安装实时闭路电视监控系统。闭路电视监控由4部分组成：一是产生图像的摄像机及其装置；二是图像传输装置；三是控制设备；四是图像显示装置。档案部门可根据不同的需要找专业厂商进行设计和安装。

（三）档案库内设备的智能化控制

档案库内的建筑是整个档案馆中比较重要和核心的建筑，库内设备种类多，功能多，它们之间既各负其责，又相互关联。传统建筑中，各种不同设备采取单独设计、单独运行、单独管理的模式，这种模式下既浪费能源，管理起来也比较麻烦。随着科学技术的进步和发展，建筑行业中出现了智能建筑理念和技术。智能建筑的“智能化”在于它采用多元信息传输、监控、管理以及一体化集成等一系列高新技术，实现信息、资源和任务的共享，以达到“节能、安全、高效、舒适、环保”的目的，取得较高的建设投资效率。

有关建筑设备智能化控制和管理的技术主要是综合采用目前国际上最先进的4C技术（即计算机技术、现代控制技术、现代通信技术和现代图形显示技术）建立了一个由计算机管理的一元化集成系统，实现系统管理的最优化设计和节能目的。这些技术的综合应用体现在智能化建筑上主要包括建筑物自动化系统（BAS）、办公自动化系统（OAS）、信息通信系统（CAS）和结构化布线系统SCS）。有关建筑设备管理上的智能化控制主要集中在建筑物自动化系统（BAS）中。

建筑物自动化系统（Building Automation System，即 BAS）又称楼宇自动化控制系统或建筑设备管理自动化系统。它采用现代传感技术、计算机技术和通信技术，对建筑物内所有机电设施进行自动控制。这些机电设施包括交配电、给水、排风、空气调节、采暖、通风、运输、火警、保安等系统设备。具体可以概括如下 4 方面构成：

1. 能源环境管理系统

用于对冷、热负荷预测控制，室内二氧化碳浓度控制，各种冷源机组、空调机组、新风机组等的监测控制，以及太阳能集热、蓄热控制管理，以及给积水控制管理等。

2. 防灾与安保系统

用于火灾报警及消防控制系统（包括火灾报警、自动消防、排烟系统）和安保系统（闭路电视监控、电子出入口控制、身份识别、防盗防抢、保安巡逻等。

3. 电力供应管理系统

用于配电及备用应急电站的监控系统和照明控制等。

4. 物业管理服务系统

运输设备控制系统（包括电梯、停车场监控等）和运行报表统计、分析与计量，设备维护与管理系统（包括数据采集、能源计量、节能诊断、故障与之诊断、各种信号记录采集、机器维护、设备更新等）。

对于档案库房来说主要是把各种设备和档案馆整体要求的配电系统、照明系统、温湿度调控系统、防火监控安保系统、终端控制等进行智能化的设计和管理。目前已经研制成功档案库房计算机安全监管系统，它是一种可对库房温度、湿度进行自动调节和对火警、盗警进行自动监视的微机综合管理系统。有条件的库房可以优先考虑应用这样的系统。

第四节　档案装具

档案装具是指用于存放档案的各类柜、架、箱以及包装档案的卷盒、卷皮、卷夹等。它们是存贮和保护档案的基本工具。由于档案装具的用量大，其形式、用材、结构、规格等是否合理，将直接影响档案保护条件和设备的投资。所以在选择时既要考虑到坚固耐久、不损害档案的功能需求，也要考虑便于管理、经济适用，能合理地利用库房的空间和面积的基本情况，并且要随着档案种类和形式的变化，装具的形式、材料、放置方法等应配套跟进。当然在满足个性化需要求的基础上，加强档案装具标准化的研究和推行也非常必要的，只有这样才能确保档案装具在档案长期保存中对档案持续的保护作用。

档案装具的种类很多，目前普遍使用的有档案架、活动式密排档案架、档案柜和档案箱以及档案卷夹、卷皮、卷盒等。

一、档案装具类型及特点

档案种类繁多，形式多样，不仅制成材料性质各异，而且规格、形状、保存特点都有各自的个性要求，为了适应这种多样化的需求，目前档案装具类型也丰富多彩。

（一）档案柜

档案柜是比较传统的保存档案的装具，一般是双开门，古已有之，如所谓的石室金匮、龙柜等都是这类档案柜。现代档案柜形式多样，有双开门、侧拉门档案柜、抽屉式档案柜、单开门五节柜、双开门五节柜、两节档案柜、三节组合式档案柜、双面柜等。其优点是：使用比较灵活，便于挪动，有利于防尘、防火、防盗等。

（二）档案架

1. 有传统式木质开放档案架、钢质的单柱挂斗开放架、复柱挂斗开放架等形式

这种档案装具的优点是：造价低，要求库房地面的承重与图书架相同，生产工艺简单，工艺水平接近或达到国际同类装具水平，利用档案比较方便。

2. 密集架

密集架，也叫活动式密集架、活动式密排档案架。它是在档案架的基础上采用轨道把多个架列密集到一起，使档案在单位面积上的存贮量提高，节省面积可达50%以上。活动式密排架连接的地方装有气垫框，可密封为一个整体，有利于防火、防盗、防尘等。密集架现已形成系列产品，并不断更新换代。现在不少档案部门已使用这种档案装具。密集架是一种具有发展前途的档案装具。但是，活动式密排架造价高，增加了建筑的负荷，调阅档案不如一般档案架方便，遇特殊情况，抢救档案比较困难。

密集架有手动式，也有电动式，根据密集架开合的方式有旋转式、抽拉式

和平行移动式等形式。如图 6.1、图 6.2 和 6.3。

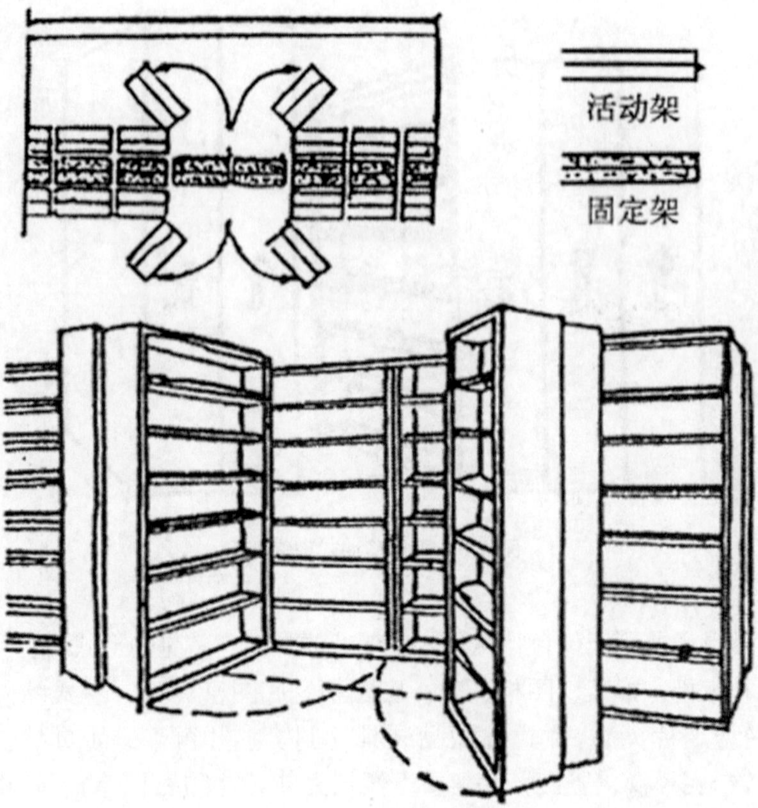

图 6.1　旋转式密集架

图 6.2　抽拉式密集架

图 6.3　平行移动式密集架

3. 专用档案装具

这类装具主要用于保存特殊形式和专业的档案，常见的形式有：目录卡片柜、财会档案柜；报架、图柜、架；底图柜、底图密集架；卷式缩微品装具（片盘、片盒、片夹）、片式缩微品装具（封套、开窗卡、活页夹、平片盒等）；照片与底片盒、册；影片架、声像档案装具（防磁柜等）、计算机磁盘装具（磁盘柜、架）等。

例如胶片专用档案装具。根据其密封程度，有开放式、密闭式和密封式三类。

（1）开放式装具。这是一种能防止胶片遭受机械性损伤，但不防光、可以接触到周围空气的装具。这类装具有开窗卡片、片盘、片夹等，短期保存的胶片档案可使用这类装具保管。

（2）密闭式装具。这是一种能限制胶片与周围空气的接触，并可以防光、防尘、防机械损伤的装具。这类装具有封套、片盒、平片箱等，短期保存或长期保存的胶片档案均可以使用这类装具保管。

（3）密封式装具。这是一种能完全切断胶片与周围空气接触，并可以防光、防空气污染物、防潮的装具。这类装具有密封式平片盒、密封式卷片盒、密封袋等几个种类，主要用于胶片的长期保管或耐火保管。

4. 档案存放转移装具

档案在利用或日常工作业务中，需要在库内或库外运送。这种运送也需要一定的装具。这类装具有档案手推车（挂斗式或折叠式）、档案架梯、档案过渡盒（主要指温差过渡，以免档案因温度剧烈变化发生结露、脆化等现象）等。

二、档案装具用材要求

（一）档案柜架用材

用于制作档案柜架的材料有木制和金属两类，可根据库房及其他综合条件选择档案柜（箱）、架的制成材料。

1. 木质柜架

（1）优点

①防潮、隔热性能良好。防潮的特点最适合南方地区，木制柜架的防潮性可以在一定程度上解决潮湿问题。

②自重轻，搬动容易，在遇到灾害时便于及时转移和抢救。

③造价低，取材方便，制造技术比较简单。

（2）缺点

木制柜架耐久性差，不利于防火、防虫和防腐，易挥发一些对胶片、磁性载体材料等有危害作用的气体。因此，木质装具入库前应做灭虫防腐处理。如用聚氨酯清漆上 2 次~3 次，也可在柜架上加一层薄的聚酯膜。使用时要根据实际需要选材。

2. 金属柜架

（1）优点

①防火、防潮、防磁，防火主要体现在金属家具能经受烈火考验，让损失减到最小程度。

②移动时不易损坏。

③功能多样，节省空间。由于冷轧薄板强度较好，金属档案柜架经过折弯工艺的加工可满足很多方面的功能需求，不仅使用起来方便，还可节省空间。

④绿色环保，金属材料从选用到制作过程以及用后淘汰，都不会给社会带来资源浪费，更不会对生态环境产生不友好的影响，是可重复利用、持续发展的资源产品。

（2）缺点

金属柜架防潮隔热性能不及木质装具，且造价较高；易锈蚀，其表面必须经过喷漆、镀锡或其他防腐蚀处理。

（二）档案包装用材

用于制作档案包装材料有纸质、金属和塑料三类。

1. 纸质

常用纸张或纸板制作的档案包装材料，如装案卷的档案盒、案卷夹、档案袋等，装胶片的纸卡、纸袋、簿册和纸盒等，这类包装纸应该为表面光滑的中性纸张或偏碱性纸张，而且包装纸中不应含有木素、磨木浆或明矾松香胶料。含酸量较高的纸张或含有硫或二硫化碳的玻璃纸不宜用于制作档案装具，因此纸质档案盒、案卷夹、档案袋必须是中性的。

2. 塑料

用塑料制成的档案包装材料，如装纸质案卷的档案盒、案卷夹、档案袋等，装胶片的有片轴、片盘、片盒和封套等。这类塑料档案装具应使用化学性能稳定、不易老化、耐腐蚀、不释放有害气体的塑料。这些塑料材料有聚酯薄膜、聚乙烯、聚丙烯等，它们都具有化学性质稳定，透明度高，质地坚固等特点，用塑料做成的封套可防止档案原件等在取放时的机械损伤，也便于直接查看，还能防止照片等档案原件沾上手印污染。

3. 金属

用金属制成的档案包装材料，如声像档案、光盘档案的片盘、片盒及柜架等。所用金属材料一般为经过氧化处理的铝或不锈钢，也可使用经过喷漆、镀锡或其他防腐蚀处理的金属材料。

第七章　纸质档案修复技术

纸质档案在其保管和利用过程中，易受到自身因素、不利环境条件和人为因素的影响，会出现污染、字迹褪变、纸张脆化、虫蛀等老化现象，轻者影响档案外观，重者影响档案的寿命和利用。为最大限度地延长档案寿命，必须采取一定的措施对受损档案进行修正和恢复，去除不利于档案耐久性的因素，恢复档案原貌，实现档案的利用。

第一节　档案修复原则及修复准备

档案修复技术是档案保护技术的一项重要内容。为最大限度地延长档案寿命，进行档案修复前应充分了解档案文献修复的原则，进行修复前的准备。

一、档案文献修复原则

1. 有利于延长档案寿命

档案修复的目的是为了更好地保管档案，实现档案价值，因此，档案修复应符合档案保存的要求，以最大限度地延长档案寿命为首要原则，修复过程中所采取的任何技术手段都应与此原则相适应。为适应这一要求，在档案修复过程中，修复方案的制定、修复材料的选择、修复技术的运用、修复人员的培训都应该强调这一原则，修复过程中不应出现有违这一原则的操作。

2. 尽量保持档案原貌

档案原貌，应是指档案修复前的状况。进一步说，档案的原貌是档案在修复前本身就具有的、在保管利用过程中由于不同程度老化或损坏而呈现的状况，它应包括从载体材料、档案信息到装订形式等部分的真实原状、特点以及历史痕迹。

为了尽可能地保持档案原貌，要求在修复工作中仅使档案的残破部分得到修复，基本不改变原来外形，不损坏档案的任何有价值的历史痕迹，不允许在修复过程中人为增减和再创造。为了保持档案原貌，还可以有意识地使修复中所用的修复材料（如纸张、线、颜料、墨等）与原始文件的材料保持一定的色差，以避免所做的修复与档案本身固有的历史信息混淆。

3. 试验先行原则

由于档案制成材料不同，保存环境复杂，损毁情况各异，因此修复材料和方法也不尽相同。本着对档案负责的态度来进行纸质档案的修复必须遵循“试验先行”的原则。

遵循这一原则，要求在制订修复方案时，要对整个修复过程作全盘考虑，仔细推敲各个环节，认真筛选技术方法，实施前应当进行必要的试验，尽量避免损坏档案。

档案修复中还应该遵循其他一些原则，如相似性原则，要求修裱所用材料应与被修裱档案载体具有相类似的厚度、颜色和结构等。

二、档案文献档案修复前的准备工作

为更好地完成修复工作，修复前应做好以下准备工作：

（一）做好档案的接收、登记和拍照工作

为避免档案的丢失和明确责任，接收档案时要进行登记，内容包括：档案名称、数量、页码范围、所属单位、报送人姓名、接收人姓名、接收日期，为保证科学修复，最好登记档案损坏程度、技术处理性质和要求，对破损的纸质档案进行拍照，以资认定修复工作的科学性。

（二）去尘和消毒

需要修复的档案要除尘，避免在修复过程中造成新污染。去尘时应根据修复档案的数量和灰尘污染的程度确定去尘方法。档案数量少时，可用手轻微抖动或用毛刷轻轻刷掉。在除尘过程中，如果发现有被霉菌感染的霉斑、害虫的蜕皮、粪便、卵等，一定要进行消毒。

（三）对档案进行检查

为了确定字迹的成分和纸张质量以及损坏的性质和程度，以便确定合理的修复方法和程序，在修复以前需要对档案认真检查。例如，检查档案的污染情况（污斑、水斑、油斑、霉斑等）、纸张的酸度、字迹是否溶于水、档案的破

损和装订情况等等。

（四）确定采用的修复方案

依据检查情况，确定修复方法、所用试剂和材料、修复步骤、修复程度、注意事项，进而形成修复方案。

第二节　纸质档案去污清洁技术

纸质档案在保存和利用过程中常出现的污斑有：泥斑、油斑、蜡斑、霉斑、铁锈斑等，不仅影响字迹的清晰度还会影响纸张和字迹的耐久性，因此，需要用物理和化学的方法加以清除。

去污要根据污渍的种类、纸张和字迹的性质，采取不同的处理方法。处理中要求药剂浓度适宜，防止污渍扩散，处理后不应在档案中残留有害物质。常见去污方法如下。

一、干法去污

干法去污，顾名思义就是保持档案干燥的情况下对档案进行去污处理。可用洗耳球吹，用吸尘器吸，对于破损严重的档案应用纱网罩住吸口再吸尘，或在通风橱内进行，这样可以减少对破损档案的影响，同时在一定程度上防止污染空气对操作者带来的危害。

对于污染的档案，未能以吹、吸清除的，可用擦、扫、刮的方法。擦是指用粉末橡皮擦撒在污染区域，用手指轻揉粉末，去掉灰尘，为彻底清除污染，清除后可用软毛刷清扫一遍。扫就是清扫，以去除灰尘。

刮一般借助刀具、毛刷等工具，依靠机械的力量，将突出于纸张上污斑除去如蜡斑。这种方法主要用于纸张强度较好，而污斑较厚且易除的档案。

注意：

（1）在去除有字迹部分的污斑时，要倍加小心，尤其是铅笔字迹，防止将字迹除掉。（2）随时除去清除下来的污斑微粒，可用软毛刷刷掉，也可用镊子夹棉球清除。

（3）用白纸盖住不需清理部分，以免被污斑微粒玷污。

使用以上干法去污时，有时一种方法效果不理想，可与其它方法搭配使用。

二、湿法去污

1. 水洗去污

水洗去污之前应先检查字迹溶水性。确定字迹遇水不扩散后，方可使用水洗法去污。对于适用于损坏不太严重的档案，可采用如下操作：将档案夹在两张无纺布（或合成树脂网、尼龙网）中间，形成“三明治夹层”，将夹层固定在有机玻璃板上，放到洗涤槽中，保持倾斜。洗涤槽的上水口以加长的塑料导管引流，便于减缓水流冲力。一边用流水淋洗档案，一边用软刷隔着无纺布（或合成树脂、尼龙网）排除档案下层气泡同时刷除脏污如图 7.1 所示。

图 7.1　水洗去污

水洗完毕后，对于不需要托裱的档案，双手提拿档案夹层，字面朝下放在吸水纸上，用另一张吸水纸覆盖，再以棕刷将档案排平，同时撤水，之后，揭去无纺布，将洗净的档案夹在吸水纸中，用木板和重物压平干燥。其间，需要倒干和换纸。对于需要托裱的档案，双手提拿档案夹层，字面向上铺放在工作台面上，揭去档案正面的无纺布，再提拿档案背面的无纺布，使档案字面向下反扣在工作台面上，揭去档案背面的无纺布，进行托裱操作。

对于损坏较为严重的、需要托裱的档案，详见第五节托裱技术。

2. 有机溶剂去污

利用有机溶剂可去除档案上的油斑、蜡斑。常用的溶剂如下表 7-1。

溶剂去污的注意事项：

（1）有机溶剂易着火，并有一定的毒性，因此，应在通风良好的环境（最好是在通风橱）中进行。

（2）当用一种有机溶剂不能去除污染时，可以尝试使用两种溶剂的混合液去污。

表 7-1　常用去污溶剂一览表

污　　斑	使用的溶剂
颜料	酒精和苯的混合物，吡啶或四氯化碳
漆和清漆	丙酮、甲醇、稀氨水或吡啶（最好）
虫胶	正己烷、甲苯或苯与甲苯的混合物
油	正己烷、甲苯、四氯化碳或苯
脂肪	酒精、石油醚或吡啶
蜡	汽油、正己烷或甲苯
油膏	正己烷、甲苯、汽油（白色）、或石脑油
浆糊	水
焦油	苯、汽油、吡啶或四氯化碳
霉菌（微斑）	75%酒精
茶或咖啡	过硼酸钾
铁锈	5%的草酸（勿用于软弱的纸）
泥	水或氨

（3）使用有机溶剂去污时，应检查字迹的水溶性或是否溶于有机溶剂。为试验所选的溶剂对于各种字迹来说是否安全，可用如下方法：用滴管在吸水纸上滴一滴溶剂，然后把吸水纸压在纸质档案试样上一个不重要的字迹或标点符号上，如果吸水纸上有字迹材料的颜色，说明字迹材料能被该溶剂溶解，就不能用该溶剂去污。

（4）使用溶剂去污时，能使用低浓度溶剂绝不使用高浓度溶剂。

（5）对于冷水不能去掉的污迹，可适当提高水温，去污效果会更好。

3. 氧化去污

氧化去污是利用某些化学药品的特殊氧化性，对污染物进行氧化，强行破坏有机色素的发色团，从而使污斑得以去除。主要适用于霉斑、蓝黑墨水、纯蓝墨水与红色墨水等彩色污斑的去除。

（1）氯胺 T 去污

氯胺 T 是一种温和的漂白剂，呈白色结晶粉末，稍有氯气味，能溶于水。

去污方法：

①配置浓度为 2%～3%氯胺 T 溶液，该溶液的 pH 值约为 8～9。

②加入盐酸把溶液的 pH 值调整到 7，并把温度控制在 20℃～30℃。

③把有污斑的档案先在清水中湿润一下，然后放入氯胺 T 溶液中 15min～30min。

④取出档案，放在清水中清洗，以去除残留的氯胺 T。然后夹在吸水纸中晾干。

氯胺 T 氧化作用平缓，对纸张的损害小，反应后不产生破坏性的残渣，但处理过的文件至少要用清水冲洗 15 分钟。

（2）过氧化氢去污

过氧化氢是一种无色液体，市售商品一般为 30%的水溶液，又称双氧水，是一种较强的氧化剂。当去除不太严重的污斑时，可用过氧化氢与乙醚的混合液。由于乙醚是有机溶剂，它可溶解部分污斑。

去污过程：

①把乙醚倒入锥形玻璃瓶中，然后把等体积的过氧化氢用滴管滴入乙醚中，边滴边振荡，使它们充分混合。静置，使之分层。下层为未溶于乙醚的过氧化氢，上层为含有过氧化氢的乙醚乳浊液。

②用吸管取出上层的过氧化氢-乙醚乳浊液，装入另一瓶内，并测溶液的 pH 值。

③把待去污的纸质档案式样在清水中浸一下，然后放入过氧化氢与乙醚的混合液中，直至污斑消除。

氧化作用平缓，对纸张强度影响较小，反应中除了水以外，不产生其他杂质。

（3）次氯酸钠去污

次氯酸盐具有强氧化性，纸质档案去污常用次氯酸钠。污斑去除后为出去残留的次氯酸，还需用少量盐酸，再将档案放入稀氨水中，使之中和，以保证纸张不受酸的侵蚀。

去污过程：

①将档案放进 5%的次氯酸钠和浓盐酸（HCl）混合溶液中约 5 分钟（其中 HCl 约占 0. 5%～3%），使污斑氧化漂白。

②把档案取出，放入稀盐酸溶液内（0. 5ml 浓盐酸溶于 2700mL 水），时间约 5 min，以除去档案上残留的次氯酸。

③将 2ml 氨水溶于 9000ml 水中，配成氨水溶液。把档案放入氨水溶液中约 10 min，以中和档案上残留的 HCl。

④将档案取出，放入清水中漂净。

注：为了保证操作人员的安全，应在通风橱中操作。

次氯酸钠去污的特点是去污能力强。

（4）高锰酸钾去污

高锰酸钾是一种强氧化剂，能氧化污斑中的色素，适用于纸质档案上较严重污斑的去除。

去污步骤：

①将档案放入 0.5%的高锰酸钾溶液内约 10 min，使污斑氧化。

②把档案取出放清水中水洗。

③将水洗后的档案放入 0.5%的亚硫酸氢钠（$NaHSO_3$）中进行处理，使之与档案上的褐色二氧化锰（MnO_2）反应，变成无色。

④对档案进行充分水洗，干燥、压平。

因高锰酸钾是一种强氧化剂，该法不适合含木素较多的纸质档案。

用氧化剂去污一方面要考虑氧化剂的氧化能力，即破坏污斑色素的能力；另一方面要考虑氧化剂对档案制成材料纸张和字迹耐久性的影响，根据缓和程度，去污时考虑的顺序依次应为：氯胺 T→过氧化氢→次氯酸钠→高锰酸钾。

第三节　纸质档案去酸技术

纸中的酸是降低档案寿命最重要的原因。酸能促使纸张中的纤维素水解，使纸张发黄变脆，影响纸张的耐久性。另外，酸还具有迁移性，它能从一种材料向另一种材料迁移。为延长档案寿命，必须对纸质档案去酸。

一、纸质档案中酸的来源及其危害

1. 纸质档案中酸的来源

（1）纸张生产过程带来的酸：制浆过程、施胶过程中残留的酸；内部施胶增加了纸张的酸度。

（2）空气中的酸性气体，如 SO_2、NO_2等、灰尘中的酸性物质，均可被档案吸附。

（3）书写、印刷在档案纸张上的字迹材料含酸，如墨水中以硫酸作为稳定剂。

（4）档案长霉后分泌的有机酸，如草酸、柠檬酸等。

（5）木素进一步氧化分解产生CO_2和有机酸。

2. 酸对纸质档案的危害

酸是影响纸张耐久性的主要因素。酸使纤维素甙键水解断裂，使纸张发黄变脆，强度降低，纸张含酸量越大，耐久性越差。当纸张为中性或弱碱性时，有利于纸张永久保存。研究表明：pH 值低于 6 的纸不适用于永久性的文件。

表 7-2　纸质档案 pH 值及其影响

pH 值	档案纸张状况	耐折度损失（%）
4	纸张棕黄、一触即碎	75
5	焦黄、变脆	22

二、纸质档案酸度的测定

纸质档案酸度的测定有有损检测和无损检测两种。档案部门一般采用无损检测法。用试剂、试纸、测酸笔等方法进行测定。方法如下：

1. 测酸笔法

用测酸笔在档案纸张空白处划线，与所给的指示颜色作比较，便可知纸张的　pH 值。无损快速，可基本判断纸张呈现的是酸性还是碱性，有些笔还能确定酸碱性的范围，但无法测定准确的 pH 值。

2. 酸度计测试

为了测得纸张准确的 pH 值，可使用酸度计进行测试。其一是破损法。具体方法是：将 2g 纸张浸泡在蒸馏水中，在 20℃～30℃下放置 1 小时，纸张中的酸被萃取于水中。然后用酸度计测定水溶液的酸碱度。该法能测得较准确的 pH 值，但需要破损纸张。其二是平头电极测试法（又称为无损测试法）。在不破坏纸张的情况下，利用酸度计的平头电极直接在纸张表面测试纸张的酸碱度。此方法适合于直接在纸质档案、档案袋、档案盒表面进行测试。

三、纸质档案去酸技术

纸质档案去酸的实质是用碱性化学物质（OH^-）中和纸质档案中的氢离子（H^+），以提高纸张的 pH 值，减少氢离子催化档案水解反应的能力。

纸质去酸的基本要求：（1）对纸张上的字迹、纸张无损害。（2）与酸性物质的中和能力应比较强。（3）对纸张的渗透性比较好。（4）对人体、环境无公害。（5）最好有缓冲剂的残留物，即可以持续抗酸。（6）生产成本低，安全，易操作。

1. 碱性水溶液去酸

现在常用于去酸的有：氢氧化钙-碳酸氢钙溶液、碳酸氢镁溶液。

（1）氢氧化钙-碳酸氢钙溶液

首先，将去酸档案在清水中浸透，待纸张纤维浸透后，放入浓度为0.15%~0.2%的氢氧化钙溶液中约10 min~20min。

第二，取出档案后放在清水中冲洗，然后放在浓度为0.15%~0.2%的碳酸氢钙溶液中约10 min~20min，以除去留在纸上的氢氧化钙。

使用这种方法去酸后在纸上沉积白色细小颗粒状的碳酸钙，能与酸作用生成pH值为8.31的碳酸氢钙，因而碳酸钙能抵御酸性物质，去酸效果好。两种原料易得，操作方法简便。不适用于水溶性字迹纸质档案去酸。

（2）碳酸氢镁溶液

去酸时把档案浸在碳酸氢镁溶液中20min~30min。碳酸氢镁溶于水中能生成氢氧化镁，氢氧化镁电离出氢氧根，与纸张中的氢离子进行中和反应，达到去酸目的，最后取出档案放在吸水纸中压干即可。

这种方法的优点是残留在纸张上的碳酸氢镁慢慢分解，生成碳酸镁，对档案纸张起抗酸缓冲作用。

上述两种碱性水溶液去酸的优缺点：

优点：去酸溶液能渗透到纤维内部，因而去酸效果好；去酸后档案上有碱性残留物，如$CaCO_3$、$MgCO_3$具有抗酸缓冲作用。

缺点：不适用水溶性字迹档案；去酸效率低，只能逐页去酸，不能大批量处理；脆弱的纸张受潮后容易破碎；干燥后纸张容易起皱；去酸前后需要将档案拆除和装订，费时费工。

2. 碱性有机溶液去酸

（1）氢氧化钡-甲醇溶液去酸

氢氧化钡-甲醇溶液去酸是通过去酸剂（氢氧化钡）和有机溶剂（甲醇）对档案纸张中的氢离子进行中和处理，从而达到去酸的目的。

去酸时，把1.86g氢氧化钡溶解于100mL的甲醇中，即可得到浓度为1%的氢氧化钡-甲醇溶液。然后，将纸张强度较好的档案直接浸泡在溶液里，强度差的，可将溶液直接喷洒在档案纸张上面。去酸后，残留在档案上的氢氧化钡与空气中的二氧化碳作用生成碳酸钙，可提高纸张的抗酸能力。此法不适用于油溶性字迹。氢氧化钡和甲醇均有毒性，因此操作时应注意安全。

（2）甲氧基甲基碳酸镁去酸

甲氧基甲基碳酸镁去酸法又称韦陀法（Wei T′o）。这种去酸液是由甲醇、氟利昂和甲氧基甲基碳酸镁组成的混合溶液。

第四节　纸质档案加固技术

在档案制成材料中，有的字迹材料耐久性较差，出现洇化、扩散、褪色等现象；有的纸张的强度会下降，出现断裂、糟朽等现象。

一、保护剂加固

将保护剂涂布在纸质档案表面形成一层膜，起到加固作用。一般对保护剂有如下要求：对纸张无损害；无色透明液体，不易变色；形成不透水的薄膜，具有一定粘性。缺点是不能用于加固油或醇溶性字迹；可逆性差。

保护剂加固包括：乙基纤维素加固、氟树脂加固、聚甲基丙烯酸甲酯加固。

1. 乙基纤维素加固

乙基纤维素是一种纤维素醚，为白色粉末，能溶解在苯、醋酸等有机溶剂中。其涂膜柔软、耐水、耐热及耐酸碱。乙基纤维素主要用于加固黑色铅笔字迹。

涂料配制：将5g乙基纤维素放入干燥的锥形瓶内，加人170ml苯和无水酒精混合液。用玻璃棒搅拌直至完全溶解，再加入少量邻苯二甲酸二丁酯。搅拌均匀后，盖上木塞备用。

操作方法：将档案铺在一张纸上，用毛笔蘸上乙基纤维素溶液，均匀地涂抹在需要加固的地方。如果整页档案需要加固，可进行喷洒。也可用醋酸纤维素涂料来加固字迹的。

注：乙基纤维素不能用于加固油或醇溶性字迹，如圆珠笔、书写纸油墨字迹。

2. 氟树脂

氟树脂的化学性质很稳定。其涂膜耐酸碱、耐光、不易老化性。氟树脂可以用于加固墨水、铅笔、黑色打字带等字迹。但其可逆性差。

涂料配制：将 15g 氟树脂与 100ml 丁酮放入锥形瓶中，并将锥形瓶置于水浴锅中加热：或把 5g 白色氟塑料放入锥形瓶中，再加入 120ml 丙酮、甲基丙烯酸甲酯、丁酮等有机溶剂。用玻璃棒搅拌均匀后，用木塞塞紧瓶口，静置，直至完全溶解，即配制成 5%氟树脂溶液。如用甲基丙烯酸甲酯作为溶剂时，应在瓶上装一回流装置。注意：有机溶剂易燃烧，因而不能把容器放在火上直接加热。

3. 聚甲基丙烯酸甲酯

聚甲基丙烯酸甲酯（有机玻璃）的涂膜耐酸碱、耐光，有较高的耐水性和机械强度。聚甲基丙烯酸甲酯主要用于加固水溶性及黑铅笔字迹。

配制方法：把有机玻璃、苯、三氯甲烷放在锥形瓶中. 上带一冷凝管，然后把锥形瓶放在水浴锅中加热。让溶液沸腾 24 小时，待有机玻璃完全溶解后. 再加入少量苯二酸二辛酯。

二、加膜加固

一般使用塑料薄膜加固。在档案正反两面或一面加上一层透明的塑料薄膜，以提高纸张强度、保护字迹的一种加固方法。由于加膜方法不同，塑料薄膜加固又可分为热压加膜和溶剂加膜。

1. 热压加膜

热压加膜是用加膜机在档案一面或两面热压上一层棉纸和热塑性树脂薄膜，如醋酸纤维素薄膜、聚乙烯薄膜或聚酯薄膜。加膜时按如下顺序进行：

棉纸—薄膜—档案—薄膜—棉纸

加膜机有汽热平板式和电热辊压式两种。加膜机上装有温度调节器。一般温度控制在 80℃～150℃，压力为 $5kg/cm^2 \sim 30kg/cm^2$。热压时间约 3 秒至 3 分钟不等。在热和压力作用下，薄膜变软并渗入到档案纸张和棉纸细孔内，使薄膜、档案纸张和棉纸形成一个整体。

2. 溶剂加膜

溶剂加脂是使用有机溶剂，把透明薄膜粘合在档案上。这是一种简易加膜法。其优点是不经高温高压处理。此方法是由印度国家档案馆提出的，亦称印度加膜法。

操作时，按上述次序把棉纸、醋酸纤维素薄膜和档案展平放在玻璃板或平滑的桌面上，用无绒棉布或脱脂棉球蘸丙酮，从棉纸中心开始，缓慢、均匀、稍带压力地向边缘涂抹。当丙酮通过棉纸浸透醋酸纤维素薄膜时，用拧干的丙酮棉球，迅速地在棉纸表面用力擦一遍，使棉纸、薄膜和档案粘合在一起。然后，对另一面进行同样的处理。处理完毕后，干燥5秒钟，用手拿压平档案，赶走起泡，使棉纸、薄膜和档案粘贴牢固。最后，把加膜的文件放在压力机上压平。

注意：由于丙酮有毒、易燃，应在通风橱内进行操作，并且不能有明火。

三、双面字迹纸张的加固方法

双面字迹纸张加固多采用丝网加固和典具帖加固法

1. 丝网加固是用蚕丝织成网状，并喷上聚乙烯醇缩丁醛胶粘剂，在一定高温度、压力下，丝网与档案结合在一起的一种加固方法。

操作过程：按丝网—档案—丝网的次序排列，将丝网和档案放在两张氟塑料（聚四氟乙烯）薄膜之间，一起放进热压机中热压. 也可用电熨斗热压。

丝网加固的优点是：透明度好，重量轻，手感好，耐老化。缺点是强度较低。此方法适用于纸张发脆并且两面有字文件的加固。

2. 典具帖是一种楮皮或雁皮等书皮加工而成的轻薄、强韧、具有极好的透明度的薄纸，被日本、台湾及西方国家广泛用于文献修复中，尤其适用于两面有字文献的双面加固。浆糊常用羧甲基纤维素（CMC）。羧甲基纤维素（CMC）为无毒无味的白色絮状粉末，性能稳定，易溶于水，其水溶液为中性或碱性透明粘稠液体。使用典具帖加固档案时使用浓度0.5%~1.5%的CMC，利用其遇水即溶的特性，在微潮的情况下，达到档案原件与修复用纸的贴合和加固，同时这种条件对字迹也不会造成影响，经测试，使用该法处理过的档案，其抗光、抗酸能力有所增强。

在操作时，先用典具帖修补破损部分，用碳酸氢镁碱性溶液喷洒档案，以平衡酸化的纸页。然后将档案一页以双面夹托，贴在典具帖上。最后，压平、干燥，等整部档案修护完成后，再重新装订。注意遇水扩散字迹的破损档案不能用此方法加固。

第五节　纸质档案修补和托裱技术

修补和托裱是手工修裱纸质档案的主要技术之一，是利用浆糊做粘合剂，运用修补或托裱的方法，把选定的纸张“补”或“托裱”在档案上，以恢复或增加档案的强度和耐久性。

修补是针对档案损坏部位进行小修小补，适用于纸张强度尚好，但局部有残缺、破损的档案。托裱属于通体大修，托裱的对象为损坏较为严重的以及濒危的历史档案。修复这些档案，往往需要进行全面治理。

修补与托裱之间有着密切联系，不能截然分开：托裱当中有修补，修补之后有时也需要托裱，托又是裱的第一道工序，裱的过程中始终贯穿着托。在实际工作中，往往根据档案的破损情况，穿插进行，灵活掌握。

修补、托裱的正确运用，可有效挽救受损档案并最大限度延其寿命，在我国各级档案馆的抢救性保护工作中发挥了重要作用，得到越来越广泛的应用。

图 7.2　受损档案修裱前后对比

一、修裱原则

1. 尽量保持档案原貌

修裱档案时必须要考虑到尽量保持档案原貌，要求仅针对档案损坏部分进行修复，而对未损坏部分保持原样。为了达到这个要求，在操作中应做到尽量保证档案信息内容完整，包括：不丢掉片纸只字；不接笔、全色、修改；不凭主观臆想随意拼对字迹；不在档案页面上进行“斩挖”；不在档案正面裸刷；不造成字迹、栏格扩散；不损坏档案上的一切历史痕迹和标记。

2. 有利于档案制成材料耐久性

选用修裱材料应注重其是否具有增强档案强度、延长档案寿命的特性，凡是不稳定的、有副作用的、甚至先于档案原件老化的材料，都应该被排除。

3. 具有可逆性

可逆性是指档案在修裱后，如有必要，可通过揭裱恢复到原来的状态。即修裱措施是可重复的，修裱材料是可逆的。这就要求修裱黏合剂具有能粘、能揭，互为逆转的性能。

4. 最小干预

“最小干预”强调在修裱过程中所采用的技术方法，对档案制成材料产生最小的影响，保存档案现状以及最低程度介入。最低程度介入，主要指尽量降低人为干预和尽量少地使用修裱材料。例如，能修补的不托裱，能干托的不湿托，能腹托的不飞托；又如，浆糊“宁稀勿稠”，补口“宁窄勿宽”，镶距“宁软勿硬”（即能用单层纸的软距就不用双层纸的硬距）。修裱一份破损严重的档案需要进行不同的处理时，应尽可能地将工序进行集成，避免因多次遇水、多次干燥对档案造成不应有的损伤。

二、修裱用材料

（一）修裱用纸

1. 选择修裱用纸的标准

（1）干、湿强度高：干强度高，有利于加快档案修裱速度；湿强度高，便于后人的揭旧重托或揭旧重裱，使当下的修裱着眼于以后的再修复。

（2）耐久性好：档案是要求永久保存的，若档案修裱用纸本身耐久性差，修裱的档案也就不能永久保存和利用。

（3）中性偏碱：中性偏碱的修裱用纸，不会使档案增加酸度，而且还可以中和一部分档案纸张原有的酸度。

（4）柔软度中等：中等柔软度的纸，操作方便，修裱后既耐折叠，又能使修裱的档案有一定的挺度。

2. 常用修裱用纸

（1）补纸：宜选用与档案原件颜色质地相近的纸张。如果找不到相匹配的纸张，可根据档案原件纸张的厚薄，选择生宣中的净皮绵连或净皮单宣，仿照原件颜色加以染色。

（2）溜口、溜条纸：常用棉纸。

（3）距条纸（揭旧重裱中用）：宜用生宣中的棉料绵连或单宣。

（4）折条纸（揭旧重裱中用）：宜用生宣中的净皮绵连或单宣。

（5）接背、加边纸：根据档案纸张厚薄选择生宣中的棉料绵连或棉料单宣。

（6）托纸：宜选择生宣中的净皮绵连、单宣、夹连。在“托”的操作中，为了尽量减少托后档案的厚度，托一般幅面的档案宜选择较薄的绵连，托幅面较大的档案多用单宣，夹连一般用于托地图。

根据修裱实践经验，不论是托手工纸或机制纸的档案，用生宣纸做托纸比较合适，具有耐久、较薄、柔软、耐折、不易变形等优点。个别机制纸也可以做托纸，但大部分机制纸纤维短，性脆，托裱后耐折性差，易断裂，不如生宣托裱的质量好。

需要揭旧重裱的档案，选择托纸的厚薄要注意与镶料匹配，即档案上托纸后，应与镶料上托纸的厚薄基本一致。

（7）纸捻：常用棉纸或皮纸。

（8）覆褙纸：常用生宣中的棉料绵连或单宣托合而成。

（9）衬纸、护页：常用生宣中的棉料绵连。

（10）撤潮纸：常用高丽纸。

（11）糊纸绷、纸墙：常用高丽纸做内层，用中性施胶机制纸罩面。

（二）粘合剂

1. 修裱档案对粘合剂的要求

（1）粘性适宜；

（2）白色；

（3）不损坏档案纸张和字迹；

（4）pH 值为中性；

（5）具有可逆性；

（6）要有适当的粘合速度；

（7）调配方法尽量简单。

目前手工修裱常使用小麦淀粉或羧甲基纤维素（CMC）做为粘合剂。

2. 小麦淀粉浆糊

它的特点是：纯净，无麸皮，粘性适宜，可粘可揭，修裱出来的档案柔软，不变形，不影响档案纸张字迹，基本符合上述要求。

浆糊制作：

（1）制作稠浆糊：稠浆糊的制作有锅煮法、水冲法、隔水加热法等。其中，锅熬法因不易出现夹生现象，在实际工作中用的比较多。具体做法是：将干淀粉与水按照 1：5 左右的比例混合，用细箩过滤，倒入锅内，加热，同时用浆棒不停地搅拌，当加热至 60℃ 左右（糊化温度）时，淀粉液表面发亮并呈暗色，形成半透明体，并且粘度迅速上升，形成糊状，此时停止加热，使之慢慢冷却，放之备用。刚熬制好的浆糊火气大，黏性强，不适宜修裱，须立即把浆糊浸泡在清水中，凉透之后方可使用，这样做还可避免浆糊因干结而呈浆皮。

（2）调配稀浆糊：修裱档案需要浓度适宜的稀浆糊，所以还要把制成的稠浆糊再用水调稀。

取一定量的稠浆糊和凉开水，先将稠浆糊放在浆盆中捣碎，然后一边倒入凉开水一边搅拌均匀，直到将所需凉开水全部加入为止，再过一次箩即可使用。

在实际工作中，根据档案纸张厚薄、吸水性能大小，调制稀浆糊的浓度。修裱工序与用浆稀稠度的匹配大致如下：

修补，托（干托、湿托）档案，镶软距，托覆褙用稀浆；

托绫绢，转边、包边、撞边，贴折条用半流质浆糊；

装订，镶活，托锦、缎，上天、地杆用次稠浆糊。

在北方夏季或南方高温高湿地区，由于天气炎热，浆糊容易发酵，最好是当天使用当天调配。

3. 羧甲基纤维素

（1）性质：羧甲基纤维素简称 CMC。呈白色粉末状、粒状或纤维状。无味、无腐蚀性。能溶于水。水溶液呈中性或微碱性，并具有一定粘性、热稳定性。不易生虫、长霉，但具有较强的吸湿性。

（2）配制方法：取少量 CMC 干粉，用温水溶解后，再用开水稀释，浓度视纸张厚薄而定。最后加 1%~2%甘油，以改善其润滑性。

CMC 可用于托裱档案。但要注意的是：用 CMC 托裱的档案在未干以前易剥离，因此，托裱后不要马上移动档案。另外，低浓度（<5%）的 CMC 具有可逆性。

（三）干燥设备

传统修裱技术常用绷子、大墙来干燥被修复的纸质档案。

1. 绷子、大墙干燥

用绷子晾干托裱后的档案，这是我国传统修裱技术中的主要干燥方法。用纸制作的、固定的、大面积的纸墙叫大墙，而小型的、便于移动的、两面使用的叫绷子或壁子。绷子和纸墙是用木框和多层高丽纸糊制而成。由于纸墙、纸绷子容易生霉，在气候潮湿的地区，多用木板或五合板代替纸墙或绷子。

绷子制做方法：用 4 根宽 6cm，厚 4cm 的干木材制成一个木框架，中间再用 3cm 宽的木条隔成 18cm 的正方形小框。然后用比小木框大的方块高丽纸，每 4 张用稠浆糊粘合为一贴层，然后斜糊在小木框上，隔一框糊一贴层，每贴层纸的四角均紧包在木框上，使纸与木框粘贴在一起。在木框上共糊 4 个～5 个贴层，最后糊上 2 层～3 层质量好、光滑的大张纸，使绷子表面平整（图 7.3）。

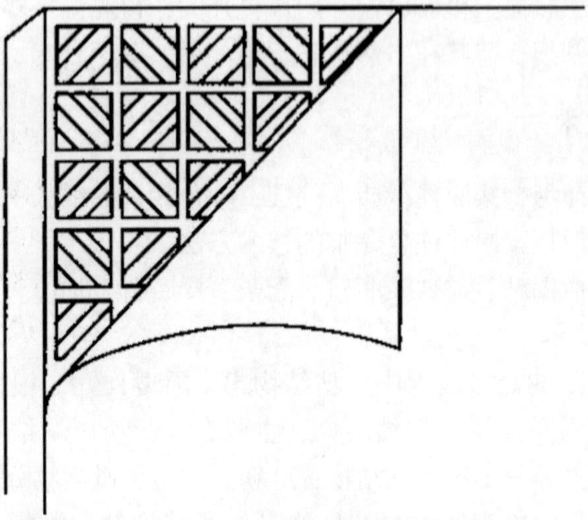

图 7.3　绷子

由于绷子是纸制的，与档案纸张收缩程度相同，托裱后的档案纸张平整，不皱、不断裂。上墙过程中修裱室内温湿度不能过高，否则易使档案长霉，但也不能过低，湿度小易使档案干裂。温湿度应控制在 14℃～24℃、50%～60%。

2. 红外加热干燥

红外加热干燥是利用红外线产生的热效应将托裱后的档案加热烘干的一种干燥技术。红外线对有机物及高分子材料的干燥和固化效果显著。我国档案保护工作者在多年试验基础上，研制出"集装式红外修裱档案烘干机"。该机器利用长波红外线加热并配合排气扇，将托裱后的档案放在集装的绷架上成批快速干燥，它成功的将传统修裱工艺与现代技术相结合。

该机器由干燥室、加热室、风机室组成。并设有电热恒温系统、去湿系统及测湿报警系统。烘干机的下部是加热室，内部装有能产生长波红外线的电热板。中部为干燥室，室内有恒温装置，它能使修裱后档案干燥全过程的温度一直控制在 50℃ 左右。该室可容纳集装式绷子架，架子上装有以松木为原料，按照传统工艺方法制成的多个小型绷子，主要用于张贴修裱后档案，从而保证干燥后裱件的平整性，它继承了传统干燥方法的优点。该机上部为风机室，室内有数台抽风机，能随时排出干燥室中裱后档案散发的水分。此外，机器还装有测湿报警系统。此系统与绷架上修裱后的档案有效接触，当档案纸张的含水量降至规定值时，能发出报警信号，以示整个干燥过程结束。

干燥时，首先使干燥室处于恒温状态，然后将插满绷子的金属集装架沿轨道推入干燥室。随后关上机器后，开启风机开关，待测湿报警系统发出信号再打开机器，取出绷架，待其在自然状态下冷却后，取下档案。

三、修补技术

修补是指选择与档案原件纸质、纹理、颜色相近的纸张，用粘合剂粘补在档案的残缺处，使档案原件恢复完整的技术方法。

修补技术包括揭粘、补缺、溜口、溜条、接后背、加边。

（一）揭粘技术

在“档案砖”的众多成因中，粘结物起了重要作用。根据档案粘结的不同成因，可形成不同类型的粘结污物，主要有：淀粉类粘结物；蛋白类粘结物；微生物及害虫等分泌物类粘结物；淀粉、灰尘、微生物分泌物的混合类粘结物。因而，揭开“档案砖主要是设法降低或消除粘结物的粘性。此外，还应分析“档案砖”的粘结状况。因为纸张纤维具有湿胀干缩现象，所以，干燥后纸层间会产生缝隙。但由于各部分受压情况并不相同，一般是上层承受压力较轻，中层受压稍重，下层承受压力最大。因此，往往是上层纸层间缝隙较大，中下层因纸张粘结较牢，而缝隙较小。为此，在揭“档案砖”前，首先要观察其粘结状况，此外，要分析其粘结成分。为了防止揭粘过程中损坏字迹和纸张，还应了解字迹的水溶及纸张强度等情况，依此制定不同的揭粘方案，采用不同的揭粘技术。

1. 干揭

对于粘结不太严重，纸层间有一定缝隙，并且字迹遇水易扩散的档案，可采用干揭法。

揭粘时用竹签的扁平一头伸进纸页空隙处，紧贴纸页向四周轻轻移动，使之慢慢揭开。如果档案的纸张强度较好，还可用双手将粘连不太厉害的档案一点点搓开。捻搓时，手劲要均匀，不能用力过猛。

2. 湿揭

对于纸页粘结比较结实，并且字迹遇水又不扩散，而用干揭又无法揭开的档案，可利用某些粘结物能溶于水或在高温下易熔化等性能，采用湿揭方法。

根据“档案砖”的粘结程度及档案纸张强度和破损情况，主要有以下方法：

（1）水冲法。

把档案砖用白布包好，放在一块略大于“档案砖”的平板上，把平板斜置在水池中，然后用开水冲洗。冲洗时应尽量让水从“档案砖”的缝隙里通过，直到整块“档案砖”湿透为止。由于开水渗透力强，能把灰尘、泥沙等杂质冲走。加上其温度高，又能使一些粘结物熔化，从而把“档案砖”揭开。

冲洗时应掌握水速和水量。水速过快、水量过大会冲坏档案；水速过慢、水量过小则冲洗不干净。应使水速水量适中，让泥土、灰尘等杂质细细流出，“档案砖”慢慢变软为宜。

（2）水泡法。

把“档案砖”浸泡在清水中，使水慢慢渗透进入纸页间的细小缝隙中，直到泡透为止。浸泡时用凉水还是开水，可根据实际情况而定。一般情况，容易泡透的档案可用凉水，不易泡透的档案可用热水。因为热水的温度高，水的渗透力强。

水泡法一般用于粘结较结实，纸页间缝隙很小的档案。

（3）湿闷法

用湿毛巾包裹档案砖，再用塑料薄膜覆盖在毛巾之外，放置一段时间，待水分渗透到纸张之间，再在纸张之间进行分离。在进行此操作时，边揭边闷，闷的时间依据档案砖粘得程度。

（4）蒸汽渗透法。

此方法是利用高温水蒸汽穿透力强可熔化粘结物的特点，使厚度大，板结硬度大的“档案砖”变软后脱胶而被揭开。

用此方法时不要干蒸，应先将“档案砖”放在清水中浸泡。因为经过水泡后，纸中纤维吸水膨胀，使纸张变得疏松，便于水蒸汽进入。浸泡一段时间后，用白布将“档案砖”包好，放在锅内笼屉上，并把它架起来，使水蒸汽能穿透档案砖，这样更易蒸透。如将包好的“档案砖”竖放时，应用支架支住，以免其变软后倒下，使之受损。一般待锅内水烧开后，还需蒸 1h～2h。

此方法的关键是掌握火候和时间。时间太短，“档案砖”不能软化，不易揭开；时间过长，容易损坏档案。另外，锅内的水不能太多，因水沸腾后易损坏档案；但也不能太少，否则易烧干。应经常观察，不断加水，使锅内水位保持适当。

用此方法时，对于某些“档案砖”，如墨胶档案，一次蒸后可能还揭不开，往往需要蒸和揭多次。

由于“档案砖”成因较复杂，情况也是多种多样，有时采用一种方法无法揭开。因此，必要时可将几种方法配合使用。采用较多的有：浸泡—蒸揭、冲洗—浸泡、蒸揭—冲洗等方法。

3. 揭粘时应注意的问题

（1）无论采用上述哪种揭粘方法，当档案纸张处于潮湿状态时，都不能马上揭。因为此时纸张中含有较多水分，纤维之间距离较大，因而纤维间的氢键力及各种结合力都下降，使纸张强度降低，容易揭烂。可将其放在撤潮纸中，晾至半干状态再进行揭粘。

（2）揭下的档案要编号，以利整理。

（3）揭下的碎纸要放在原来位置，不能丢失，以保证其完整。

（4）“档案砖”揭开后，由于脏物很多，如尘土、鼠尿等，如不清除继续损害档案，所以在对档案进行修裱前加以清洗。方法是将揭下的档案通风干燥，使之具有一定强度后，再把碎纸片连接起来，字迹朝下平铺在桌面上，用喷壶或毛刷进行洒水清洗。洒水时可用毛巾挤压或滚动以赶走水分，但不要搓动。

（5）揭时应保护字迹。遇到字迹处应一点一点地挑揭。

（6）揭开后应及时进行修补和托裱。

（二）补缺

补缺是指对残缺的档案进行修补。

1. 补缺

其步骤可分为做口子、刷浆、上补纸

做口子是补缺的第一步。所谓做口子，就是使破损档案残缺处无字的一面产生坡度。其目的有二：一是使补口周围厚薄一致，没有凹凸不平的现象；二是增加档案与补纸的粘接面，使修补之处更加牢固。

操作时先把待补档案字面朝下平铺在葛板上，用毛笔蘸清水在档案残缺、破洞边缘处略微湿润后，再用手指或钝刀将档案残缺边缘磨薄或刮薄，注意勿伤及文字、印章等信息内容。

档案纸张过薄、糟朽或残缺处有字迹，可以不做口子，刷浆是用毛笔尖蘸浆均匀地涂抹在已做口子的地方，上补纸就是把补纸补在档案残缺处。

目前国内外部分档案部门采用纸浆补洞机对档案进行机械补洞，其效率高，补洞准确。纸浆补洞机对有孔洞等破损档案进行修补的一种技术。

纸浆补洞机是由纸浆槽、不锈钢丝网、真空泵等组成的一种新型档案修补设备。它主要利用植物纤维纸浆修补有孔洞等破损档案。该设备以纸浆为修补原料。制作纸浆时可将宣纸或质地较好的手工纸撕成小块，用蒸汽水浸透后，放入打浆机或搅拌器中进行打浆，使之分离成纤维状，然后加水配制成不同浓度的纸浆液。补洞时首先将破损档案平铺在槽中丝网上，然后开启真空泵，将纸浆液倒入槽中，在负压状态下，纸浆液快速流向档案上的孔洞处。纸浆液中的纤维不断沉降交织形成湿纸层，填补在孔洞处，再经过真空泵脱水干燥处理。

该方法补洞的优点是补洞速度快，效率高，而且补洞准确。修补后的档案没有明显的修补痕迹，使用时应注意：（1）补洞前要计算出修补档案的破损面积，以防纸浆纤维沉淀过多或过少影响其修补质量。（2）破损档案的字迹如是水溶性的，必须先进行加固保护处理后方可上机修补。（3）如果修补档案要求补纸与原件纸色一致，在纸浆液配制时应先进行调色。

2. 溜口

明清时期簿册档案和近现代筒子页档案经过长期利用，中缝容易磨损断开，变成两张单页。为了使档案恢复完整，便于保存利用，必须粘成整页。

溜口就是使用棉纸条修补簿册、筒子页档案裂开的中缝。棉纸宜染成与档案纸张相近的颜色，晾干后裁切成纸条，宽度为 1 厘米左右（如中缝破损残缺，纸条宽度可适当加大），长度大于中缝长度 2 厘米左右，一律用竖纹纸条。

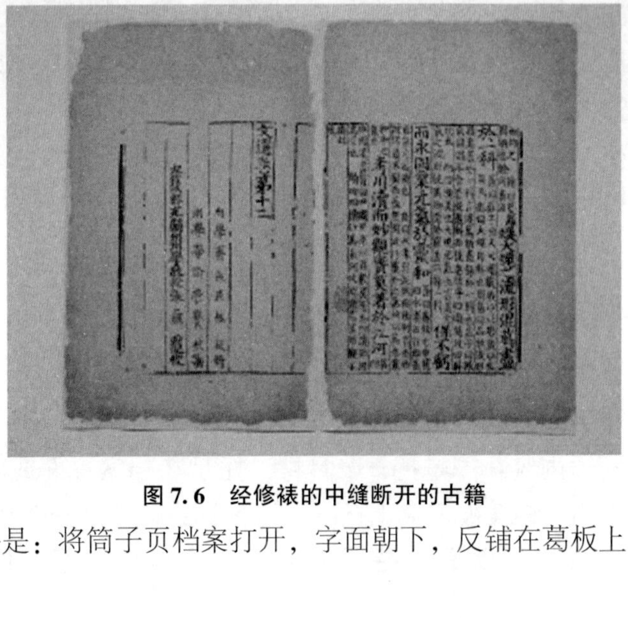

图 7.6　经修裱的中缝断开的古籍

溜口做法是：将筒子页档案打开，字面朝下，反铺在葛板上，用毛笔蘸浆在中缝处均匀抹浆，浆口宽度约为1cm，然后贴上相同宽度的补纸条，用干毛巾盖在补纸条上摁压吸水，再垫上一张吸水纸用棕刷排实，揭起来放到葛板下。

明清、民国时期抄本印有红、蓝格线，而红、蓝格线色素材料遇水极易成片洇化扩散。对这种档案溜口时，不可直接在档案页面上涂抹浆糊，要把溜口纸条放在葛板上抹浆，借助葛板的吸水作用，使其撤水，然后再往中缝上粘贴，这样做可以防止浆糊中的水分浸润栏格色素材料。

3. 溜条

溜条是使用棉纸条修补档案页面上的裂缝。

方法基本同溜口，但溜条纸条较窄，一般为0.2厘米左右，长度要比撕裂处长出1厘米左右。

4. 接后背

接后背就是在修补的档案装订前，对装订边窄小，易订住字的档案加边。

具体做法是：将档案字面向下铺在案子上。在需要加边处顺边靠里约0.2厘米处加隔糊纸，顺着隔糊纸边际刷浆。揭去隔糊纸，顺刷浆处粘贴补纸条，之后加盖吸水纸，再用棕刷在粘接处排实一遍。

5. 加边

加边是指档案字迹距原边太近，或纸页短小，对档案进行加宽边沿的方法。它与接后背的方法相同，不同的只是部位。

档案四边均需加边，应先加长边，后加短边，使之协调。

加边是一种拼接的方法，相比挖心接补节省纸张，操作速度较快。但加边后的档案，在靠近天头、地脚处分别留有四个明显的接口，是该法存在的缺陷。

经过修补的档案，由于局部潮润和使用了浆糊，晾干后就会因收缩而出现局部褶皱和不平。

四、托裱技术

托裱是指使用纸张、黏合剂等材料，对破损档案进行加固的技术方法，适用于纸张强度较低，破损严重的档案。

托裱包括两项内容：一是托，二是裱。托是在档案一面或两面托上一张纸，起到加固作用。档案被托合上托纸，通常称为托件。托件从层数上来讲，一般是两层（双面托可以是三层）。裱是装潢之意，在托件上进行镶、覆、研、装称之为裱。从层数上看，一般是四层或四层以上，通常称为裱件。裱的目的除了便于保管、保护、利用以外，还注重修饰之美。档案修裱所涉及的裱，主要是指对卷、轴、册、片历史档案的揭旧重裱。

（一）托的技术

托的技术分为湿托和干托。湿托是把浆糊刷在档案背面，然后再上托纸。适用于字迹遇水不扩散的档案。干托是把浆糊刷在托纸上，撤潮后再与档案粘合，适用于字迹遇水扩散的档案。

1. 湿托

第一步　检查字迹材料的水溶性

用半干半湿的生宣纸条压在档案信息不重要处，观察颜色扩散现象，如首次测试无反应，应再测试一次。确定档案字迹材料遇水不扩散，方可应用湿托方法。

第二步　铺平档案

铺平是把档案纸张由干燥变为湿润进而展平的过程；对破碎档案来说，铺平还包含拼对。拼对是把破碎档案掉离的碎片还原，裂缝对齐，字迹、图迹、印章等对准，以保证文字碎片位置的原始性。

第三步　刷浆

用排笔蘸浆水在档案背面均匀刷浆。注意刷浆时勿使档案纸张移动，裂缝和碎片较多的地方，可用喷雾器喷洒浆水。

刷浆后，如发现碎块、裂缝移位，或有漏拼的地方，应使用排笔或毛笔蘸浆水进一步进行微拼，达到严密合缝后再把多余的浆水吸净。如出现部分字迹洇化，应迅速用吸水纸及时吸干，防止继续洇化。

第四步　托前修补

托前修补是指在上托纸前对档案字里行间破损及边、角残缺进行的修补。修补之后，补纸上要补刷一层均匀的浆糊，以便上托纸。

刷浆之后，将补纸对准档案残角放下，使补纸两条边大出档案原边 2 厘米，补纸与档案残角边缘搭接宽度以预留的余边宽度为准。用毛笔将补纸刷平，再逐步完成四周护条的连接，最后，用毛笔在补纸和护条上涂抹浆糊。

第五步　上托纸

上托纸就是将选好的托纸平刷在修补好的档案背面。

其方法有二：一是对中、小幅面的档案可以用棕刷从一边开始，依次将托纸平刷到另一边；二是对大幅面的档案可将托纸对准后，从中间平刷到两边，或走“米”字形将托纸刷平。

图 7.7　经修裱的边、角残缺破损档案

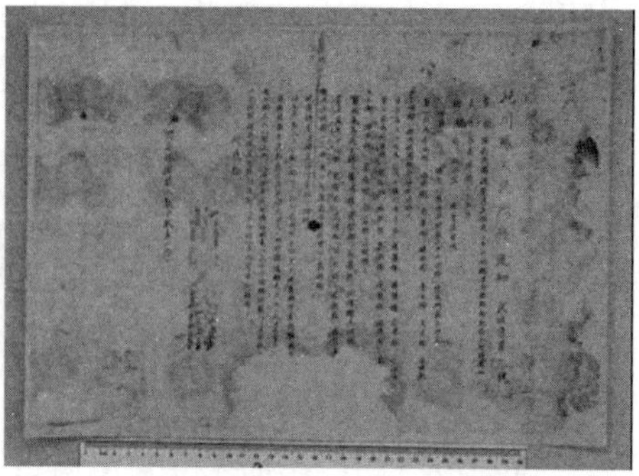

图 7.8　经修裱的边、角残缺破损档案

上托纸时应注意下面三点：

一是须将托纸毛面向下，对准档案浆糊面进行粘贴，以利获得更加牢固的粘合效果。同时，也因托纸的光面朝外，使托后的成品表面光洁。

二是覆合托纸时要求看准位置一次上正，做到不掀动，因为掀动会揭起补纸或档案碎片。切记不要待托纸铺平后再刷，要边铺边刷，分段刷平。

三是在排刷过程中不得形成褶皱。一旦出现褶皱，就为日后档案产生断折埋下隐患。根据经验，一个褶皱就可能形成一个断折，操作者需要严谨对待。

第六步　排实

在托纸上垫一层吸水纸，用棕刷隔纸排实，注意先轻后重。

第七步　上墙

上墙是传统的干燥方法，就是将已托好的档案固定在大墙、绷子上晾干、挣平。

第八步　干燥

上墙的档案晾干后下墙。干燥时间要看气候和室内温湿度情况而定。在室内相对湿度为60%~65%的条件下，托件通常为两天左右。四层以上的裱件需要一周至10天晾干。

干燥期间，如果发现某一部分干得快，要注意在这部分适当喷水，使托件整体同步干燥。如果室内湿度过大，可注意去湿。

第九步　下墙

下墙是指把托件从墙面上揭启下来。

将竹签伸入托件右边的启口，先启开右下部和下边，再启右边，并捎带着把右上角同时启开最后，右手拿住右边，左手拿住下边，并与墙面成45°角向上掀揭，将托件取下并按顺序叠放一处，然后用夹板和重物压平。

2. 干托

干托又分飞托和腹托。飞托是把浆糊刷在托纸上，晾置半干后把档案字面向上“坐放”在托纸上。需要注意的是，由于飞托是用棕刷将档案正面刷平在托纸上，棕刷与档案正面直接接触产生的摩擦会对字迹、纸张产生有害影响，稍有不慎，就会把字迹刷花，或者把纸张刷破。因此，在档案修裱中应慎用飞托。必须使用时，应在档案正面衬垫护纸，使棕刷不与档案直接接触，以避免档案发生不应有的损坏。

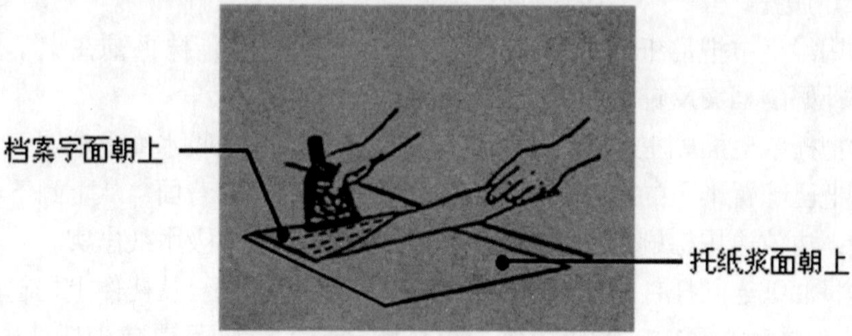

图 7.9　飞托

腹托是先将档案纸张正面朝上，先将破损档案拼对好，反扣使字面朝下，再把刷有浆糊的托纸晾置半干后，浆面朝下腹扣在档案背面（即无字的空白面），再用棕刷排平、排实。在腹托的操作过程中，由于棕刷不直接与档案接触，更不能产生摩擦现象，因此，腹托适合于破损严重档案的加固方法。

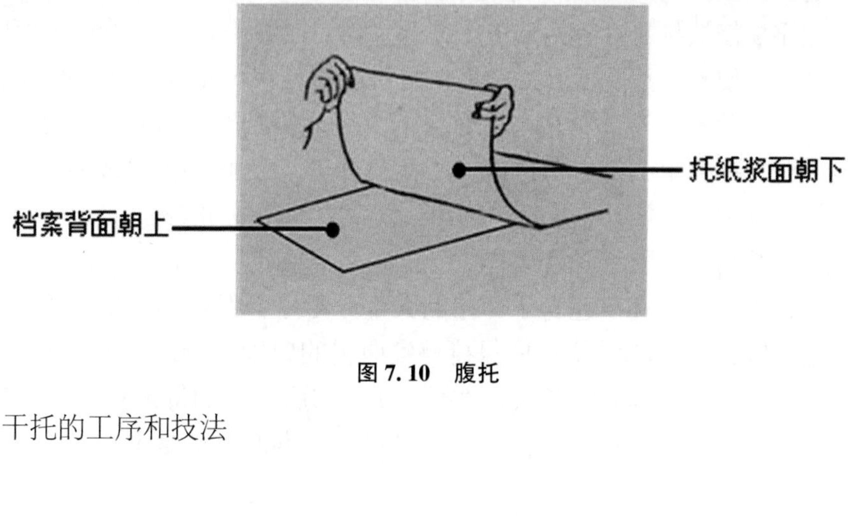

图 7.10　腹托

干托的工序和技法

(1) 飞托

①先把托纸毛面朝上平放在案子上均匀刷浆。

②将刷浆的托纸从案子上揭起，放在早已铺平的吸水纸上晾置。

③将已晾置半干的托纸再次平放到案子上，然后将预先展平、修补好的档案慢慢上到托纸上。

④上好档案后，在上面铺一层吸水纸，用棕刷依次迅速排实。

⑤趁托纸四周余边浆糊未干，将档案字面朝里，用反贴法上墙。

⑥干燥、下墙方法与湿托法相同。

(2) 腹托

①用湿毛巾把油纸（或塑料薄膜、绢、纸等垫膜）抹平铺在案子上，将预先修补好的档案反铺在油纸上展平。

②把托纸毛面朝上平放在案子上，刷好浆糊后放到吸水纸上晾置。

③把已晾置半干的托纸拿起来，浆面朝下对准档案背面，从上到下，或从右到左，边放边用棕刷刷平。全部托纸上完后，迅速垫吸水纸排实。

④将油纸连同托件一同揭起，反铺在吸水纸上，轻轻从托件上揭起油纸。

⑤ 在档案上面放一层吸水纸，再按顺序排实，以迅速减少托件内水分，使字迹不扩散，并加快浆糊固化过程。

⑥趁托纸四周余边浆糊未干，将档案字面朝里，用反贴法上墙。

⑦干燥、下墙方法与湿托法相同。

(二) 裱的技术

裱可以分为两类，一类是新裱，一类是揭旧重裱。新裱是把书画新作按装裱程序进行装裱。做法是将托过的画心进行方心，然后在画心上、下、左、右以及背面添加修裱材料（包括纸、织品、浆糊、杆轴等），使之加厚加固并得到装饰美化，便于收藏欣赏。揭旧重裱是对历史档案中年代久远、保管不善、损坏严重，已危及保存寿命的卷、轴、册、片形制档案进行揭裱。做法是将卷、轴、册、片档案原裱中旧的托裱层揭取下来，使画心恢复成原来单张形态，经淋洗、拼对、修补、重托、裁切，以后的工序一如新裱。

揭旧重裱与新裱既有联系又有区别，主要表现在：

第一，揭旧重裱几乎包含了新裱的大部分工序，但却不包括“方心”的工序。这是因为“方心”不适应保持档案原貌的原则。所谓“方心”即方裁画心，是指用裁刀将画心四条原边裁掉，使裁切后形成的每条新边相互垂直，从而获得一个规矩整齐的四方形，以便装潢。而揭旧重裱是不用“方心”这道工序的，即不允许在档案幅面上动刀，不允许将档案原边裁掉。尽管档案心子经过一系列干、湿处理，可能变得不方了，真正需要将其方正，只能在软距条上或者镶料上进行裁切。如果盲目的把新裱中的“方心”照搬到揭旧重裱中来，必将导致档案原件每修复一次就缩小一次。

第二，在品式的设计上，新裱可以根据对书画作品的理解进行艺术上的再创造，而揭旧重裱则要求在尽量完整保留档案原裱特点的情况下完成修裱工作。凡是原裱保留天地及两边的，应原裱规格尺寸计算下料（裱料、颜色、图案也如此）。裱料、杆轴等装裱附件完好的应尽量使用，不能一味的全换成新的。

揭旧重裱又分为两部分，一部分是对档案心子的修复，另一部分是对档案心子以外附加部分的修复。其中，档案心子是修复的主体，不可喧宾夺主。

揭裱卷、轴、册、片档案的技术方法基本相同。其中，册页装订紧实、版心向内不易磨损，相比卷、轴、片损坏较轻，较慢，一般通体大修的几率较低。

（三）修裱后对裱件的质量要求

档案修裱成品要达到“薄、光、平、软、长”五项要求。

“薄”是要求档案修裱成品厚度增加不明显。在实际工作中，选配薄的修裱用纸以及浆糊“以稀为先”，做到“稀浆重排”，是对冲修裱档案加厚变硬负面因素的有效措施。

“光”是指两张纸页粘合时，要求毛面相对、光面朝外。托裱时，要求将修裱用纸的毛面粘贴在档案纸张的背面（即无字的空白面）。这样做的好处，一是有利于产生更加牢固的粘合；二是修裱用纸的光面与档案纸张的正面（即有字的一面）均朝外，就使被托合的修裱成品正、反两面均光洁、平滑，有利于减少摩擦。

“平”是要求档案修裱成品平坦整齐，页面厚薄均匀，残破之处补得平整，不出现凸肚、褶皱、曲翘、前瓦后背等现象，以及折页平直，封面平整，装订平实，页口无偏斜等。

“软”是要求档案修裱成品质地柔软。“软”与“薄”有关联，取决于对修裱用纸的选择以及对浆糊的正确使用。

“长”是指经修裱的档案具有较长的保存寿命。“长”是“薄、光、平、软”的综合体现，只有修裱质量同时达到“薄、光、平、软”的要求，档案寿命才会得到实质性的延长。

档案修裱成品不要出现“崩、扒、走、裂、壳”五种现象。

“崩”即崩裂。修裱后的档案在大墙上干燥时，出现心子崩裂或镶缝挣裂，甚至分裂成若干部分的现象叫崩裂。崩裂多发生于揭旧重裱的档案，主要原因有：

①档案心子拉力较弱；

②室内湿度过低；

③托、裱件各部位干燥速度不匀；

④上墙时绷得太紧，没有收缩余地；

⑤接口镶缝粘结不实。

“扒”是指上墙干燥的档案边、角托纸的余边与墙面脱离，使局部出现收缩现象。多为刷浆不均或上墙贴得不实所致。

“走”俗称“走墙”，即走形、变形。分为修裱后档案字迹变形和档案幅面走形。字迹变形缘于在拼对操作中对字迹、图形的变形未加矫正，或没有将文字残片、图迹残片对准就过早覆合了托纸，将错就错地使这种变形被固定下来。档案幅面的走形与“扒”的现象有关联，由于出现了“扒”，使幅面贴墙的均衡力被打破，导致幅面走形。

“裂”即撕裂，指在下墙操作中对托、裱件造成人为的机械损伤。出现这种现象，主要原因有：

①在托纸余边或褙纸余边上抹浆过稠，使托、裱件难于从大墙上揭取下来；

②墙面未经技术处理，成为下墙操作的障碍，例如木墙墙面粗糙，纸墙墙面纤维外露；

③托纸、褙纸余边留得过宽，造成余边与墙面形成较大面积粘合，也使下墙受阻；

④下墙操作未遵循合理的顺序而将托、裱件扯伤。

“壳”即中空的意思，指修裱后的档案纸张与修裱用纸之间由于缺浆糊，没有粘合好，出现了重皮现象，一般在下墙后才能发现。发生重皮的主要原因有：

①使用的浆糊过稀，或者浆糊已经变质失去粘性；

②上浆时浆糊刷得不匀；

③上托纸排刷不实。

“崩、扒、走、裂、壳”是修裱操作中潜在的风险，一旦发生，就需要返工重修，而重修就不如初修容易修好。同时，由于前为避免期修裱成果前功尽弃，操作人员的心态往往也随之破坏，以至于影响后续操作的行为能力。返工重修，须防范“崩、扒、走、裂、壳”，确保修裱过程稳妥可控，以免修复不当造成档案受损和人力物力财力浪费。

第八章　档案灾害的预防及受灾档案的抢救

档案灾害即给档案带来严重破坏的灾害，如洪涝灾害、火灾、地震、台风、滑坡、泥石流、雨雪冰冻灾害等，受灾档案即受到灾害影响的档案。一旦档案灾害发生，档案这种不可再生资源将会受到严重破坏，档案的抢救修复也面临很大的难题，给档案的安全保管造成极大威胁，因此，档案部门需要做好档案灾害的预防及受灾档案的抢救工作，把档案灾害对档案的影响减少到最低程度，最大限度地延长档案的寿命。

第一节　档案灾害的预防

档案灾害的预防是指在档案灾害发生之前，档案部门为消除或减轻潜在档案灾害破坏性影响而采取的措施，包括档案灾害主要类型及危害的普及宣传、档案灾害预警系统的建立、档案灾害应急预案的制定与演练、档案备份机制的建立、档案馆建筑防灾工程的实施等内容。

一、档案灾害主要类型及危害

灾害类型很多，只有给档案带来严重破坏的灾害才称之为档案灾害。了解档案灾害主要类型及危害，是开展档案灾害预防工作的基础。

国家档案局2009年12月颁布的《档案馆防治灾害工作指南》中，将档案灾害分为自然灾害和人为灾害两大类，自然灾害由自然现象引起，包括地震、飓风、旋风、台风、洪涝、滑坡、泥石流、雨雪冰冻、火山爆发等，大多难以控制，一旦爆发将造成巨大损失，对档案危害极大；人为灾害则来自人类的失误，包括跑水、起火（含蓄意纵火）、爆炸、冲击等，以及恐怖活动、战争、武装冲突等，一般具有可控制性，只要预防得力，管理到位，可以避免其发生。

我国常见的档案灾害类型有水灾、火灾、地震、台风、滑坡、泥石流等。这些档案灾害给档案带来了很大的危害。

1. 水灾

水灾是对档案造成损失最为普遍的灾害。许多自然和人为的灾害都会引起水灾的发生，如洪水进入馆库淹没档案，台风伴随的暴雨进入馆库淋湿档案，火灾时使用的消防用水淋湿档案，给水、排水系统出现故障从而淹没档案等等。

水灾给档案带来的危害主要表现为：长期受水浸泡或处于高湿环境下的档案制成材料会发生物理和化学变化，如变形、粘结、污染、生霉、老化等，档案记录材料污染、信息丢失、读取困难等，从而大大缩短保存寿命。

2. 火灾

火灾是对档案造成损失最为严重的灾害。火灾主要由电线老化短路、电器设备使用不当以及人为过失（如吸烟、操作不当）等因素引起，另外也可由其他自然灾害引发的次生灾害引起，如地震引发的次生性火灾。

火灾给档案带来的危害主要表现为：烧毁档案、烟熏档案、使档案高温老化等。火灾对档案造成的损害大多是毁灭性的，具有不可挽救的后果。火灾还会间接地产生档案被消防用水淹没或污染等危害。

3. 地震

地震是由地壳运动产生的自然灾害，目前人类还无法对地震进行精确预报。我国是世界上遭受地震灾害最为深重的国家之一，也是世界上最早对地震进行监测的国家。地震的破坏性极大，除了地震直接引起的山崩地裂、房屋倒塌外，还会引起水灾、火灾、爆炸等灾害。

地震给档案带来的危害主要表现为：档案被埋压，受到机械性损伤；如遇到阴雨天气，抢救不及时，档案会被水浸泡而发霉，甚至形成档案砖；地震引起的水管破裂、漏水，可能造成档案受潮或浸湿；地震引起的土地返浆，使地面冒水或泥浆，可能造成保存在一层以下库房的档案被泥浆污染或淹没；地震引发的火灾可能造成档案被烧毁，而消防部门在灭火时使用的灭火材料也可能连带损毁档案。

4. 台风

台风是一种强烈的热带气旋。我国海岸线较长，沿海许多省市都会受到台风影响。台风的破坏力较强，强大风力会造成建筑物坍塌，还会引发海潮和暴雨。

台风给档案带来的危害主要表现为：档案被埋压，受到机械性损伤。另外，台风引起的海潮可能造成档案被海水浸泡，甚至被潮水冲走；台风伴随的暴雨可能造成档案被淋湿或受潮。

5. 滑坡、泥石流

滑坡是由地震等地壳运动引起的山体错位。泥石流是山区沟谷中由暴雨、冰雪溶化等水源激发的、含有大量泥沙石块的特殊洪流，往往突然爆发，破坏性极大。

滑坡、泥石流主要危害档案馆库建筑，从而损害档案，如档案被冲走、水淹、受潮等损坏。

档案灾害带来的危害是多方面的，不仅仅损毁档案，还会对档案馆库、设施、设备以及档案利用者和档案工作人员等带来危害，如造成档案馆库建筑坍塌、设施设备毁坏、档案利用者和档案工作人员人身伤害等。

二、档案灾害预警

档案灾害预警是指在档案灾害发生之前，预先提出档案灾害即将爆发时间和强度的警告，以提醒档案工作者注意，及时布置相关的防灾减灾措施，避免档案灾害在不知情或准备不足的情况下发生，从而最大限度地降低由于档案灾害的发生所造成的损失。

（一）档案灾害预警级别

档案灾害预警依照灾害可能造成的危害程度、波及范围、影响力大小、人员及财产损失等情况，由高到低划分为特别重大（Ⅰ级）、重大（Ⅱ级）、较大（Ⅲ级）、一般（Ⅳ级）四个级别，并依次采用红色、橙色、黄色、蓝色来加以表示。如总水管爆裂、特大火灾、计算机系统崩溃等为Ⅰ级预警，密集架突然倒塌、水管渗漏为Ⅳ级，其他与气象有关的灾害预警可以参照气象部门的预警级别，如表 8-1。

预警级别由承担档案灾害处置的档案馆依照所确定的预警等级提出预警建议，并报国家档案局批准。一般或较大级别的预警，由提出预警建议的档案馆按照有关规定，组织对外发布或宣布取消。重大或特别重大级别的档案预警信息发布，需报请国家档案局主要领导批准，由档案馆统一对外发布或宣布取消。同时，档案馆应密切关注档案灾害进展情况，并依据档案灾害变化情况，适时调整预警级别，并将调整结果及时通报。

表 8-1　档案灾害预警级别一览表

级别	识别标志	预警级别标准
Ⅰ级	红色	总水管爆裂、特大火灾、暴雨(Ⅰ级)、高温(Ⅰ级)、地震、国内动乱、重大档案盗窃、重大生物灾害等
Ⅱ级	橙色	库房渗水、电路老化、暴雨(Ⅱ级)、高温(Ⅱ级)、恐怖袭击、档案计算机系统崩溃、生物灾害等
Ⅲ级	黄色	水龙头漏水、电路短路、暴雨(Ⅲ级)、雷雨大风(Ⅲ级)、寒潮(Ⅲ级)等
Ⅳ级	蓝色	密集架突然倒塌、机器出现故障、高温(Ⅳ级)、雷雨大风(Ⅳ级)、寒潮(Ⅳ级)等

(二) 档案灾害预警流程

以档案馆作为档案灾害的预警主体，一个完整的档案灾害预警流程应包括以下模块：

1. 预警监测

预警监测即通过各种途径收集档案灾害信息，监测档案灾害状况。为了有效地对档案灾害进行监测，需要有一个完善的档案灾害预警监控系统，包括视频实时监控系统、门禁系统、防盗报警系统、消防监测系统、专用通信系统、入侵报警系统、与消防、公安等部门报警联网系统、温湿度监测系统等，同时要配备工作人员对档案灾害预警监控系统是否运行正常进行监控，保证档案灾害预警监测系统的实时监测。

2. 预警评估

预警评估是根据监测到的档案灾害信息对档案馆的各种潜在危险进行分析评价，即对档案灾害可能发生的类型、时间、概率进行预测分析，结合已发生过的各种档案灾害进行成因、过程分析，预测可能发生的档案灾害类别、演变过程、扩散方式、持续时间以及档案灾害对档案造成的影响等，分析档案风险向档案灾害转化的几率，判断是否需要发出档案灾害预警报告，规划档案灾害应对策略。

3. 预警预报

预警预报即档案灾害预警信息的发布与传播。预报或监测到档案灾害后，经审核符合档案灾害预警级别的，应当立即完成档案灾害预警报告表，经由授权的负责人签发后，及时迅速上报上级机构和部门。报告内容应包括档案灾害类别、影响时间、地点、范围、强度、预警级别、未来变化趋势和决策建议。同时，对于档案馆人员，上至主管领导，下至保安和保洁人员，应依托先进的信息技术，如互联网、对讲机、电话等进行跨层级的信息传递，确保预警信息能够及时地上传下达。预警信息内容应准确、明了，以便档案工作人员能够按照预警传递的信息做好充足准备。

4. 预警响应

预警响应即根据预警级别有针对性地响应。与预警级别相对应，预警响应分为四个级别。级别不同响应的范围也不同，见表 8-2。

表 8-2　档案灾害预警级别响应一览表

预警级别	预　警　响　应
Ⅰ级	档案局领导实行 24 小时值班；每 3 小时提供一次档案灾害演变情况；每 3 小时向上级主管部门汇报档案灾害分析情况；向档案馆工作人员发布相关信息。
Ⅱ级	档案局领导实行 24 小时值班；每 6 小时提供一次档案灾害演变情况；每 6 小时向上级主管部门汇报档案灾害分析情况；向档案馆工作人员发布相关信息。
Ⅲ级	档案馆负责人实行 24 小时值班；每 12 小时提供一次档案灾害演变情况；每 12 小时向上级主管部门汇报档案灾害分析情况；向档案馆工作人员发布相关信息。
Ⅳ级	档案馆负责人实行 24 小时值班；每 24 小时提供一次档案灾害演变情况；每 24 小时向上级主管部门汇报档案灾害分析情况；向档案馆工作人员发布相关信息。

5. 预警终止

预警终止即在档案灾害影响结束后，由档案馆及时填写档案灾害预警终止报告，经预警启动签发人或其授权的负责人签发后，终止各级预警。

三、档案灾害应急预案

档案灾害应急预案是指预防档案灾害发生的具体措施或档案灾害发生时降低档案和人员遭受损害程度的防护措施。档案灾害应急预案不能完全避免档案灾害给档案造成的损失，但可使危险大大降低。制定档案灾害应急预案并定期进行演练，是预防档案灾害的有力保障。

档案灾害应急预案的内容主要有：

编制和实施预案的有关危机情况和背景；

应急处置工作的目标和要求；

. 应急指挥机构的建立及其人员组成，应急处置工作人员的数量、分工、联络方式、职能及调用方案；

有关协调机构、咨询机构以及能够提供援助的机构、人员及其联系方式；

抢救档案的顺序及其具体位置，库房常用及备用钥匙、重要检索工作的位置和管理人员；

档案库房所在建筑供水、供电开关及档案库区、重点部位的位置等；

向同级党委、政府和上级档案行政管理部门报告的联系方式；

其他预防突发事件、救灾应注意的事项。

档案灾害应急预案制定后，不能将其束之高阁，还需要开展演练和培训活动，使相关人员熟悉了解预案内容，熟知各种抢救设备位置并掌握其使用方法，明确自己的撤离路线，等等。通过演练，可以查找出档案灾害应急预案存在的弱点和不合实际之处，从而不断修订和完善；通过培训，可以增强档案工作人员面临灾害的随机应变能力和科学处置能力。另外，档案灾害应急预案还根据环境、人员、库存档案等条件的改变做相应的调整、更新，以保证档案灾害应急预案的有效实施，真正达到防灾减灾目的。

四、档案备份

档案备份是指对档案、档案信息管理系统及电子数据采取某种技术手段和方式进行复制，建立“副本”，以便在纸质档案、档案信息管理系统及电子数据遭受破坏或其他特定情况下，档案信息不致丢失，以减少档案灾害对档案造成的损失。档案备份是抵御档案灾害破坏、确保档案安全的一项重要措施。

档案备份主要有异质备份和异地备份两种方式。档案的异质备份是将重要档案迁移到其他载体上，即对档案进行各种形式的复制，同时减少对原件的磨损，使档案原件得到妥善保存，延长寿命，达到保护原件的目的，包括静电复印、缩微、翻拍、数字化、仿真复制等。档案的异地备份是将档案原件的复制件存放在异地，一旦本地档案发生意外，即可启用在异地存放的档案复制件。异地备份时，省以上档案馆最好选择相距 300 公里以上，不属同一江河流域、同一电网、同一地震带的地方；地级、县级档案馆则由省级档案行政管理部门确定。

档案信息管理系统备份即档案信息管理系统容灾备份，必须满足以下三个条件：

第一，软、硬件环境、数据都应具有冗余性，即一个系统发生故障，另一个系统能够保持系统正常运转，数据传送顺畅；

第二，具有远距离性，因为档案灾害总是在一定范围内发生，只有充分远的距离才能够保证数据不会被档案灾害全部破坏；

第三，追求全方位的数据复制。

档案信息管理系统容灾备份时，可参考国家标准《信息安全技术——信息系统灾难恢复规范》，根据所选择的灾难恢复能力等级，在数据备份系统、备用数据处理系统、备用网络系统、备用基础设施、专业技术支持能力、运行维护管理能力和灾难恢复预案等 7 个方面采取相应的技术和管理手段，避免由于发生档案灾害或故障使档案信息管理系统瘫痪，保证档案的安全。

电子数据备份是指使用存储介质，定期将档案信息管理系统中的数据（主要包括电子化的文件目录、案卷目录、数字化全文、电子文件等）复制下来，以保证档案灾害和故障发生时数据能尽快恢复，将损失降到最低点。

电子数据备份主要有完全备份、增量备份、差分备份、按需备份等四种方式。完全备份是指每天对系统进行完全备份。这种备份的优点是当发生数据丢失时，只要用前一天的备份介质就可以恢复丢失的数据；缺点是所需要备份的数据量较大，备份所需的时间也较长。增量备份是指在一周里选择某一天进行一次完全备份，然后在接下来的几天里只对当天新的或被修改过的数据进行备份。这种备份的优点是节省了空间，缩短了备份时间；缺点是当档案灾害发生时数据的恢复比较麻烦，可靠性较差。差分备份是指在一周里选择某一天进行一次完全备份，然后在接下来的几天里，只要再将当天所有与完全备份介质不同的数据（新的或修改过的）备份到介质上。相对于完全备份和增量备份而言，差分备份无需每天都对系统做完全备份，备份所需时间短，灾难恢复也较方便。而在实际应用中，电子数据备份通常是完全备份、增量备份和差分备份三种方式的结合，如每周一至周六进行一次增量备份或差分备份，每周日进行全备份，每月底进行一次全备份，每年底进行一次全备份。按需备份则是指仅备份所需要的部分数据，这种备份比较灵活，但不能完整、系统地恢复档案信息管理系统的数据。

电子数据备份目前所用的介质主要有硬盘、磁带和光盘等。从存取速度来看，硬盘最快，光盘次之，磁带最慢；从保存时间、备份成本来看，磁带最低，光盘次之，硬盘最高。比较常用的备份介质是磁带和光盘。

五、档案馆建筑防灾

档案馆建筑是档案灾害发生时保护档案安全的最重要防线，是防止档案灾害对档案造成损害的首要屏障。预防档案灾害的一项重要措施就是提高档案馆建筑的抗灾能力。

为了避免或减少档案灾害对档案的破坏，档案馆建筑设计时应充分考虑可能发生的各种档案灾害，根据档案馆所在区域可能发生的自然灾害和不可预测的人为灾害，遵循" 预防为主" 的原则，采取相应的防灾措施，例如设计档案馆承重时，既要考虑本身自重和库存档案荷载、人员和设备的荷载，还要考虑台风、寒潮、雷暴、地震以及滑坡、泥石流等档案灾害的影响，做到安全可靠，坚固耐用。

档案馆建筑应符合《档案馆建筑设计规范》（JGJ25—2010）和《档案馆防治灾害工作指南》。满足抗震、防火、防水、防雷击等技术要求，并配备相应的设施设备.

第二节　受灾档案的抢救

档案灾害发生后，应及时采取措施抢救受灾档案，减少损失。

一、抢救原则

灾害档案的抢救工作任务繁重，时效性强，必须坚持如下原则：

第一，优先抢救重要档案、珍贵档案。受灾档案的抢救工作应先重点后一般，先抢救后修复，优先抢救重要档案、珍贵档案。

第二，尽量保持档案原貌。所谓档案原貌是指档案形成时的全部物理特征信息，如档案使用的纸张、大小、字迹、颜色以及当时组卷使用的卷皮、目录、备考表等等。在受灾档案抢救修复过程中应最大限度地保持档案的原貌，以保证档案的参考价值和凭证作用不受影响。

第三，尽量减少对档案本体的干预。受灾档案的抢救修复应将保证质量放在第一位，在保护档案原貌的前提下，选择出风险最小、效果最佳的方法和最耐久的材料，科学合理地确定修复档案的范围和应采取的措施，力求所选择的抢救修复内容、修复材料、修复方法等均对档案本体最小干预。

二、抢救流程

受灾档案抢救时可按照如下流程开展活动：

第一，检查灾害档案受损情况。按重要程度分别检查各种档案材料，对已受到损坏需加处理或是不宜继续存放的档案，要运到事先规划好的临时存放区内暂存；受灾档案重要程度相同情况下，应先运走最湿的档案材料，同时去除上面所沾的淤泥；对烧焦或烟熏的档案文件，不要立即处理。所有检查情况都要详细记录在案，分别处理。

第二，制定灾受灾档案抢救方案。根据受灾档案的重要程度和受损程度，制定受灾档案抢救方案，包括是立即抢救还是先存放然后逐步抢救，是本馆自行抢救还是送馆外专业人员抢救，以及具体抢救技术方法的选择等。

第三，实施受灾档案抢救方案。根据受灾档案抢救方案，实施具体抢救措施。例如，烧焦、烤脆或烟熏的档案，可以不立即处理，先存放然后逐步抢救；水淹档案，由于受损现象会随时间推移而进一步发展，如纸张受水浸会发霉，照片、录音（像）带和计算机磁带等特殊载体受水浸会导致其所载信息消失，需要立即开展抢救工作。

第四，评价受灾档案抢救效果。受灾档案抢救工作结束后，还应对受灾档案抢救效果进行评价，总结经验教训，提高灾害受灾档案抢救水平。

三、抢救方法

受灾档案中最常见的是水淹档案和炭化档案、泥石流受损档案等，大致抢救流程如下：

现场抢救→紧急处置→抢救修复→系统整理→数字加工→安全保管

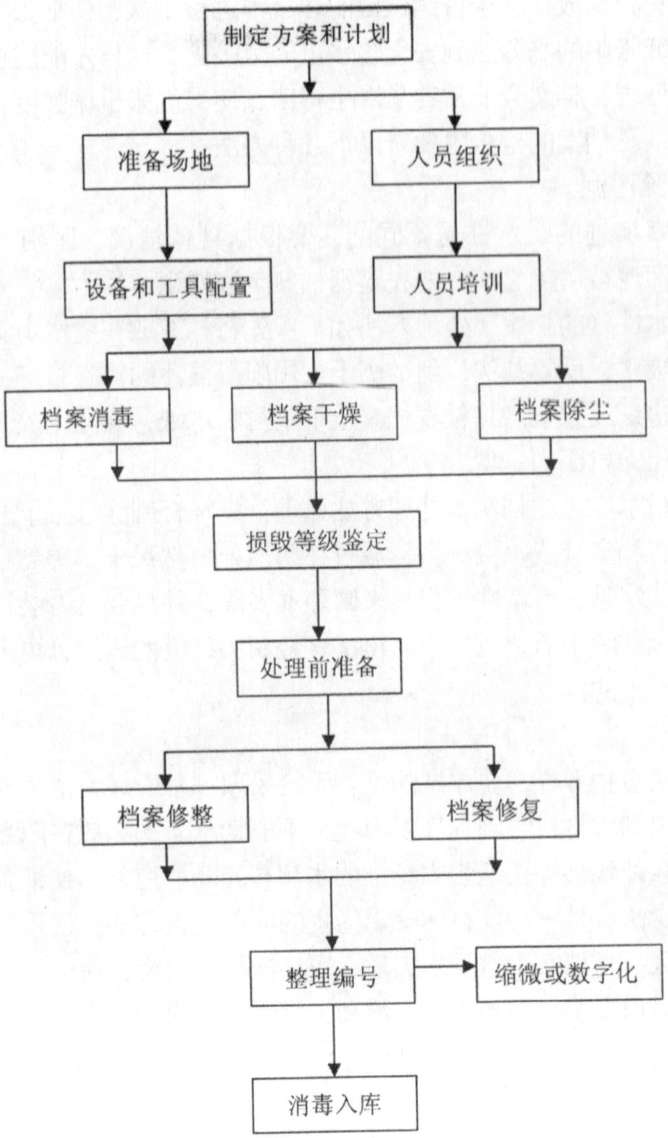

（一）水淹档案的抢救

在洪涝灾害、地震灾害、台风灾害中档案一般会面临水淹、受潮等现象，需要采用科学的技术方法尽快去除档案中的水分，同时不能对档案的耐久性产生不良影响。

1. 纸质档案的抢救

纸质档案在档案灾害中遭水淹后或遇到雨水淋湿后，应首先清除档案上的污泥，然后将档案放在一个持续低湿的环境中进行干燥，使纸张中的水分迅速蒸发，保证纸张中的水分达到安全含水量的范围内，这样才能防止长霉。若没有进行及时处理，档案会非常容易滋生霉菌，使得纸张机械强度下降，而且会产生粘连。纸质档案的抢救主要有以下几种方法：

（1）清除污泥

不同档案字迹的耐水性是不同的，要根据具体情况，区别对待，分别处理。因此在污泥被清除之前，要先鉴别档案字迹的耐水性。

对于耐水性好的档案，处理方法如下：先将档案放在清水中洗去泥土。用吸水纸衬垫吸水，反复几次，到半潮干。用削得很薄的竹签将每一张纸挑开后垫上一张毛边纸或宣纸。将整卷档案上下垫衬吸水纸，在其上放一重物加压干燥矫形或用压力机压力定型。

对于不耐水字迹的档案，处理方法如下：先轻轻刮除纸张上的污泥，然后十分小心地将档案分成一页一页，放置在阴凉处自然风干。等到档案基本晾干时，再缓慢、定时、经常性地将其来回翻卷多次，并且要沿着装订处。最后等到档案已经全部晾干后，可用小刀再次轻轻刮去纸上的污泥，再沿着一个方向用排笔刷去纸上的浮土。

（2）干燥

干燥方法多种多样，要注意的是：无论采取哪种干燥方法，在干燥过程中都不能使档案制成材料收到损坏。因此，不能把水淹档案放在阳光下暴晒，因为阳光中的紫外线会加快纸张中纤维的水解和光降解速度，使纸张变脆。

自然干燥法：是一种以自然晾干为主的简单抢救方法，适用于气候相对比较干燥的地区。当档案馆遭受水灾后，应尽快打开门窗，使空气流通，如有条件，可使用风扇去湿机，加快空气流动，驱散室内的潮湿空气。在进行自然晾干处理前，需首先沥去档案表面的水分，然后将其竖放在桌面上或书架上干燥。当档案达到半干状态时，为避免纸页粘连，应将其逐页翻一遍，也可在每页纸中夹一张吸水纸。需要注意的是，一次夹入吸水纸的总厚度不能超过纸质档案厚度的1/3，否则易使档案变形。当干燥到一定程度后，将档案平放在桌面上，在其上面放重物加压，并继续干燥，这样可以使纸张不起皱。

真空冷冻干燥法：该方法是将档案置于低温条件下，使纸张中的水分冷冻结成冰，然后，再将档案放在真空条件下，将冰直接变为蒸汽，从而达到干燥的目的。采用冷冻真空干燥法，离不开真空冷冻干燥设备，如真空冷冻干燥机。操作时首先控去档案表面的水分，然后将其放置在真空冷冻干燥机的格板上，关上机门，缓缓降温。当温度降到－4℃时，开动真空泵进行真空干燥。此方法简单易行，干燥速度快，纸张不易变形，同时还能杀虫灭菌，但必须拥有价格昂贵的真空冷冻设备。

远红外线干燥法：该方法是利用运红外线特有的高温效应干燥档案，不需要媒介物质的传递。具体方法是将档案分格放入远红外干燥箱中，摆放时档案之间排列不宜过密，以利于水分蒸发，同时档案应和远红外发生器保持一定距离。打开干燥箱开关后，使之缓慢升温（半小时升温10℃）至50℃~70℃左右恒温，1小时后再缓慢降温至40℃左右恒温，直至干燥为止。注意箱内温度不能超过70℃，在升温或降温时应缓慢进行，否则会对档案产生不良影响。此方法干燥后的档案平整而膨松，同时还可杀灭档案中的虫霉。

去湿机干燥法：将沥干明水的档案放置在密封较好且配备有去湿机的房间内，开启去湿机，由于去湿机能不断排除空气中部分水蒸气，这样可加快档案中所含水分的挥发速度，从而提高了干燥速度。当档案纸张的含水量达到6%~8%，或者手摸无潮湿感时，即可停止去湿。

（3）消毒

档案被水浸泡后往往会出现生霉、长虫现象，因此档案在干燥处理后，还需要进行灭菌杀虫消毒处理。目前，常见消毒方法有物理方法，化学方法两大类。消毒方式和消毒剂的种类也很多。对纸质档案消毒时，应选择不会对纸张、字迹造成损害，无残留、无污染、操作简便的消毒方法。消毒要根据被消毒档案被污染程度，根据各自具备的现有条件选择适当的方法。

（4）清洁

档案消毒之后，还不能马上展开大规模的修复。因为档案表面还沾有大量的尘土和死亡的霉菌，需要对其表面进行清洁。清洁是对消毒后待修复档案进行修复前的一个重要环节，可用专用的“档案清扫机”进行自动清洁，该设备由自动感应的振动除尘区、密闭负压的工作室、无级变速的清扫轮和定向高压气流组成了立体清洁工作流程，被清扫下来的灰尘被负压气流带入集尘袋中，能清扫掉受损档案表面上的大部分污物；也可用“多功能档案修复台”进行手工清洁，该设备是一种用于档案文件清洁、修复的专用设备，具有负压、净化、调湿、光桌等多种功能，工作时形成一个密闭近似负压的工作空间，在此工作空间中对档案进行除尘、除霉。

除上述步骤外，有些受损严重的档案还需要进行去酸、修补、装订、更换卷皮等工作，依据每一情况，分别采取不同的抢救方法。

2. 胶片档案的抢救

胶片遭水淹后，胶片上的明胶容易发生溶化、划伤、粘连等现象，应及时进行降温、清洗、坚膜处理。

降温、清洗处理：把水淹档案放在干净的低温水中，温度控制在 18℃以下。然后用棉花球轻轻擦洗胶片上的污泥，要注意不能用棉花干擦，否则尘土会划伤胶片上的乳剂。

坚膜处理：由于长时间遭水浸，胶片上的明胶已经充分膨胀，极易被划伤，因此可用甲醛溶液进行坚膜处理。在坚膜处理中要防止胶片互相碰撞，以防划伤乳剂膜。然后，在流动的清水中水洗 15 分钟，最后将黑白胶片过一下润湿液 1 分钟、彩色胶片果稳定液 1 分钟~15 分钟，随后晾干。

3. 磁性载体档案的抢救

根据国家档案局颁布的《磁性载体档案管理与保护规范》（DA/T15—95），“如磁带被水浸后，应先用无纤维毛巾将磁带擦干，然后在温度为 50℃的烘箱内悬挂 3 天，再在正常室温下放置 2 小时，用磁带机缠绕 2 次后方可使用，并且应复制”。

（二）炭化档案的抢救

火灾以后档案一般很难幸存，但如果火灾扑灭及时，有的纸质档案可能尚未完全灰化，成为炭化档案。此种档案的纸张已经炭化、酥脆，强度极低，极易成碎片，需要及时及时进行抢救，具体方法如下：

1. 加固

由于炭化档案纸张的机械强度几乎完全丧失，因此加固时可采用干托裱方法，即将一张厚薄适中的单宣纸放在油纸或塑料薄膜上喷润展开，然后刷上稀淀粉浆糊，再将炭化档案背面轻轻放置托纸上，并用排笔轻轻地一点点上平，然后将它正面朝外贴在绷子上。另外，炭化档案的加固还可以采用光化学方法，使纸灰固化、成型固定下来。

2. 翻拍

加固后的炭化档案，字迹难以辨认，可采用照相机放在小型翻拍架上进行摄影复制的方法来显示字迹。翻拍时为使光源照度均匀，可在翻拍架上安置 4 盏 100W 或 150W 功率一致的乳白色照明灯，此灯距工作台面 0. 4m，与翻拍档案成 90°垂直照射。翻拍使用的照相机为 135 型照相机，照相机的镜头距工作台面约 0. 6m，同时使用高反差的 35mm 的文献全色片，拍摄时可选用光圈 8、速度 1/2s。翻拍后，选用高反差显影液、高反差正片进行显影冲洗。这样，通过逐级加大反差的方法可将黑底不清晰字迹的炭化档案翻拍成清晰的复制件，随后在静电复印机或阅读复印机上放大，即可复印出与原件一致的复印件，使炭化档案能够再提供利用。

主要参考文献

著作：

1.罗茂斌编著.档案保护技术学.昆明：云南科技出版社,2001

2.金波主编.档案保护技术学.北京：高等教育出版社,2000

3.刘家真主编.文献遗产保护.北京：高等教育出版社,2005

4.张美芳,唐跃进.档案保护概论.北京：中国人民大学出版社,2013

5.周耀林.档案遗产保护理论与实践.武汉：武汉大学出版社,2008

6.张美芳.文献遗产保护技术管理理论与实践.吉林：吉林文史出版社,2009

7.王良城,杨继波.中国古代档案保护方法与技术.北京：档案出版社,1993

8.张志清,陈红彦.古籍保护新探索.杭州：浙江古籍出版社,2008

9.张承志著.文物保藏学原理(第三版).北京：科学出版社,2010

10.潘吉星著.中国科学技术史.造纸与印刷卷.北京：科学出版社,1998

11.杨叔蕙编著.植物纤维素化学(第三版).北京：中国轻工出版社,2006

12.詹怀宇编著.制浆原理与工程(第三版).北京：中国轻工出版社,2009

13.何北海主编.造纸原理与工程,北京：中国轻工出版社,2010

14.刘仁庆,黄秀珠编著.纸张指南,北京：科学普及出版社,1997

15.冯乐耘等.《中国档案修裱技术》北京：中国档案出版社, 2000 年 10 月

16.张美芳.《信息记录与存储技术》北京：中国人民大学出版社, 2007

17.国家档案局档案科学技术研究所.《档案保护技术实用手册》编委会编著.档案保护技术实用手册.北京：中国档案出版社,1994

18.宗培岭,赵秉中编著.档案文献保护技术学.北京：航空工业出版社,1989

19.彭远明编著.档案保护技术.北京：解放军出版社 2004

20.张美芳,杨和平.电影胶片保护.北京：国家图书馆出版社,2011

21.金养智,魏杰,刁振刚,陈胜恩编著.信息记录材料.北京：化学工业出版社,2003

22.张旭苹编著.信息存储技术.北京：电子工业出版社,2001

23.唐跃进编著.光盘信息存储与保护.北京：中国档案出版社,2005

24.干福熹主编.数字光盘和光存储材料.上海：上海科学技术出版社,1992

25.[日]井上真由美.微生物灾害及其防治技术.上海:上海科技出版社,1983
26.黄秀梨主编.微生物学.北京:高等教育出版社,1998
27.陈华癸,樊庆笙主编.微生物学.北京:农业出版社,1997
28.周德庆著.微生物学教程.北京:高等教育出版社,1993
29.诸葛健,李华钟主编.微生物学.北京:科学出版社,2004
30.张美芳.档案害虫的生化防治.北京:中国档案出版社,2005
31.中国档案学会保护技术委员会编.档案保护技术研讨会论文选编.北京:档案出版社,1988
32.李景仁,冯惠芬编著.图书档案保护技术手册.北京:档案出版社,1992
33.中国档案学会保护技术委员会编.档案保护技术研讨会论文选编(续集).北京:中国档案出版社,1995
34.徐国淦等编著.熏灭净熏蒸剂.北京:农业出版社,1984
35.南开大学等.昆虫学.北京:高等教育出版社,1980
36.张勇主编.智能建筑设备自动化原理与技术.北京:中国电力出版社,2006
37.张春霞主编.建筑节能和环保应用技术.北京:中国电力出版社, 2006
38.高明远,岳秀萍主编.建筑设备工程(第三版).北京:中国建筑工业出版社,2005
39.冀和平,崔慧峰编著.防火防爆技术.北京:化学工业出版社,2004.
40.杨南房等主编.房屋防渗漏.北京:中国建筑工业出版社,2006.
41.中央档案馆.中国档案文件的修裱技术.内部发行,1965
41.肖振棠.中国古籍装订修补技术.北京:文物出版社,1980
43.杜子熊.书画装潢学.上海:上海书画出版社,1986
44.故宫博物院修复厂裱画组.书画的装裱与修复.北京:文物出版社,1990
45.冯钦淮.档案修裱.山东:泰安市泰山区档案馆出版,1991
46.侯传学.中国档案裱糊.北京:档案出版社,1992
47.冯增木.中国书画装裱.山东:山东科学技术出版社,1993
48.潘美娣.古籍修复与装帧.上海:上海人民出版社,1995
49.冯乐耘主编.中国档案修裱技术.北京:中国档案出版社,2000
50.汪自强.图说中国传统手工书画装裱.浙江:浙江摄影出版社,2010
51.马宗晋等.灾害学导论.长沙:湖南人民出版社,1998
52.国家档案局.档案馆防治灾害工作指南.北京:中国档案出版社,2010
53.干福熹主编.数字光盘和光存储材料.上海:上海科学技术出版社,1992

论文：

1.张美芳.正确看待档案修裱技术.北京档案，2009(5)
2.张建华.探索计算机输出最耐久字迹的有效途径.档案学通讯，1999(4)
3.张文浩.打印字迹材料的耐久性.中国档案，1997(11)
4.宗培岭.对纸质档案耐久性的调查与分析.档案学通讯，1998(4)
5.张建华，王心琴.中性笔及其字迹的耐久性.档案与建设.2003(2)
6.罗茂斌，黄梅.无碳复写纸档案字迹材料耐久性研究.档案学通讯.2011(1)
7.唐济波..光盘与光盘存储技术简介.工程物理，1999(3)
8.张美芳 档案安全标准体系构建的研究. 档案学研究，2010(4)
9.唐跃进.CD-R 光盘的耐久性与光盘档案保护.档案学通讯，2004(5)
10.彭中华.CD-R 光盘生产过程中的质量控制.记录媒体技术，2003(5
11.冯惠芬.从档案霉菌的危害看预防的必要性.机电兵船档案，2004(3)
12.张美芳.臭氧对档案灭菌效果及对纸张物理性能影响的研究.档案学研究，2002(2)
13.管晓卉，杨璐.从档案图书的保管谈霉菌的危害及防治.档案与建设，2004(11)
14.时晓东.档案的防火、防霉与空气净化.档案学通讯，2005(4)
15.顾晓红.档案防霉驱虫方法多.档案与建设，2005(8)
16.陈菲.档案馆库房生物污染与人体健康.机电兵船档案，2004(4)
17.张美芳 纸质档案修复质量评估方法的研究 北京档案，2010
18.姜志书.档案库房害虫与霉菌的防治.浙江档案，2002(11)
19.赵志杰等，.档案库房中霉菌对人体健康危害的调查及其防治.山东档案，2000(6)
20.朱兰英.档案霉菌的危害及其防治.兰台世界，2004(12)
21.陶琴，方志华.档案霉菌防治技术研究现状.机电兵船档案，2004(3)
22.刘仲敏等.档案图书防霉条件研究及防霉剂的筛选.微生物学通报，2005(32)
23.王景轩.防治霉菌以防为主.第三期全国城建档案馆馆长岗位培训班论文选
24.杨业蓁等.挥发性防霉剂在档案保护中的作用.机电兵船档案，2004(2)
25.张媛媛.几种常用档案防霉剂的防霉效果比较.安徽科技学院学报，2006(20)
26.张乃娥，李素琴，甲醛灭菌杀虫方法尝试.四川档案，2000(6)
27.李东霞，胶片发霉的原因及防治办法.感光科技，2000(4)
28.陶琴.霉菌对档案的危害及其预防措施.机电兵船档案，2000(7)

29.李焕荣等.霉菌对新型档案字迹的影响.档案学研究,2003(1)
30.陆文军.霉菌与纸张耐久性的关系研究.档案学通讯,2003(2)
31.尹慧道,刘丽.重新认识档案馆微生物灾害的严重性.档案学通讯,2004(2)
32.陶琴等.全国纸质档案霉菌种类与分布调查.档案学研究,1995(5)
33.于海燕.档案馆建筑原则新探.中国档案,2011 (7).
34.李明娟.我国档案馆建设研究现状及趋势分析.档案管理,2011 (4).
35.周耀林.《档案馆建设标准》解读.档案与建设,2009 (4).
36.彭远明.面向大众:我国新型档案馆建筑的目标与功能之我见.档案与建设,2009 (2).
37.张美芳.《公共节能设计标准》对档案馆建筑发展的启示.中国档案,2011(4)
38.张朝伟,武增辉,浅谈新时期综合性国家档案馆的设计理念.山东档案,2007(5)
39.赵淑梅.档案馆建筑的环保节能设计.档案学研究,2008 (2)
40.张美芳. 技术规范与发展——关于制定《国家重点档案抢救修复技术规范与质量要求》的思考.北京档案,2010(3)
41.陈代荣等.滑坡、沉陷、泥石流危害.四川档案,2001(2).
42.蔡学美.档案馆灾害防治研究.中国档案,2000(11).
43.苏曼莉.论档案库房灾害防治趋向.陕西档案,2000(3).
44.荆秀昆,方志华,陶琴.档案馆地震灾害及预防对策.中国档案,2006(7).
45. 孙丽英,曲延纯.试论档案馆突发事件的预防.山东档案,2000(2)
46.王良城.自然灾害对档案的侵袭与应对策略.档案学通讯,2010(3)
47.王良城.《档案馆防治灾害工作指南》的编制及有关思考.北京档案,2010(7).
48.孙洪鲁,黄丽华.重大自然灾害后受损档案的抢救与预防技术.档案学研究,2010(3)
49.毛惠芳.预警应急抢救———档案灾害管理体系的构建.安徽大学,2010.
50.于海燕.档案灾害预警机制研究.档案学通讯,2011(11).
51.向立文.论档案应急体系的构建.档案学研究,2010(3).
52.向立文.昌珍霞.档案部门自然灾害管理机制.档案学通讯,2011(5).
53.卞咸杰.档案危机管理预警系统的构建.档案学研究,2008(3).
54.宋宝珠,韩新萍,韩军平.档案馆建立灾害应急预案的思考.机电兵船档案,2010(5)
55.张美芳,王良城.档案安全保障体系建设研究.档案学研究,2010(1).

56.冯小庆,黄颖,梁兵.档案馆(室)水灾预防与应急处置探讨.档案与建设,2009(9).
57.崔海莉.档案管理信息系统容灾备份体系分层.山西档案,2010(5).
58.姜莉,彭春才.地震灾区档案重建应注意的问题.中国档案,2009(5).
59.四川省档案局.档案馆国家重点档案抢救和保护工作暂行办法(川档发[2007]23 号),2007.
60.王玉琴,陈健.浅谈档案管理过程中的灾害应急机制.兰台世界,2011(6).
61.王娅,包广明.建立档案工作应急机制初探.云南档案,2008(11).
62.江涛.档案馆如何制定防灾应急预案.山西档案,2006(4).
63.杨泽伟.档案工作应急机制探析.黑龙江档案,2010(1).
64.陈映明.面对自然灾害如何做好档案的安全防范.兰台世界,2010(6).
65.常崴,鞠艳.档案应急抢救机制的建立.北京档案,2005(11).